Der Autor

Adolf Kimmel war Professor für Politikwissenschaft an den Universitäten Würzburg und Trier. Schwerpunkte seiner Publikationen sind das französische politische System und die deutsch-französischen Beziehungen.

Adolf Kimmel

François Mitterrand

Verlag W. Kohlhammer

Dieses Werk einschließlich aller seiner Teile ist urheberrechtlich geschützt. Jede Verwendung außerhalb der engen Grenzen des Urheberrechts ist ohne Zustimmung des Verlags unzulässig und strafbar. Das gilt insbesondere für Vervielfältigungen, Übersetzungen, Mikroverfilmungen und für die Einspeicherung und Verarbeitung in elektronischen Systemen.

Die Wiedergabe von Warenbezeichnungen, Handelsnamen und sonstigen Kennzeichen in diesem Buch berechtigt nicht zu der Annahme, dass diese von jedermann frei benutzt werden dürfen. Vielmehr kann es sich auch dann um eingetragene Warenzeichen oder sonstige geschützte Kennzeichen handeln, wenn sie nicht eigens als solche gekennzeichnet sind.

Es konnten nicht alle Rechtsinhaber von Abbildungen ermittelt werden. Sollte dem Verlag gegenüber der Nachweis der Rechtsinhaberschaft geführt werden, wird das branchenübliche Honorar nachträglich gezahlt.

Dieses Werk enthält Hinweise/Links zu externen Websites Dritter, auf deren Inhalt der Verlag keinen Einfluss hat und die der Haftung der jeweiligen Seitenanbieter oder -betreiber unterliegen. Zum Zeitpunkt der Verlinkung wurden die externen Websites auf mögliche Rechtsverstöße überprüft und dabei keine Rechtsverletzung festgestellt. Ohne konkrete Hinweise auf eine solche Rechtsverletzung ist eine permanente inhaltliche Kontrolle der verlinkten Seiten nicht zumutbar. Sollten jedoch Rechtsverletzungen bekannt werden, werden die betroffenen externen Links soweit möglich unverzüglich entfernt.

Umschlagabbildung: Mitterrand à Toulouse (1974), André Cros (CC SA 4.0)

1. Auflage 2022

Alle Rechte vorbehalten
© W. Kohlhammer GmbH, Stuttgart
Gesamtherstellung: W. Kohlhammer GmbH, Stuttgart

Print:
ISBN 978-3-17-040094-8

E-Book-Formate:
pdf: ISBN 978-3-17-040095-5
epub: ISBN 978-3-17-040096-2

Inhaltsverzeichnis

Vorwort 7

Die Jahre vor der Politik: 1916–1946 9
    Kindheit und Jugend 9
    Studium in Paris 13
    Krieg und Gefangenschaft 18
    Vichy und Résistance 24

Parlamentarier und Minister in der IV. Republik 1946–1958 .. 39
    Der Eintritt in die Politik 39
    Der ›ewige Minister‹ 44
    Mitterrand und das französische Kolonialreich 50

Die Oppositionsjahre in der V. Republik 1958–1981 60
    Schwierige Anfänge und unerwarteter Wiederaufstieg
    1958–1965 60
    Auf dem Weg zum Sozialismus 70
    Die Präsidentenwahlen 1974 und 1981 82

Die erste Präsidentschaft 1981–1988 90
    Amtsantritt, Regierungsbildung und Verfassungspraxis .. 90
    Innenpolitik 97
    Wirtschafts- und Sozialpolitik 102
    Außenpolitik 109
    Die erste Kohabitation 128
    Präsidentschaftswahl 1988 138

Die zweite Präsidentschaft 1988–1995 142
   Wiederwahl und Regierungsbildung 142
   Mitterrand und seine Premierminister 144
   Außenpolitik in einem weltpolitischen Umbruch 150
   Zweite Kohabitation 167
   Kontroversen um Mitterrand 171
   Nach dem Amt 175

Was bleibt? 178

Abkürzungsverzeichnis 186

Anmerkungen 189

Bibliographie 207
   Quellen 207
   Literatur 209

Personenregister 213

Abbildungsverzeichnis 217

Vorwort

François Mitterrand gilt, nach Charles de Gaulle, als der bedeutendste französische Politiker seit dem Ende des Zweiten Weltkrieges. Er hat mit seiner Wahl zum Staatspräsidenten 1981 den ersten Machtwechsel in der V. Republik herbeigeführt und war mit 14 Jahren der am längsten amtierende Staatschef und der erste Sozialist in diesem Amt – ihm folgte 2012 bis 2017 nur François Hollande als sozialistischer Präsident nach.

Nicht nur aufgrund seiner politischen Rolle, sondern besonders wegen seiner faszinierenden, nur schwer durchschaubaren, umstrittenen Persönlichkeit ist bereits eine Vielzahl an Büchern über ihn erschienen. In deutscher Sprache gibt es zwar mehrere Werke über einzelne Bereiche seiner Politik, besonders über die Zeit der Wiedervereinigung, die Auswahl an Biographien in deutscher Sprache ist allerdings sehr begrenzt: die Biographie von Heiko Engelkes, die schon vor der Wahl Mitterrands zum Präsidenten 1981 endet; die Übersetzungen des Buches von Catherine Nay, das nur bis 1984 reicht, und des Buches von Franz-Olivier Giesbert, welches sich zwar auf die gesamte Lebenszeit Mitterrands erstreckt, aber für die meisten deutschen Leser zu umfangreich ist. Journalistische Darstellungen sind zwar informativ und gut lesbar, doch kommt die vertiefende, kritische Analyse mitunter zu kurz.

Die hier vorgelegte Biographie ist nicht nur für Fachhistoriker, sondern auch für an französischer Zeitgeschichte und Politik interessierte Laien gedacht. Für die Darstellung werden die Bücher Mitterrands und die Memoiren seiner Zeitgenossen herangezogen und die vorliegenden Biographien und wichtigen allgemeinen zeitgeschichtlichen Ausführungen berücksichtigt. Das Buch umfasst Mitterrands ganzes

Leben von seiner Kindheit bis zu seinem Tod mit einem Fokus auf sein politisches Wirken. Insbesondere werden auch seine außenpolitischen Entscheidungen in den Vordergrund gestellt.

Ich danke meinen Kollegen und Freunden Klaus Günther, Wilfried Loth und Joachim Schild, die große Teile des Manuskripts gelesen und mich auf manche Irrtümer hingewiesen haben. Ihre kenntnisreichen, kritischen Anmerkungen sind dem Text zugutegekommen.

Ein besonderer Dank gilt meiner Frau. Sie hat nicht nur bereitwillig akzeptiert, dass ich in den letzten Jahren viel Zeit mit Mitterrand verbracht habe, sie hat es als Fachfremde auch auf sich genommen, das Manuskript zu lesen. Ihrer Aufmerksamkeit sind die Fehler und Wiederholungen, die sich eingeschlichen hatten, nicht entgangen.

Für eventuell im Text noch enthaltene Fehler und Irrtümer ist selbstverständlich allein der Verfasser verantwortlich.

Die Jahre vor der Politik: 1916–1946

Kindheit und Jugend

Mitterrand schreibt in seinen fragmentarischen Erinnerungen, ein Mensch, der die fünfzig erreicht und überschritten habe, sei ein Ergebnis der Erfahrungen, die er gemacht hat. Herkunft, Kindheit und Jugend bestimmen zwar nicht das spätere Leben, beeinflussen es aber. Der erwachsene Mensch ist nicht nur, aber auch das, was die Erfahrungen von Kindheit und Jugend an aus ihm gemacht haben.[1] Doch: Der Mensch neigt dazu, eine Geschichte zu erfinden, die er für sein Leben hält – dieser Ausspruch von Max Frisch gilt insbesondere auch für François Mitterrand.

Als François Maurice Adrien Marie Mitterrand am 26. Oktober 1916 in der Kleinstadt Jarnac im südwestfranzösischen Departement Charente als fünftes von acht Kindern geboren wurde, wurde ihm das Parteibuch der sozialistischen Partei nicht in die Wiege gelegt. Geprägt wurde der junge Mitterrand durch das ländliche Frankreich und das bürgerlich-katholische Milieu Die Familie lebte in Angoulême, dem Hauptort (etwa 40.000 Einwohner) des Departements, wo der Vater seit Anfang des Jahres 1916 Bahnhofsvorsteher war. Als Mitterrands Großvater mütterlicherseits 1919 einen Nachfolger für die Leitung seiner Essigfabrik suchte, übernahm Mitterrands Vater sie. Die Familie zog nach Jarnac, in ein Haus neben dem der Großeltern. Auch später war er noch oft in Jarnac, er hing sehr an seinem Elternhaus. Im Großplakat für seine Wahl zum Staatspräsidenten 1981 mit einem kleinen Dorf mit Kirchturm vor seinem Porträt im Großformat kann man noch einen Hinweis auf seine Herkunft sehen.

Mitterrand wuchs in einer Familie auf, die zur bürgerlichen Mittelschicht gehörte – der Vater zählte zu den Provinznotabeln.[2] Die industrielle Welt, das proletarische Milieu und soziale Probleme kannte er nicht. Dieses Milieu blieb ihm zeitlebens fremd. In der Region bildeten die meist protestantischen Cognac-Fabrikanten die Oberschicht. Die Mitterrands waren Essighändler – der Vater erbte den großväterlichen Betrieb. Die Familie hatte zwar keine Sympathien für das Proletariat, aber den Reichen (*les gros*) begegnete sie mit Abneigung. Umgekehrt blickte die Oberschicht auf Essighändler eher herab. Mitterrand sei Zeit seines Lebens ein *vinaigrier* (Essighändler) gewesen, berichtet einer seiner Jugendfreunde.[3]

Nicht eine sozialrevolutionäre Ideologie hat Mitterrands Kindheit und Jugend beeinflusst, sondern der sozial akzentuierte Katholizismus. In seinem Elternhaus wurde die katholische Religion sehr strikt praktiziert. Mitterrands Mutter ging täglich um sechs Uhr morgens zur Messe und betete in der Familie regelmäßig mit den acht Kindern. Am sonntäglichen Kirchgang mit Empfang der Kommunion nahm die gesamte Familie teil. Der Pfarrer kam sonntags zum Mittagessen. Der Vater, Mitglied des Gemeinderats, galt als eine der Säulen der Gesellschaft *Saint-Vincent-de-Paul*, einer karitativen katholischen Organisation. Er war Vorsitzender des Verbandes der ›freien‹, d. h. katholischen Schulen der Charente und der regionalen Organisation der konservativ-katholischen und betont nationalen *Fédération nationale catholique*. Mitterrand selbst wurde von den protestantischen Mitschülern als ›kleiner Pfaffe‹ (*calotin*) gehänselt. Noch als Student in Paris war er ein gläubiger und praktizierender Katholik. Auch als Soldat betete Mitterrand regelmäßig – seinem Freund Georges Dayan schreibt er aus der Kriegsgefangenschaft, seine Gebete hätten geholfen, dass er überlebt habe.[4] Am Ende seines Lebens erklärt er auf die Frage hin, ob er eine religiöse Erziehung gehabt habe, er »badete in diesem Klima«, er habe eine »religiöse Natur«.[5] Auch später, als er sich vom Glauben und von der Kirche entfernt hatte, nannte er sich nie einen Atheisten, sondern einen Agnostiker.

Obwohl die Sehnsucht nach der Monarchie damals im konservativen katholischen Milieu noch lebendig war, war Mitterrands Familie republikanisch. Ein Bruder der Mutter gehörte zu den Gründern des

Sillon, einer 1899 gegründeten religiös-politischen Bewegung, die die katholische Kirche zur Gesellschaft öffnen wollte und eine Aussöhnung mit der Republik anstrebte.

Mitterrand beschreibt seinen Vater als kalt, er habe kaum gesprochen.[6] Wegen der umfassenden Engagements hatte er nur wenig Zeit für die Familie und die Kinder fanden keine enge Beziehung zu ihm. Mitterrand schildert ihn als jemanden, der sich gegen die Hierarchien auflehnte, Privilegien verachtete, aber die auf dem katholischen Glauben begründete Ordnung respektierte. Der Einfluss der Mutter, die bereits 1936 mit nur 58 Jahren starb, war stärker. Von ihr dürfte François seine frühe Neigung zum Lesen und sein Interesse für Literatur übernommen haben. Um ihre kulturelle Bildung besorgt, abonnierte sie für ihre Kinder die *Nouvelle Revue Française*, damals die wichtigste literarische Zeitschrift Frankreichs.

Mitterrand erinnert sich, dass sie sich als Kinder einer großen Freiheit erfreuten. Seine Eltern hätten keine »blinde Autorität« gefordert, wohl aber ihm »eine Disziplin für das Leben eingeprägt«.[7] Er sei ein schüchternes, verschlossenes, nicht besonders fröhliches Kind gewesen. Er habe nicht das Bedürfnis gehabt, sich anderen Menschen anzuvertrauen. Diesen Charakterzug habe er auch als Erwachsener behalten. Eine Neigung zur Revolte habe er nicht verspürt. Seine Kindheit sei glücklich gewesen; er habe aus ihr seine Kraftreserven geschöpft.

Nach der Übernahme der Essigfabrik wurde die Familie so wohlhabend, dass François 1926 in das von Priestern geleitete Internat Saint-Paul in Angoulême geschickt werden konnte. Es sei für ihn ein einschneidender Wandel gewesen, aber er habe sich gegen die dort praktizierte strenge Disziplin nicht aufgelehnt. In seiner Freizeit las er viel, vor allem zeitgenössische französische, oft politisch rechts stehende Romanciers (u. a. Maurice Barrès, Jacques Chardonne, François Mauriac). In Gesprächen mit seinen Mitschülern interessierte ihn vor allem die Literatur und weniger die Politik. Wie schon in der Großfamilie zeigte Mitterrand auch in der Schule eine Neigung zum Einzelgänger.[8] Er war eher kontaktarm und introvertiert als offen und kommunikativ. Es ist bezeichnend, dass er selbst beim Fußball die Position einnahm, die am wenigsten Einordnung in die Mannschaft verlangte: Torwart. Gleichwohl gewann er in der Schule in Angoulême einige

Freunde, die ihm zeitlebens eng verbunden blieben. Mitterrand war ein guter Schüler. Seine Lieblingsfächer waren Französisch, Geschichte und Religion, während er in Mathematik nur mittelmäßig war und für Englisch keine große Begeisterung zeigte. Auch die Ferienaufenthalte in England gefielen ihm nicht. So konnte er sich selbst als Präsident nicht auf Englisch unterhalten. Früh zeigten sich Ansätze seiner später vorzüglichen Rhetorik, für die er einen Preis gewann. Auffällig waren sein ausgeprägtes Selbstbewusstsein und ein starker Wille, der nach Erinnerung einer seiner Schwestern bis zum Eigensinn ging. Er konnte aber auch schon verführerischen Charme entfalten.

Lebte man damals als Katholik in einer Kleinstadt in der Provinz, dann war man politisch »automatisch rechts«, wie Mitterrand selbst feststellt. Aber da sein politisch interessierter Vater die soziale Ungerechtigkeit und die Arroganz der ›besseren Leute‹ ablehnte, stand er politisch nirgendwo, er war in die damaligen Kategorien nicht einzuordnen.[9] Die Mitterrands waren gemäßigt-konservative Republikaner. Über den damals führenden radikalsozialistischen (d.h. linksliberalen) Politiker Herriot habe man »mit misstrauischer Sympathie, über Briand klagend, über Poincaré mit Ehrerbietung, aber ohne Wärme« gesprochen. Die Kommunisten wären ihnen »eher wie Marsmenschen vorgekommen denn wie Wolfsmenschen«.[10] Man mochte weder die Freimaurer noch die Deutschen, die Bolschewiken und die Sozialisten. Den Engländern begegnete man wegen der imperialistischen Rivalität in Afrika mit Zurückhaltung. In jedem Fall war man entschieden patriotisch, in der Art Clemenceaus, ›bis zum heiligen Zorn‹. Um später die politische Offenheit der Familie zu belegen, verweist Mitterrand neben den erwähnten Sillon-Aktivitäten eines Onkels auf den Großvater mütterlicherseits, der 1924 sogar für das Linkskartell eingetreten sei.

Studium in Paris

Der noch nicht ganz achtzehnjährige Abiturient Mitterrand, der 1934 nach Paris ging, um Jura und Politikwissenschaft zu studieren, war politisch weder besonders gut informiert noch festgelegt, sondern offen für neue Einflüsse und Erfahrungen. Er war kein Rebell gegen sein Milieu und nicht auf dem Weg zum Sozialismus, er hatte im Philosophieunterricht im Gymnasium nicht einmal die Namen von Marx oder Engels gehört.[11] Aufgewachsen in der Provinz, waren ihm die Großstadt, die Welt der Fabriken und die trostlosen Banlieues fremd. Kein Wunder, dass er kein Vorkämpfer der kommenden Volksfront der Linksparteien wurde und nichts darauf hindeutete, dass er sie und sie ihn einmal an die Macht bringen würden.

Die französische III. Republik befand sich Anfang der dreißiger Jahre in einer sich krisenhaft zuspitzenden politischen Instabilität. Linke und Rechte standen sich in einer zunehmend schärferen Konfrontation gegenüber. Die Linksparteien hatten die Parlamentswahl 1932 gewonnen und die radikalsozialistische Partei, die stärkste des linken Lagers, stellte die Regierungschefs kurzlebiger Kabinette. Am 6. Februar 1934 entwickelte sich aus einer Demonstration rechtsgerichteter Gruppen vor der Abgeordnetenkammer eine Straßenschlacht mit mehreren Toten und Hunderten von Verletzten. Zwar war es kein faschistischer Putschversuch, aber für die Linke ein Alarmsignal. Radikalsozialisten, Sozialisten und erstmals auch Kommunisten begannen nun, ein Bündnis zu schmieden, um die Republik gegen die Bedrohung von rechts zu schützen.

Mitterrand wohnte bis zum Abschluss seines Studiums 1938 in einem von Maristenpatres geleiteten Studentenwohnheim. Dort lebte er unter gleichgesinnten, katholischen, kultivierten und meist einem wohlhabenden Bürgertum angehörenden Studenten. Sein Redetalent, seine Intelligenz und sein starker, auch autoritäre Züge zeigender Charakter hoben ihn aus den knapp 100 Mitbewohnern bald heraus.

Auch in Paris blieb Mitterrand ein kirchentreuer Katholik: Er besuchte weiterhin regelmäßig die Sonntagsmesse, machte Exerzitien, war Mitglied der katholischen Studentenorganisation JEC und engagierte

Die Jahre vor der Politik: 1916-1946

Abb. 1: Straßenschlacht vom Februar 1934

sich wie sein Vater in der sozialpolitisch aktiven *Conférence Saint-Vincent-de-Paul*. 1937 wurde er sogar ihr Vorsitzender. Er schrieb gelegentlich in der katholischen *Revue Montalembert*, der Hauszeitschrift des Wohnheims. Noch 1938 nahm er an der Wallfahrt nach Chartres sowie an der Fronleichnamsprozession teil.[12] Bis zum Abschluss seines Studiums hat er ein ruhiges, geordnetes Leben geführt.

Seine Interessen und seine ersten veröffentlichten Artikel galten weiterhin vor allem der Literatur. Er las vorwiegend zeitgenössische französische Autoren (aber auch Thomas Mann und Ernst Jünger) und traf sich sogar mit François Mauriac, den er sehr schätzte. Er gewann merklich an Selbstvertrauen, zeigte schon Talent und Willen zur Führung; Freunde bemerkten, dass er aus der Menge herausragte. 1937 erhielt er seinen Jura-Abschluss (*licence de droit*) und 1938 den Hochschulabschluss in öffentlichem Recht und Politikwissenschaft (*diplôme supérieur en droit public et en sciences politiques*).

Über seine politischen Aktivitäten dieser Zeit hat Mitterrand in unterschiedlicher, widersprüchlicher, nicht immer der Wahrheit entsprechender Weise Auskunft gegeben. Er ging dank der Vermittlung eines Abgeordneten mehrmals in den *Palais Bourbon*, um sich Sitzungen der Abgeordnetenkammer anzusehen. Der junge Mitterrand in Paris driftete zunächst weiter nach rechts. Dennoch wurde er nicht Mitglied der rechtsextremen und monarchistischen *Action française* oder ihrer unter den Studenten der juristischen Fakultät aktiven Jugendorganisation, obwohl Freunde ihn dazu zu überreden versuchten und er einen der wichtigsten Anführer, Charles Maurras, als Schriftsteller und Intellektuellen schätzte.[13] Dabei waren für ihn nicht genuin politische Gründe ausschlaggebend. Als Katholik, der sein Engagement gemäß den Prinzipien seiner Religion und den Weisungen der Kirche verstand, war er nicht bereit, einer 1926 vom Vatikan verurteilten Bewegung beizutreten;[14] vor allem hielt er die monarchistische Nostalgie für unzeitgemäß. Viel diskutiert war seine Beziehung zur *Cagoule*, einer rechtsextremen terroristischen Untergrundorganisation, die vor allem während der 1934 vorankommenden Einigung der Linksparteien zur Volksfront aktiv und für mehrere Morde verantwortlich war. Er hatte erwiesenermaßen Freunde, die in ihr aktiv waren; er selbst war laut einem damaligen Freund allerdings nicht Mitglied.[15]

Im Oktober 1934 wurde Mitterrand Mitglied der *Volontaires nationaux*, der Jugendorganisation der *Croix-de-Feu*, was er nach einigem Zögern später auch zugab.[16] Die *Croix-de-Feu* waren eine außer- und antiparlamentarische, nationalistische, bonapartistisch-autoritäre, aber republikanische, auch sozial orientierte Gruppierung ehemaliger Frontkämpfer mit verschwommenen politischen Zielen. Sie wollten eine Art Ständestaat, einen Staat, der beschützt und in der Lage ist, zu kontrollieren und zu sanktionieren. Vorsitzender war der Oberst François de La Rocque, für den schon Mitterrands Vater Sympathien gezeigt hatte. Dank ihrer der katholischen Soziallehre nahen Ideologie genoss sie im konservativen katholischen Milieu große Sympathien. Mit über 100.000 Mitgliedern war sie die bedeutendste der ›Ligen‹, die sich in Frankreich Mitte der dreißiger Jahre entwickelten und die sich als Alternative zu den Parteien verstanden. Laut Mitterrand hätten die *Croix-de-Feu* »ein sehr humanes, weil soziales Ideal« vertreten und seien nicht einfach als links oder rechts zu klassifizieren.[17] Seine spätere Erklärung, er sei nur aus bald gestillter Neugier Mitglied geworden, überzeugt jedoch nicht: Nach der Auflösung der *Croix-de-Feu* durch die Volksfrontregierung wurde er Mitglied der im Juni 1936 von de La Roque gegründeten *Parti social français*, auch wenn er die Mitgliedschaft später nie zugegeben hat. An ihren Versammlungen nahm er ebenso regelmäßig teil wie an denen der *Croix-de-Feu*.[18] Anfang Februar 1935 sah man Mitterrand als Teilnehmer einer von der *Action française* organisierten Studentendemonstration, bei der ein großes Transparent vor einer »Invasion« der Fremden warnte, abschätzig als *métèques* (in etwa ›Kanaken‹) bezeichnet.[19] Auch ein Artikel Mitterrands in der Tageszeitung *Echo de Paris* enthält deutlich fremdenfeindliche Akzente.[20]

1936 nahm Mitterrand an Demonstrationen der *Action française* gegen einen jüdischen Professor teil. Obwohl ein Foto davon erhalten ist, behauptete er zunächst, er habe an Demonstrationen für den Professor und gegen die extreme Rechte teilgenommen.[21] Später will er sich nicht daran erinnern, die Demonstration als fremdenfeindlich wahrgenommen zu haben.[22] 1935/36 hat Mitterrand noch nicht zur Linken, zur sich bildenden Volksfront gefunden: Im Gegenteil, seine Aktivitäten und sein Engagement waren gegen die Linke gerichtet. Eine Demonstration für die gerade gebildete Volksfrontregierung soll er »missmutig« beobachtet haben.[23] Er bewegte sich im rechten oder sogar extrem rechten, nationalistischen Milieu.

Sein Hauptinteresse galt allerdings nach wie vor der Literatur. Er las sehr viel, vorzugsweise, aber keinesfalls ausschließlich, Schriftsteller, die zur politischen Rechten gehören. Namhafte Autoren, die der Linken nahestanden, unterzog er einer scharfen, mit ironischen Formulierungen gewürzten Kritik.[24] Mitterrand schrieb außer in der Hauszeitschrift seines Wohnheims vor allem in der Tageszeitung *Echo de Paris*. Von der Linken als »Filiale des Erzbischofs, des Generalstabs und der Banque de France«[25] gebrandmarkt, gehörten ihrer konservativ-nationalistischen, die Volksfront scharf kritisierenden Linie offenbar seine Sympathien. 1936 leitete er als gerade einmal Zwanzigjähriger den Literaturteil für Studenten und 1937 übernahm er auch den Vorsitz des *Cercle littéraire* der Zeitung. Neben dem Studium hatte er eine erstaunliche journalistische, politische und soziale Aktivität entfaltet. Sie belegt seine überdurchschnittliche Intelligenz, seine breiten Interessen und seinen enormen Ehrgeiz, der sich nicht damit zufrieden gab, nur im Strom mit zu schwimmen. Er schien eher auf die Karriere eines Literaturkritikers, eines Intellektuellen, als auf die eines Politikers zuzusteuern.

Für die damalige Zeit nicht ungewöhnlich war das politische Interesse des jungen Mitterrand auf Frankreich beschränkt. In seinen Briefen findet sich nichts über den spanischen Bürgerkrieg, die Bildung der Achse Hitler–Mussolini oder den chinesisch-japanischen Krieg. Seinen ersten eindeutig politischen Artikel veröffentlichte er im April 1938 in der *Revue Montalembert* unter einem Titel, der entschlossenen Widerstand anzukündigen schien: »Bis hierher und nicht weiter.«[26] Es geht um die Annexion Österreichs durch Deutschland. Der Text begnügt sich nicht mit einer moralischen Verurteilung, sondern zeugt von einem historisch unterfütterten, bemerkenswert illusionslosen politischen Realismus, dem aber eine klare Orientierung noch fehlte. Nach einer nüchternen Analyse des Versailler Vertrags, auf dessen Schwächen er hinweist, konstatiert Mitterrand die tatenlose Hinnahme des Anschlusses durch Frankreich, Großbritannien und Italien. Großdeutschland entstehe so aus einer Niederlage. Freilich ziehe ein geglücktes Experiment ein zweites nach sich. Jeder Rückzug sei eine verlorene Schlacht. Aber Frankreich wäre töricht, närrisch, einen Krieg zu riskieren, um einen verlorenen Frieden zu retten, denn »der Tod eines Menschen ist schlimmer als die Zerstörung eines Staates«. Mitterrand akzeptierte die Entscheidung der Münchner Konferenz, der Forderung Hitlers nachzugeben, das Sudentenland, das zur Tschechoslowakei gehörte, an Deutschland abzutreten. Allerdings empfand er so etwas wie Scham, da er Frankreich geschwächt sah. Eine Konferenz müsse die noch offenen Fragen regeln, um den Frieden zu wahren. Diese Einstellung deckt sich mit der Appeasement-Politik und kann für das damalige politische Klima in Frankreich als repräsentativ gelten.

Am Vorabend des Krieges war sich Mitterrand über sich selbst, seinen politischen Standpunkt und seine Zukunft noch nicht im Klaren. Nachträglich bekannte er, dass es in turbulenten Zeiten für einen jungen Menschen schwierig sei, seinen Weg zu finden. Es sei ungerecht, die Menschen wegen der Irrtümer zu verurteilen, die sich aus dem Klima der Zeit erklären.

»Ich hatte noch keine Wahl getroffen. Zwei Drittel meines Denkens waren der Reflex meines rechten Milieus.«[27]

Die frühen politischen Aktivitäten Mitterrands, die ihn eindeutig im rechten, wenn nicht im extrem rechten Spektrum platzieren,[28] mögen aus der Sicht des künftig linken Politikers peinlich erscheinen. Vermutlich hat er sie deshalb in seinen Erinnerungen im Sinne seines späteren politischen Engagements ›eingefärbt‹, manche auch verfälscht.

Krieg und Gefangenschaft

Im Oktober 1938, wenige Wochen nach dem Abschluss seines Studiums, wurde Mitterrand zum Militärdienst, zur Kolonialinfanterie eingezogen. Für einen Offizierslehrgang, der nach einem abgeschlossenen Studium das Normale gewesen wäre, wurde er nicht zugelassen. Der Grund ist strittig. Er selbst nennt später seine ›antimilitaristische‹ Einstellung und sein Versäumnis, nach Vincennes zu fahren, um dort die entsprechende Ausbildung zu erhalten. Sein Bruder Robert schreibt, er habe nicht nach Saumur, wo sich die Offiziersschule befand, gehen wollen, weil er dann zu weit entfernt gewesen wäre von seiner ersten Liebe, die er einige Wochen vorher kennen gelernt hatte. Vielleicht hat er auch die Prüfung wegen schlechter Vorbereitung nicht bestanden.[29]

Zunächst brachte das Soldatenleben für ihn keine großen Entbehrungen mit sich, als angenehm hat er diesen neuen Lebensabschnitt mit seiner autoritären Struktur trotzdem nicht empfunden.[30]

Nachdem deutsche Truppen am 1. September 1939 in Polen einmarschiert waren, erklärte das mit Polen verbündete Frankreich Deutschland den Krieg. Zunächst war es ein ›Sitzkrieg‹ (*drôle de guerre*), da die französische Armee sich hinter der für unüberwindbar gehaltenen Maginotlinie verschanzte. Auch als Mitterrand, inzwischen Stabsunteroffizier, mobilisiert und seine Einheit ins Elsass verlegt wurde, war er noch keineswegs beunruhigt. In den Schützengraben nahm er zwei anspruchsvolle Bücher mit: *Les Pensées* von Pascal und *Die Nachfolge Christi* von Thomas von Kempen (auf französisch). Selbst als der deutsche Vormarsch begann, blieb Mitterrand noch optimistisch. Wie viele Franzosen glaubte er an die Stärke der französischen Armee. Von Kriegsbegeisterung war bei ihm dennoch nichts zu spüren.

»Der Krieg ist eine dumme, fürchterliche Sache. Er ist die Zerstörung, die Verneinung des Lebens, des Fortschritts, des Glücks.«[31]

Als eine existentielle Erfahrung scheint er ihn nicht empfunden zu haben. Von einem Deutschenhass ist in seinen damaligen Briefen erstaunlicherweise nichts zu finden. Dagegen setzte er sich kritisch mit der französischen Politik auseinander. Sie machte er für die Erniedrigung des Rückzugs verantwortlich. »Ich bin besiegter Soldat einer entehrten Armee«, schreibt er, »und ich zürne jenen, die das möglich gemacht haben, den Politikern der III. Republik« (nicht *hommes politiques* genannt, sondern abwertend *politiciens*).[32] Er wolle nicht für Werte bzw. das Gegenteil von Werten (*antivaleurs*) sterben, an die er nicht glaube. Mitterrand schien seine Werteordnung in dieser Situation neu zu orientieren: Es lohne sich vielleicht zu sterben, um den Schmutz von der Zivilisation zu nehmen. Er werde Kälte und Schmutz ertragen und er glaube, er werde »revolutionär und positiv« aus dem Krieg herauskommen.[33] Seinen Briefen kann man insgesamt ein kritisches Reflektieren über Politik im Allgemeinen entnehmen, das über die studentischen Diskussionen hinausging.

Im Juni 1940 wurde der Stabsunteroffizier Mitterrand bei Verdun in der Nähe der Höhe 304 (*Mort-Homme* genannt) verwundet.[34] Ein Granatsplitter drang in sein rechtes Schulterblatt. Kameraden brachten ihn auf einem Karren und unter den Angriffen der deutschen Luftwaffe in Sicherheit. Er wurde mit dem Kriegskreuz auf silbernem Stern ausgezeichnet und erhielt eine ehrenvolle Erwähnung im Tagesbefehl seiner Division.[35] Im Feldlazarett bei Bruyères in den Vogesen wurde er von den Deutschen gefangen genommen und in ein Lazarett in Lunéville gebracht. Nachdem er weitgehend genesen war, kam er im September 1940 in ein Kriegsgefangenlager in Ziegenhain, zwischen Kassel und Marburg. Vorübergehend wurde er etwa für ein halbes Jahr in dem Lager Bad Sulza in der Nähe von Rudolstadt in Thüringen einem Arbeitskommando zugeteilt, wo er harte körperliche Arbeit leisten

Abb. 2: Die Doppelanhöhe Toter Mann (franz. Mort Homme), zwischen 1917 und 1918. Sie war 1916 Schauplatz einer der längsten und verlustreichsten Schlachten des Ersten Weltkrieges. Fast 25 Jahre später wurde Mitterrand hier in einer Schlacht im Zweiten Weltkrieg an der Schulter verwundet.

musste.[36] Dennoch behielt er das Kommando in guter Erinnerung, da ein ›Geist der Brüderlichkeit‹ herrschte und er neue Freunde gewann – darunter mehrere Priester, insbesondere Jesuiten.

Die Bedingungen der Gefangenschaft waren hart, respektierten aber die Genfer Konvention. Die französischen Gefangenen wurden weniger hart behandelt als andere.[37] Die Deutschen waren nicht »brutal«, erinnert sich Mitterrand. Die Wärter seien alte, anständige Männer, oft Arbeiter gewesen.[38] Verglichen mit anderen Lagern herrschten in Ziegenhain in der Tat erträgliche Zustände. So gab es ein beachtliches Kulturprogramm (Theatergruppe, Orchester), an dem sich Mitterrand aktiv beteiligte, sowie eine umfangreiche Bibliothek. Er hielt an der im Lager gebildeten »Zeitweiligen Universität Ziegenhain« Vorträge über die unterschiedlichsten Themen. Auch schrieb er in der Gefangenenzeitung *L'Ephémère*, die er zusammen mit einem Priester leitete. Bald wurde er ›der Professor‹ genannt. Auch bei der Herstellung von falschen Papieren machte er mit und bewies dabei großes Geschick.

Seinen Mitgefangenen erschien er als eine außergewöhnliche, allerdings auch widersprüchliche, schwer zu durchschauende Persönlichkeit.[39] Er sei geistvoll und ironisch, habe ein Herz, arbeite zuverlässig und pünktlich. Eine Karikatur in derselben Zeitung stellt ihn als römischen Imperator dar, mit einem Lorbeerkranz auf dem Kopf und bekleidet mit einer Toga. Der beigefügte Text spiegelt den Eindruck wider, den er hervorrief: »Hochmütig, empfindlich und kategorisch«.[40] Er beeindruckte durch seine Intelligenz, Bildung und Eloquenz. Er besaß sichtlich die Fähigkeit und den Willen, Verantwortung zu übernehmen. Zugleich wurde er als jemand empfunden, der Distanz zu seinen Mitgefangenen wahrte, der sich als »über der Masse stehend empfindet« und ehrgeizig ist. In einem Punkt stimmten die recht unterschiedlichen Eindrücke seiner Mitgefangenen überein: Er war eine aus den übrigen Gefangenen hervorstechende Persönlichkeit, ein geborener Anführer und für ein außergewöhnliches Schicksal bestimmt.[41] Ungeachtet dessen zeigte er sich solidarisch, hatte zu allen ein gutes Verhältnis, sodass die meisten Mitgefangenen ihn in guter Erinnerung behielten.[42]

Mitterrand hatte früh den Entschluss gefasst, aus der Gefangenschaft zu fliehen. Nicht der einzige, aber ein besonders wichtiger Grund war seine Verlobte.[43] Ihren Briefen entnahm er, dass sich ihre Beziehung zu ihm abkühlte; sie hatte sich in einen polnischen Architekturstudenten verliebt. Seine ersten beiden Fluchtversuche hatte Mitterrand sorgfältig mehrere Monate vorbereitet. Er zeichnete von einer Karte im Lager, an der er möglichst oft vorbeiging, die geplante Route nach und nach ab. Außerdem las er einen Bericht eines Franzosen über seine Flucht aus der Gefangenschaft während des Ersten Weltkrieges, der viele praktische Ratschläge enthielt. Einen ersten Fluchtversuch unternahm er, gemeinsam mit einem Geistlichen, am 5. März 1941 von Schaala (in Thüringen) aus. Er wurde von den Mitgefangenen gedeckt, so dass sie nicht sofort entdeckt wurden. Da die Überquerung der Grenze zur Schweiz die wenigsten Risiken barg, wählten sie diese Route, obwohl sie dafür etwa 600 km zurücklegen mussten. Nachdem sie schon etwa drei Wochen Nachtmärsche – sie schliefen tagsüber im Freien – hinter sich hatten und bis auf etwa 30 km an die Schweizer Grenze gekommen waren, wurden sie leichtsinnig und gingen bei Tag weiter. Sie verliefen sich in Egesheim, fielen den Kirchgängern auf, wurden angesprochen und konnten, kaum Deutsch sprechend, keine überzeugende Erklärung geben. Also wurden sie der Polizei übergeben. Nach einer Haft von einem Monat im Gefängnis von Spaichingen wurden sie zunächst nach Schaala, dann in ihr Ursprungslager Ziegenhain zurückgebracht.

Der zweite Versuch, den er am 28. November 1941 mit zwei Mitgefangenen von Ziegenhain aus unternahm, begann ähnlich vielversprechend. Zwar wurde einer von ihnen sofort ergriffen, aber Mitterrand blieb in seinem Versteck unentdeckt. Da er schon hinlänglich Deutsch sprach, um sich eine Fahrkarte zu kaufen, fuhr er allein – den anderen geflohenen Mitgefangenen hatte er nicht wiedergefunden – mit dem Zug über Frankfurt und Saarbrücken nach Metz, das damals von den Deutschen besetzt war. Da eine eisige Kälte herrschte und es ihm schlecht ging, wollte er nicht noch eine Nacht im Freien verbringen. Er übernachtete in einem kleinen Hotel, wurde aber von der Inhaberin denunziert und ins nahe gelegene Boulay in ein Sammellager für geflohene Kriegsgefangene gebracht.

Mitterrand fürchtete, nun in ein Lager in Polen mit härteren Bedingungen verlegt zu werden. Also unternahm er noch von Boulay aus, am 10. Dezember 1941, einen weiteren äußerst riskanten Fluchtversuch.[44] Diesmal wurde er nicht denunziert, sondern fand Helfer. In einem nahegelegenen Krankenhaus wurde er versteckt und zum Bahnhof Metz gebracht.[45] Von dort fuhr er, begleitet von einem ortskundigen Mann, mit dem Zug weiter. Nach einigen Kilometern sprangen sie ab und überquerten am 16. Dezember nachts die Demarkationslinie zum nicht besetzten Teil Frankreichs. Er hielt sich einige Tage bei seiner Cousine in Mantry (im Jura) auf. Im nahe gelegenen Lons-le-Saunier ließ er sich demobilisieren. Er erhielt Ausweispapiere und eine ›Fluchtprämie‹. Bei Freunden erholte sich einige Tage in Saint-Tropez.

Die Flucht war für ihn, wie er selbst sagt, »ein quasi-biologischer Reflex des Vogels im Käfig.«[46] Er hasse den Zwang und habe das Bedürfnis nach Freiheit, die er brauche wie die Luft zum Atmen. Einen frühen Akt des Widerstands wird man in der Flucht aber kaum sehen können.[47] Es ging ihm nicht primär darum, möglichst bald wieder gegen die Deutschen zu kämpfen. Er wollte schlicht frei sein und seine

Verlobte wiedersehen, denn er war über ihre Beziehung beunruhigt.[48] Mitterrand hat immer wieder betont, wie einschneidend diese Zeit für ihn war. Krieg und Gefangenschaft hätten ihm eine Welt geöffnet, die er vorher nicht gekannt habe. Das Gemeinschaftserlebnis habe ihn, den eingefleischten Individualisten, tief geprägt. Die »natürliche, moralische und physische Hierarchie« sei völlig anders gewesen als jene, die er in seiner Jugend gekannt habe.[49] Nachdem er bisher weitgehend in einem geschlossenen bürgerlichen und religiösen Milieu verkehrt hatte, lernte er nun Menschen aus ärmlichen sozialen Milieus kennen, oft ohne religiöse Bindung, mit anderen politischen Ansichten, z. B. kommunistische Arbeiter. Roger-Patrice Pelat, der Arbeiter in den Renaultwerken, Mitglied der kommunistischen Jugendorganisation und Kämpfer der Internationalen Brigaden in Spanien gewesen war, wurde einer seiner engsten Freunde. An die Stelle einer durch Auszeichnungen, Diplome oder Geld festgelegten Hierarchie sei eine getreten, die auf ›wirklichen Werten‹ beruhte.

»Ich sah die Welt meiner Jugend zerfallen. [...] Nach der Ordnung der Vorkriegszeit, die plötzlich obsolet geworden war, hat sich eine neue, auf moralische Werte gegründete Ordnung gebildet [...] [I]ch habe begonnen, die Kriterien, nach denen ich bisher gelebt hatte, grundsätzlich in Frage zu stellen.«[50]

Spater sagt er, er habe im Lager mehr gelernt als von seinen Lehrern. Er habe gelernt, Verantwortung zu übernehmen. Zuerst habe das Recht des Stärkeren geherrscht, etwa um die tägliche Suppen- und Brotration, »die Regierung des Messers«.[51] Mutige Gefangene lehnten sich dagegen auf und bildeten eine Organisation. Daraufhin sei die Gewalt einem neu installierten Recht gewichen, innerhalb weniger Wochen sei auf den Dschungel die Zivilisation gefolgt. Es habe Delegierte gegeben, die »unter der aufmerksamen Kontrolle des allgemeinen Stimmrechts« – also aller Gefangenen – die Schwarzbrotscheiben auf den Millimeter genau geschnitten hätten. Er habe der Geburt des Gesellschaftsvertrages (*contrat social*) beigewohnt. Da er sich leicht anpassen konnte, sei er in der Gefangenschaft »nicht wirklich unglücklich gewesen«. Es sei keine einfache Zeit gewesen, aber auch kein Martyrium.[52]

Die Gefangenschaft bewirkte weitreichende, auch seine politischen Einstellungen erfassende Veränderungen, selbst wenn diese sich nicht immer sofort bemerkbar machten. Der junge Bürgersohn, erzogen in einer vom Christentum geprägten Welt, hatte die Erfahrung von der Verschiedenheit der Menschen gemacht. Voller Staunen hatte er »Formen eines ruhigen Unglaubens« entdeckt.[53] Obwohl er häufigen Umgang mit Priestern hatte – den ersten Fluchtversuch hatte er mit einem Priester unternommen – und ihm ihre »feste Haltung gegenüber den Deutschen Vertrauen einflößte«, entfernte er sich vom Glauben.[54] Die Prägung seiner Kindheit und Jugend wurde jedoch nicht völlig ausradiert. Er wurde zwar Agnostiker, behielt aber sein ›religiöses Temperament‹, wie er selbst sagt, las weiter die Bibel, wurde kein Rebell gegen Gott.

Selbst wenn sein Aufbegehren noch nicht genuin politisch war, machte er die ersten Schritte nach links. Durch Krieg, Gefangenschaft und Flucht war Mitterrand klar geworden, dass er die behütete Kindheit und die unbekümmerte Studentenzeit der Jugendjahre hinter sich gelassen hatte. Er hatte seine physische und psychische Widerstandskraft erfahren, war härter und entschlossener geworden. Vor allem hatte er feststellen können, dass er andere Menschen beeindrucken, auf sie Einfluss ausüben konnte. Er fühlte in sich die Fähigkeit, eine Führungsaufgabe zu übernehmen.[55] Die Erfahrungen im Lager dürften ihn in seinem Ehrgeiz bestärkt haben, eine solche Rolle anzustreben – in der Politik?

Vichy und Résistance

Nach eineinhalb Jahren Gefangenschaft war er schließlich wieder in Frankreich. Die Jahre zwischen seiner Flucht im Dezember 1941 und der Befreiung Frankreichs sind die vielleicht wichtigsten und die erstaunlichsten im Leben Mitterrands. Ein neuer Abschnitt in seinem Leben begann, über den Mitterrand lange geschwiegen hat. Erst spät hat er sich, oft nur lapidar, ungenau und lückenhaft, dazu geäußert oder die Öffentlichkeit mit unzutreffenden Schilderungen getäuscht. In seinen 1969 geschriebenen »Fragmenten einer Autobiographie« schreibt er: »Zurück in Frankreich, gehe ich selbstverständlich in den Widerstand.«[56] Ein paar Zeilen weiter ist er bereits beim Treffen mit de Gaulle im Dezember 1943. Noch in Interviews während seiner Präsidentschaft heißt es: »Meine Jugend war die Gefangenschaft und dann die *Résistance*«.[57]

Mitterrands ebenso knappe wie eindeutige Aussage ist »nicht der kürzeste Weg zur historischen Wahrheit«, wie Pierre Péan sarkastisch bemerkt.[58] Mitterrands ›Teil der Wahrheit‹ ist nur eine Teilwahrheit: Von einem sofortigen Engagement in der *Résistance* kann keine Rede sein. Erst Péans Lebensbeschreibung »Eine französische Jugend: François Mitterrand« (*Une jeunesse française: François Mitterrand*) hat 1994 Mitterrands Leben im mit Deutschland kollaborierenden Vichy-Regime detailliert offengelegt.

Nach einigen Erholungstagen in Saint-Tropez fuhr Mitterrand nach Paris und musste sich dem Ende seiner Liebesbeziehung stellen. Seine Verlobte hatte sich von ihm getrennt, was er in der Gefangenschaft schon geahnt und befürchtet hatte. Wie ernst Mitterrands Liebe gewesen war, kann man daraus entnehmen, dass er ihr auch nach der Trennung immer zum Verlobungstag schrieb, Rosen schickte und in Vichy ein Foto von ihr in seinem Zimmer hatte.

Da ihm als geflohenem Kriegsgefangenen die Festnahme durch die Deutschen drohte, konnte er nicht im besetzten Teil Frankreichs bleiben. Anfang 1942 ging er das Risiko ein, seinen erkrankten Vater zu besuchen – seine Mutter war bereits 1936 gestorben. Sein Vater, ein Mann der traditionellen Rechten und Patriot, hielt weder etwas von der nationalen Revolution und ihrem Bruch mit dem republikanisch-demokratischen System Frankreichs noch teilte er ihren Antisemitismus. Dennoch war er ein entschiedener Anhänger des Marschalls Philippe Pétain, der von 1940 bis 1944 die Führung des Vichy-Regimes übernahm. In Pétain sah er den Garanten moralischer Werte und der Ewigkeit der Nation.[59]

Das Regime von Vichy

Im Januar 1942 fuhr Mitterrand nach Vichy. Er fand die Stadt zwar langweilig und hässlich, sie war aber – in seinen Worten – »Mittelpunkt Frankreichs und Sitz der öffentlichen Verwaltungen.«[60] In Vichy hatte er Freunde, ehemalige Mitbewohner des Pariser Wohnheims, auch geflohene Kriegsgefangene und Bekannte der Familie aus dem katholisch-traditionalistisch-patriotischen Milieu, deren Sympathien Vichy und insbesondere Pétain gehörten. Unter den ›offiziellen‹ Journalisten traf er auch Jean Delage, seinen früheren Mentor vom *Echo de Paris*. Der junge Mitterrand hoffte, dass diese Bekannten ihm helfen könnten, eine Anstellung zu finden. Er musste seinen Lebensunterhalt verdienen und nach der erzwungenen Untätigkeit in der Gefangenschaft drängte es ihn zu einer Tätigkeit, die sein Leben ausfüllen konnte.

Mitterrand weist zu Recht darauf hin, dass Vichy kein ›monolithischer Block‹ gewesen sei, sondern ein Gemisch aus Faschisten und Antisemiten, Patrioten und auch Widerständlern. Es habe Hass auf den Parlamentarismus und die III. Republik gegeben. Eine ultrakonservative Doktrin nach der Devise ›Arbeit, Familie, Vaterland‹ wurde wiederbelebt. Sie wurde von der *Croix-de-Feu* aus den 1930er Jahren übernommen, in deren Jugendorganisation Mitterrand Mitglied gewesen war. Die ›entschlossenen Ideologen‹, die Faschisten, hätten sich in Vichy erst später durchgesetzt. Mitterrands Ignorieren der Schattenseiten des Vichy-Regimes und seine anfängliche Mitarbeit, sein Sympathisieren mit der nationalen Revolution ist vor allem mit seiner Herkunft aus dem rechten Milieu zu erklären, in dem er noch als Student in Paris gelebt hatte.

In Vichy bewegte sich Mitterrand also wieder, wie in den 1930er Jahren in Paris, in rechten Kreisen. Selbst wenn er es in seinen Erinnerungen nur ahnen lässt: Ohne Zweifel war er – wie sein Vater und eine Zeitlang wohl sogar eine Mehrheit der Franzosen – *maréchaliste*, ein Anhänger des Marschalls Pétain, den er bewunderte, auch wenn dieser nicht mehr alles verstand, was um ihn vorging.[61] In einem Brief vom März 1942 schreibt er über ihn, den er im Theater gesehen hatte:

> »Er ist eine wunderbare Erscheinung, sein Gesicht ist wie aus Marmor gegossen [...]. Er machte einen majestätischen Eindruck.«[62]

Abb. 3: Henry Philippe Petain und Adolf Hitler in Montoire-sur-le-Loir (in der Mitte Chefdolmetscher Gesandter Dr. Paul Schmidt, rechts Reichsaußenminister Joachim von Ribbentrop) am 24. Oktober 1940.

Schon im Januar 1942 fand er durch die Vermittlung von Bekannten seiner Familie eine Beschäftigung bei der *Légion française des combattants*. Diese Organisation, die im August 1940 gegründet worden war, sollte die ehemaligen Soldaten für die Ideen der ›nationalen Revolution‹ gewinnen und für das Vichy-Regime aktivieren. Leiter der Organisation war François Valentin, vor dem Krieg national-konservativer Abgeordneter, der auch im Pariser Wohnheim Mitterrands hochgeschätzt wurde. Die Tätigkeit in der Organisation befriedigte Mitterrand allerdings nicht, weshalb er bereits im April desselben Jahres kündigte. Eine Distanzierung von Vichy war das jedoch nicht, wie aus seinen Briefen hervorgeht.

Da sein Interesse als selbst Betroffener weiterhin den ehemaligen Kriegsgefangenen galt, entschied er sich im Mai/Juni 1942 für eine Mitarbeit im »Kommissariat für die Eingliederung der zurückgekehrten Kriegsgefangenen«. Er hatte sich um die Beziehungen zur Presse in der freien Zone zu kümmern. Darin sah er eine »nützliche Propagandaaufgabe«.[63] Die Wiedereingliederung von etwa 350.000 entlassenen oder geflohenen Kriegsgefangenen stellte Vichy vor eine schwierige Aufgabe. Pétain genoss bei dieser Gruppe hohe Achtung.

Mitterrand nahm offenkundig die Kollaboration des Vichy-Regimes mit Deutschland, die Unterdrückung und auch den Antisemitismus zumindest in Kauf. In seinen Briefen finden sich keine kritischen Anmerkungen. Er schrieb Artikel in einer quasi-offiziellen Zeitschrift, die man als eine Art Abrechnung mit der Ideologie der Französischen Revolution und der III. Republik, die sich auf die ›Ideen von 1789‹ berufen hatte, lesen kann. Damit stimmte er mit der Position des Vichy-Regimes überein. Mitterrands spätere Charakterisierung des Vichy-Regimes als ›ultrakonservativ‹, gegen die auch von ihm scharf kritisierte III. Republik gerichtet, ist beschönigend und übergeht die die politische Freiheit unterdrückenden, ihre Gegner verfolgenden Maßnahmen.

Das gilt insbesondere für die Behandlung der Juden. Seine nachträgliche Behauptung, er habe zwar gewusst, dass es in Vichy Antisemiten gegeben habe, die einen bedeutenden Platz beim Marschall eingenommen hätten, aber die antijüdische Gesetzgebung und die aus ihr folgenden Maßnahmen habe er nicht gekannt, ist kaum glaubhaft. Sichtbare Judenverfolgungen habe es, schreibt Mitterrand, zunächst nicht gegeben. Wie andere habe er sich nicht um das gekümmert, was außerhalb seines Umfeldes passierte. Während des Jahres 1942 jedoch hätten sich Verfolgungen und der Ausschluss der Juden aus den Verwaltungen entwickelt. Das habe man nicht mehr ignorieren können. Da habe er »moralisch und physisch mit dem mediokren System gebrochen«.[64]

Mitterrand versicherte stets, in seiner Familie habe es keinen Antisemitismus gegeben und er selbst sei kein Antisemit gewesen.[65] Er verweist öfter darauf, dass der Jude Dayan einer seiner besten Freunde war. Es bleibt dennoch die wenig schmeichelhafte Tatsache bestehen, dass er die im schon Juli 1940 beginnenden, sichtbaren antijüdischen Aktionen aus Gleichgültigkeit oder Opportunismus hingenommen, nichts gegen die antisemitischen Maßnahmen zu unternehmen versucht, sich in seinen Briefen nicht davon distanziert hat.[66] Die Angst vor möglichen Repressionen wird es kaum gewesen sein, denn es fehlte ihm nicht an Mut. Er schrieb sogar selbst in Zeitschriften, in denen scharf antisemitische Artikel erschienen. Die Natur des Vichy-Regimes, zu der der Antisemitismus gehörte, konnte einem intelligenten, jungen Mann in dessen Diensten nicht entgehen. Der Kritik seiner Cousine an zweifelhaften Leuten (*pègre crapuleuse*), die in Vichy mitmachten, hielt Mitterrand »ehrenhafte Menschen« entgegen, die er dort treffe.[67] Mitterrand war zwar Anhänger Pétains und offenbar mit der nationalen Revolution einverstanden, mit der Kollaboration mit Deutschland oder mit der für eine aktive Mitarbeit mit dem Nationalsozialismus werbenden Gruppe um die Faschisten Marcel Déat und Jacques Doriot hatte er persönlich jedoch nichts zu tun.

Wie weit er im Frühjahr 1942 aber noch von einer Abkehr von Vichy und vom Widerstand gegen Deutschland entfernt war, geht aus einem Brief an eine Cousine hervor.[68] Er hatte zwar seine Tätigkeit bei der *Légion* gekündigt, aber nicht aus Protest gegen die unter deutschem Druck erfolgte Rückkehr von Pierre Laval als Regierungschef. Dieser bestimmte künftig die Politik und verdrängte Pétain von seiner Machtstellung. Vor allem forderte er eine umfassende Kollaboration mit dem Deutschen Reich. Mitterrand war einfach mit seiner Arbeit nicht mehr zufrieden. In dem Brief sprach er sich für die geheime Militärorganisation *Service d'ordre légionnaire* (SOL) aus, die auf Betreiben von Joseph Darnand – früher Anhänger des rechtsextremen und terroristischen Geheimbundes *Cagoule* – im Dezember 1941 Teil der Kriegsveteranenorganisation *Légion française des combattants* wurde. Eine von Frankreich aufgestellte Miliz (die sich aus dem *SOL* entwickelte), würde es dem Land erlauben, das Ende des Krieges abzuwarten, ohne Konsequenzen zu befürchten. Laval, so Mitterrand weiter, sei entschlossen, Frankreich »aus der Klemme zu helfen«. »Wenn seine Methode uns hilft zu überleben, ist sie gut.« Insgesamt scheint er damals also eher der radikaleren Linie Lavals gefolgt zu sein als der des Marschalls Pétain, auch wenn Mitterrand zu einer offenen Kollaboration mit Deutschland nicht bereit war.[69] Er scheint Laval zeitweise sogar bewundert zu haben.[70] Ein Engagement im Widerstand lag ihm noch fern: Die Widerstandskämpfer, vor allem die kommunistischen, nannte er Terroristen.[71]

Die nächsten drei Monate, schreibt er in einem Brief vom 6. Juli 1942, würden über seinen Weg entscheiden. »Vielleicht werden sie mich zu einer Wahl zwingen.«[72] Eine Wahl zwischen welchen Möglichkeiten?

Zwischen Vichy und Résistance

Auch wenn Mitterrands Rolle im zweiten Halbjahr 1942 schwer zu beurteilen ist – eine offene Abwendung von Vichy ist nicht erkennbar. Am 15. Oktober 1942 wurde er mit drei Mitarbeitern Pétains im *Hôtel du Parc* in Vichy empfangen, was das Titelfoto von Péans Buch zeigt.[73] Mitterrand berichtete bei dieser Gelegenheit über seine soziale Tätigkeit für die Kriegsgefangenen, für die er schließlich 1943 mit der *Francisque*, dem von Pétain verliehenen Orden, ausgezeichnet wurde.[74] Um diese Auszeichnung zu erhalten, musste man vor dem Krieg eine politische und soziale Aktivität nachweisen, die den Prinzipien der ›nationalen Revolution‹ entsprach, seit dem Krieg eine aktive Verbundenheit mit dem Werk und der Person Pétains an den Tag gelegt haben und außerdem eine brillante militärische oder zivile Bilanz vorweisen. Als ihm die *Francisque* verliehen wurde, sei er, behauptet Mitterrand später, schon in London oder Algier im Widerstand, gewesen, er habe sie nie erhalten. Auch wenn das genaue Datum offenbar nicht mehr zu ermitteln ist, hat die Verleihung oder zumindest die Entscheidung mit hoher Wahrscheinlichkeit im Frühjahr 1943 stattgefunden.[75] Zu diesem Zeitpunkt war Mitterrand noch in Frankreich. Später begründete er die Annahme bzw. den Antrag des Ordens mit dem Argument, dass dadurch seine Tätigkeit im Widerstand gedeckt und erleichtert worden sei.[76] Da Mitterrand damals tatsächlich schon auf dem Weg in den Widerstand war, ist dieses Argument nicht von der Hand zu weisen. Auch Mitglieder der *Résistance* akzeptieren es.

Wie ist Mitterrands Mitarbeit im Vichy-Regime vom Januar 1942 bis ins erste Halbjahr 1943 zu erklären? Folgt man seinen eigenen Argumenten, so habe das politische Klima in den letzten Jahren der III. Republik bei ihm eher Revolte als Zustimmung zu diesem Regime und seiner eventuellen Wiederkehr hervorgerufen.[77] Weder die von Stalin ferngesteuerte kommunistische noch die zerrissene und kraftlose sozialistische Partei seien ihm als Alternative erschienen. Als Pétain an die Macht kam – durch eine reguläre Wahl der Nationalversammlung, wie Mitterrand betont –, habe fast jeder geglaubt, der als antideutsch geltende Marschall könne Frankreich schützen. Seine Rolle in der Schlacht von Verdun im Ersten Weltkrieg habe ihm »eine unglaubliche

Aura« verliehen. Er habe für ihn einen »ehrerbietigen Reflex« gehabt.[78] In der Gefangenschaft habe man kaum etwas von Vichy gewusst. Man habe geglaubt, beide, Pétain und de Gaulle, dienten Frankreich.[79] Auch wesentliche Elemente der Ideologie der nationalen Revolution, etwa die recht pauschale Verdammung der Ideen von 1789 und der III. Republik, ein mystischer Nationalismus und die Verklärung des ländlich-bäuerlichen Frankreich, fanden Mitterrands Zustimmung.[80] Sie entsprachen den Vorstellungen seiner Eltern und denen seines Freundeskreises in den 30er Jahren. Insofern war er nicht nur *maréchaliste*, Bewunderer Pétains, sondern auch *petainiste*, Anhänger der nationalen Revolution. Eine offene Kritik an Pétain und seiner Rolle unter der deutschen Besatzung findet sich bei Mitterrand nicht. Selbst als Präsident scheint er noch immer ein Verehrer gewesen zu sein. Noch am Tag des Händedrucks mit Helmut Kohl in Verdun, am 22. September 1984, legte er an Pétains Grab auf der Ile d'Yeu einen Kranz nieder. An diesem Tag sollte diese Geste eine Art Gegenstück zum Händedruck mit dem Bundeskanzler sein, sollte an den Sieger von Verdun über die Deutschen im Ersten Weltkrieg erinnern. Aber während es sich bei seinen Amtsvorgängern, die ebenfalls bei bestimmten Gelegenheiten Kränze an Pétains Grab niederlegten, um eine einmalige Geste handelte, wiederholte Mitterrand sie noch acht Mal.[81] Erst auf Drängen aus der sozialistischen Partei und nach Protest der jüdischen Gemeinde beendete Mitterrand 1993 die Kranzniederlegung.[82]

Mitterrand schreibt, zum Widerstand habe er sich schon zwischen Februar und Mai 1942 entschlossen.[83] Er arbeitete in der zweiten Jahreshälfte 1942 bei *La Chaîne* mit, einem Netzwerk, das sich die »Wiederaufrichtung Frankreichs« und die »Verteidigung der christlichen Kultur« zur Aufgabe gemacht hatte.[84] Zwar half die Gruppe französischen Kriegsgefangenen bei der Flucht, stand aber noch unter der Autorität des Vichy-Regimes. Das Kommissariat als erste Widerstandsgruppe zu bezeichnen, ist daher »eine kühne Verkürzung«.[85] Der führende Kopf von *La Chaîne* war Antoine Mauduit, von dessen Persönlichkeit Mitterrand beeindruckt war und der später nach Bergen-Belsen deportiert wurde und dort kurz vor der Befreiung starb. Es ist denkbar, dass Mitterrand in der zweiten Jahreshälfte 1942 eine

Zeitlang ein Doppelspiel betrieben hat: Loyalität zum Vichy-Regime und gleichzeitig Kontakte zum Widerstand. Ein Neffe General Charles de Gaulles hatte nach einer Begegnung mit ihm im September 1942 noch den Eindruck, dass Mitterrand gegen die *Résistance* eingestellt war. Auch ein ihm wohlgesonnener Mitarbeiter sah ihn zur gleichen Zeit noch als *maréchaliste*.[86] Wäre Mitterrand in den letzten Monaten des Jahres 1942 schon als aktives Mitglied des Widerstandes wahrgenommen worden, so wären sein Empfang bei Pétain und die Auszeichnung mit der *Francisque* nicht zu erklären. Mitterrand war, wie Lacouture schreibt, »seit dem Sommer 1942 unterwegs [in den Widerstand], aber auf einer kurvenreichen Linie«, einer längeren Linie, die nicht immer präzise nachzuzeichnen ist.[87]

Auf dem Weg in den Widerstand wurde der Kontakt zu General Henri Giraud bedeutsam, der im April 1942 aus der deutschen Gefangenschaft nach Algier geflohen war. Nach der Landung der Alliierten in Nordafrika wurde Giraud auf Betreiben von Vichy-Kreisen und mit Unterstützung der Amerikaner, denen er als Rivale des unbequemen de Gaulle willkommen war, zum zivilen und militärischen Oberbefehlshaber in Nordafrika ernannt. In den ersten Monaten des Jahres 1943 knüpfte Mitterrand Kontakte zu den Offizieren um Giraud, die eine Widerstandsgruppe bildeten. Mitterrands im Aufbau befindliche Widerstandsorganisation der Kriegsgefangenen (*Rassemblement national des prisonniers de guerre* – RNPG) wurde von dieser Gruppe finanziell unterstützt. Sein Weg in den Widerstand führte also über Giraud. Er bezeichnete sich selbst als *giraudiste*,[88] was er später bestritt. Giraud bot jenen, die sich allmählich von Vichy abwandten, die Möglichkeit eines Ausstiegs, ohne sofort und offen mit Pétain zu brechen, zumal er sich auf die nationale Revolution berief, Pétain persönlich nicht verurteilte und sich gegen de Gaulle positionierte. Eine unmittelbare Hinwendung zu de Gaulle hätte einen sofortigen, kompromisslosen Bruch mit Vichy bedeutet und wäre für Mitterrand zu hart gewesen. Er bestreitet sogar, dass man das Wort ›Widerstand‹ für den von London und Algier aus geführten Kampf verwenden könne. Es spricht auch viel für die Annahme, dass Mitterrand erkannte, dass er sich neben de Gaulles dominierender Figur nicht so würde entfalten können, wie es ihm vorschwebte.[89]

Die Landung der Alliierten in Nordafrika und die Besetzung der Südzone durch die Deutschen am 11. November 1942 waren, so Mitterrand, für viele für den Weg in den Widerstand entscheidend – wohl auch für ihn selbst. Der 11. November war in Erinnerung an de Gaulles Aufruf zum Widerstand der ›18. Juni‹ (1940) derjenigen, die ›schlecht begonnen‹ hatten (*mal embarqués*). Die Besetzung der bislang freien Südzone habe aus den Männern von Vichy um Laval Gegner gemacht, während sie vorher nur ›Marionetten‹ gewesen seien – bei denen er aber einige Zeit mitgemacht hat.

Die Entscheidung Lavals im Januar 1943, den Leiter des Kommissariats zur Wiedereingliederung französischer Kriegsgefangener, Maurice Pinot, zum Rücktritt zu zwingen, hatte den solidarischen Rücktritt der Mitarbeiter nach sich gezogen – auch Mitterrands, der inzwischen Pinots Stellvertreter war – und die begonnene Abwendung von Vichy verstärkt. Die Gruppe habe das Regime bereits intellektuell und moralisch abgelehnt. Mit anderen ging Mitterrand nun ›in den Untergrund‹, bald auch bewaffnet.[90] Auf einer Zusammenkunft der führenden Männer von *La Chaîne* im Februar 1943 wurde ein ›Kampfkomitee‹ gebildet, das verschiedene Gruppen zusammenführen sollte. Bei einem Treffen mit dem ursprünglich gegen ihn eingestellten Philippe Dechartre von der gaullistischen Gruppierung der Kriegsgefangenen im Frühjahr 1943 überzeugte Mitterrand mit der Ernsthaftigkeit seines Widerstandes.[91] In der sich entwickelnden Widerstandsorganisation der ehemaligen Kriegsgefangenen MNPGD (*Mouvement national des prisonniers de guerre et déportés*) beeindruckte Mitterrand durch sein Geschick, seine Selbstsicherheit und Kaltblütigkeit, seine Tatkraft und seinen Ehrgeiz. Wichtig war auch, dass er mit Freunden aus der deutschen Kriegsgefangenschaft wieder zusammenkam, insbesondere mit Roger-Patrice Pelat, der bereits im Widerstand aktiv war. Von ihnen wurde der noch zögerliche Mitterrand zusätzlich motiviert. Mit Hilfe alter Freunde setzte er sich bald als anerkannter ›Chef‹ des MRNPG durch.

Eine deutliche Kritik an Vichy war am 10. Juli 1943 Mitterrands Auftreten anlässlich der Einführung des neuen Kommissars für die Organisation der Kriegsgefangenen. Mitterrand störte diese Veranstaltung, bei der auch Laval anwesend war, und verwickelte Masson, den neuen Kommissar, in einen heftigen Disput. Er wandte sich gegen das von Laval erdachte System des Austauschs (*la relève*), wonach ein französischer Kriegsgefangener in Deutschland freikam, wenn drei Franzosen zur Arbeit nach Deutschland gingen, um die deutschen Männer zu ersetzen, die an der Front waren. Die Anwesenden standen mehrheitlich auf Mitterrands Seite und nach Kontrolle seiner Papiere konnte er in Begleitung einiger entschlossener Kameraden den Saal verlassen. Diese riskante Aktion wird bereits dem Widerstand zugerechnet. Maurice Schumann erwähnte sie lobend in der BBC.[92]

Mitterrand im Widerstand

Die Loslösung von Vichy dauerte länger als Mitterrand glauben machen möchte.[93] Im Laufe der ersten Monate des Jahres 1943 hatte er aber den Weg in den Widerstand endgültig gefunden. Er hatte mehrere Decknamen, von denen er ›Morland‹ am häufigsten benutzte. Er nahm Kontakt zu den wichtigsten Gruppierungen in der Südzone auf, im März 1943 auch zu Henri Frenay, dem Führer der Gruppe *Combat* und bald des geeinten inneren Widerstands *MUR* (*Mouvements unis de la Résistance*). Dessen Unterstützung gegen Cailliau, einen Neffen de Gaulles, wurde eine wichtige Hilfe bei Mitterrands Vorhaben, die Widerstandsorganisation der Kriegsgefangenen unter seine Führung zu bringen. Frenay wurde wenig später von de Gaulle zum Verantwortlichen für die Angelegenheiten der Kriegsgefangenen und Deportierten ernannt.

Mitterrands Rolle im Widerstand war schließlich so wichtig geworden, dass de Gaulle – damals in Nordafrika – ihn sehen wollte. Auch wenn Mitterrand alles andere als ein Gaullist war, war ihm klar, dass er mit einem solchem Treffen gewissermaßen ein Gütesiegel für seine Organisation und sich selbst erhalten konnte. Es spricht für sein Gespür wie für seinen Ehrgeiz, dass er selbst beim entscheidenden Treffen mit dem ›Führer des Freien Frankreich‹ dabei sein wollte, obwohl ursprünglich jemand anderes dafür vorgesehen war.

Dass Mitterrand so schnell eine zentrale Figur im Widerstand wurde, war alles andere als klar. Noch im Juni 1943 hatte man ihn und die Männer aus dem Kommissariat einem Test unterzogen, ob sie tatsächlich Widerständler geworden waren. Dazu war Mitterrand von einem Vertreter der Vereinigten Widerstandsgruppen befragt worden und hatte nicht den besten Eindruck hinterlassen, zumal er Vichy nicht pauschal verdammte.[94] Er war nicht gewillt, sich mit seiner Organisation einfach in die gaullistischen Reihen einzufügen, er wollte einen eigenen Platz im Widerstand haben. Obwohl de Gaulles Neffe Mitterrands Organisation als giraudistisch schilderte und viele Gaullisten ihm weiterhin sehr misstrauisch gegenüberstanden, wollte de Gaulle ihn sehen. Im November 1943 schickte Mitterrand ein Schreiben nach London, in dem er behauptete, seine Widerstandsgruppe gebe es schon seit Oktober 1942. Hiermit wollte er wohl den ungünstigen Eindruck korrigieren, den er bei der ›Prüfung‹ und in dem Gespräch hinterlassen hatte. Er wurde von ›Colonel Passy‹[95] zwar als wichtig eingestuft, aber auch als eine »zweifelhafte Person« bezeichnet.[96] De Gaulle wurde entsprechend informiert. Sein Neffe Cailliau schilderte Mitterrands Organisation als giraudistisch und viele Gaullisten standen ihm weiterhin sehr misstrauisch gegenüber. Eine Welle von Verhaftungen in Mitterrands Organisation im November 1943, der er selbst knapp entgangen war, konnte aber als Beweis gelten, dass die Organisation und ihr Führer unstrittig im Widerstand aktiv waren. Die Gestapo hatte Mitterrands Wohnung gestürmt, um ihn zu verhaften, ihn selbst jedoch nicht angetroffen. Bei ihm aufgegriffen wurden aber einige Freunde, von denen zwei verhaftet und nach Buchenwald deportiert wurden. Auch der anschließende Versuch, Mitterrand am Bahnhof zu verhaften, wo ihn die Gestapo erwartete, schlug dank des Mutes und der Geistesgegenwart von Freunden fehl. Im Anschluss an die fehlgeschlagene Verhaftung flog Mitterrand in der Nacht vom 15. zum 16. November 1943 nach London.

Mitterrand war sich der entscheidenden Bedeutung dieser Wochen für seine Zukunft bewusst. Man müsse, schreibt er in einem Brief, im richtigen Moment »aus dem Schatten treten« und dort sein, wo alle Wege zusammentreffen. Er spähe in die Zukunft und bereite sich darauf vor, in das Jahrhundert einzutreten.[97] Diese für Mitterrand typischen kryptischen Sätze belegen einen ausgeprägten Ehrgeiz sowie ein bemerkenswertes Selbstbewusstsein für einen gerade einmal 27-Jährigen.

Im Dezember flog Mitterrand weiter nach Algier. De Gaulle, der sich nach der Landung der Alliierten in Nordafrika aufhielt und inzwischen alleiniger Vorsitzender des Französischen Komitee für die Nationale Befreiung (*Comité français de libération nationale* – CFLN) war, empfing ihn bereits am übernächsten Tag zu einem von Henri Frenay organisierten Gespräch. Über den Verlauf des ersten Treffens der beiden Männer, die die Geschichte der V. Republik prägen sollten, gibt es nur eine lückenhafte und bei Mitterrand widersprüchliche Überlieferung.[98] De Gaulle verlangte die Fusion der drei miteinander konkurrierender Gruppen, und zwar unter der Führung seines Neffen Cailliau. Mitterrand wollte zwar die Vereinigung, lehnte aber eine Führung Cailliaus ab, den er für unfähig hielt, diese Aufgabe zu übernehmen.[99] Auch nach dem Treffen blieb die Beziehung zwischen de Gaulle und Mitterrand gespannt. So windungsreich Mitterrands politisches Leben war – es gibt eine Konstante: seine Feindschaft zu de Gaulle und den Gaullisten. Und für diese war er ein Gegner, der sich mit Vichy kompromittiert hatte.

Wichtig für Mitterrand war, dass er durch das Treffen mit de Gaulle eine Art stillschweigende Absolution seiner Vichy-Vergangenheit erhielt. Auch erreichte er sein Ziel, mit der Führung der drei zu vereinigenden Organisationen betraut zu werden. Die Unterstützung durch Frenay[100], die Tatsache, dass Mitterrands Organisation deutlich stärker war als die von Cailliau, und wohl auch de Gaulles Einschätzung der Fähigkeiten des jungen Mannes, dürften für seine Entscheidung ausschlaggebend gewesen sein, Mitterrand die Führung der Organisation zu überlassen.

Die Fusion der Organisationen der (ehemaligen) Kriegsgefangenen und Deportierten (MNPGD) wurde am 12. März 1944 beschlossen. Mitterrand zeigte beim Zustandekommen der Einigung, der Entmachtung seines Rivalen, der Begrenzung des Einflusses der Kommunisten und nicht zuletzt der Durchsetzung seines Führungsanspruchs – im Oktober 1944 wurde er zum Vorsitzenden gewählt – Entschlossenheit, Selbstsicherheit und taktisches Geschick. Er setzte sich durch, schreibt Giesbert, »weil er schon Mitterrand ist«.[101] Bedenkt man das Gewicht, das den fast zwei Millionen Kriegsgefangenen und Deportierten nach der Befreiung zukommen würde, insbesondere bei den dann anstehenden Wahlen, so wird deutlich, dass Mitterrand für seinen Weg in die Politik bereits eine wichtige Position im künftigen politischen Machtgefüge gewonnen hatte.

Im August 1944 wurde Mitterrand, auf Frenays Vorschlag und im Auftrag de Gaulles, zum vorläufigen Generalsekretär für sein ›Ressort‹ in der Exilregierung ernannt. Im Hinblick auf die bevorstehende Befreiung war Mitterrand also, mit 27 Jahren, Quasi-Minister, wenn auch nur vorläufig und stellvertretend. In dieser Funktion nahm er am Tag nach der Befreiung von Paris, am 27. August 1944 auch an der ersten Kabinettssitzung der vorläufigen Regierung unter dem Vorsitz de Gaulles teil.

An den Kämpfen um Paris beteiligte sich Mitterrand aktiv. Dabei zeigte er, wie schon im Widerstand, Mut und Kaltblütigkeit. Er war auch beim Triumphzug de Gaulles auf den Champs-Elysées dabei, einige Reihen hinter ihm, sowie im Rathaus, als de Gaulle vor der jubelnden Menge sprach. Am darauffolgenden Tag wurden de Gaulle die Generalsekretäre vorgestellt, die die vorläufige Regierung bildeten. Als die Reihe an Mitterrand kam, weil er der Jüngste war als letzter, bemerkte de Gaulle: »Schon wieder Sie!«[102]

Als Frenay Anfang September 1944 in Paris eintraf, übernahm er selbst den Ministerposten in der provisorischen Regierung de Gaulle, den Mitterrand kommissarisch innehatte. Das Angebot, Generalsekretär, also höchster Beamter im Ministerium zu werden, lehnte Mitterrand ab. Er habe keine Lust für die Arbeit eines Beamten verspürt – so Mitterrand selbst –, doch lag Frenay mit seiner Vermutung wohl richtig, dass Mitterrand an eine politische Karriere dachte und sein Ehrgeiz bereits auf den Posten des Ministers zielte.[103]

Bei der Befreiung war Mitterrand zweifellos ein authentischer *Résistant* und ›seine‹ Kriegsgefangenen-Organisation (etwa 1,5 Millionen Mitglieder) wurde im Dekret vom 13. Juli 1948 als eine Widerstandsbewegung anerkannt. Allerdings erfolgte seine ›Bekehrung‹ erst, nachdem er, länger als er glauben machen will, als Anhänger Pétains im Vichy-Regime tätig war, wenn auch ohne zu einer Kollaboration mit Nazi-Deutschland bereit zu sein. Mitterrand war wie viele Franzosen zwischen 1941 und Ende 1943 *vichysto-résistant*, erst das eine, einige Zeit beides und schließlich das andere.[104] Insgesamt kann man sein Leben in jenen Jahren als charakteristisch für eine Mehrheit der Franzosen verstehen. Die politischen Entwicklungen zwischen 1940 und 1944 haben auch zu Veränderungen in der Einstellung und im Verhalten der

Menschen geführt. Aus der Mitarbeit mit der deutschen Besatzung oder zumindest ihrer Duldung wurde Verweigerung und Widerstand. Noch am Ende seines Lebens versichert Mitterrand, den »Rahmen der Republik« nicht verlassen zu haben.[105] Vichy gilt jedoch als eine Abkehr von der Republik und ihrem Wertesystem.

Ein privates Ereignis fiel für Mitterrand in die Zeit der Befreiung von Paris: Bei einem Treffen der Verantwortlichen der Organisation der Kriegsgefangenen im März 1944 bei Pelat sah Mitterrand auf dem Klavier das Foto von der Schwester von Pelats Freundin, Danielle Gouze, und war von der schönen jungen Frau fasziniert. Für Danielle war es nicht Liebe auf den ersten Blick, aber ihre Schwester sah Mitterrands Interesse und organisierte weitere Begegnungen. Mitterrands Charme und seine zahlreichen Briefe haben Danielle schließlich von der Ernsthaftigkeit seines Werbens überzeugt, zumal er auf ihre Eltern einen guten Eindruck machte. Von ihrem Vater – einem Sozialisten, Freimaurer und Lehrer an einer republikanischen, laizistischen Schule, vom Vichy-Regime entlassen, weil er sich geweigert hatte, die Juden unter seinen Schülern zu benennen – hätte man eher Vorbehalte gegenüber einem Mann aus einem konservativen, katholischen Elternhaus erwarten können. »Unsere Kulturen waren völlig gegensätzlich«, schreibt Danielle.[106] Der Vater war sogar mit der kirchlichen Trauung einverstanden, auf der Mitterrand bestand. Am 27. Oktober 1944 fand die Hochzeit statt, zwei Tage vor Danielles 20. Geburtstag. In der gotischen Kirche St. Séverin in Paris wurden sie am folgenden Tag kirchlich getraut. Noch am Spätnachmittag des Hochzeitstags nahm der Bräutigam mit seiner Braut – im Brautkleid – an einer Versammlung der Kriegsgefangenen teil. Danielle hatte begriffen, dass ihr Mann den größten Teil seiner Zeit der Politik widmen würde.

Die Ehe sollte für Mitterrands politische Zukunft wichtig werden: Durch Danielle lernte er ein ihm noch immer ziemlich fremdes Milieu genauer kennen. Die Kontakte mit den Gedanken und Idealen der Linken aus der Gefangenschaft wurden nun durch die Familie, die Verwandten, die Freunde Danielles und sie selbst breiter, regelmäßiger und sie vertieften sich. Danielle wurde sein ›linkes Gewissen‹.

Parlamentarier und Minister in der IV. Republik 1946–1958

Der Eintritt in die Politik

Mit der Ablehnung des Angebots, die Position eines hohen Verwaltungsbeamten zu übernehmen, hatte Mitterrand zu erkennen gegeben, dass er, wie er selbst schreibt,[1] zum politischen Kampf bereit war. Anders als viele seiner Kameraden aus der *Résistance* wollte er sich allerdings nicht de Gaulle anschließen, da ihm dessen militärisches Auftreten nicht gefiel. Es habe ihn irritiert, dass er Frankreich als »seine Sache« betrachtete. Er habe auch gefürchtet, dass neben de Gaulle kein Raum mehr blieb für das Erwachen einer neuen Demokratie.[2] Einer der vier für die Organisation der Kriegsgefangenen (MNPGD) vorgesehenen Sitze in der Ende 1943 gebildeten Beratenden Versammlung, die den Weg in die Politik hätte öffnen können, entging ihm. Es blieb nichts anderes übrig, als sich um den MNPGD zu kümmern, die er für seine politischen Aktivitäten und Pläne zu nutzen gedachte. Im Oktober 1944 wurde er zum alleinigen Vorsitzenden der ab April 1945 in FNPG (*Fédération Nationale des Prisonniers de Guerre*) umbenannten Organisation gewählt. Wie erwähnt, wurde sie vom *Conseil National de la Résistance* auch offiziell anerkannt. Auch die Chefredaktion der FNPG-Zeitung, *L'Homme libre*, oblag ihm.[3] Mitterrand verfügte also über eine solide Basis für die angestrebte politische Karriere.

Von den Kommunisten bedrängt, organisierte er am 2. Juni 1945 eine Kundgebung der Kriegsgefangenen, auf der sie ihre Forderungen erhoben. De Gaulle missfiel diese Aktion, die er als dem nationalen Interesse abträglich beurteilte. Sie besiegelte den Bruch zwischen ihm und Mitterrand.⁴ Bei einer Audienz von drei führenden Organisatoren der Demonstration, unter ihnen Mitterrand, trat das Spannungsverhältnis zwischen de Gaulle und Mitterrand deutlich zutage und verschärfte sich noch. Noch während des Präsidentenwahlkampfes 1965, als Mitterrand erstmals gegen de Gaulle antrat, kam de Gaulle auf diese Episode zurück. Dieses schlechte persönliche Verhältnis war vermutlich auch der Grund dafür, warum de Gaulle den Namen Mitterrand von der Liste der mit dem Kreuz auszuzeichnenden *Compagnon de la Libération* strich, obwohl Frenay, Gründer der wichtigen Widerstandsbewegung *Combat*, und Minister in der Regierung de Gaulle, ihn an die erste Stelle gesetzt hatte. Diese Streichung hat Mitterrand de Gaulle nie verziehen. Mitterrands Kalkül, die FNPG könne ihm als Sprungbrett für seine eigene politische Karriere dienen, ging zunächst nicht auf. Die Kriegsgefangenen entwickelten sich zwar zu einer in der unmittelbaren Nachkriegszeit wichtigen *pressure group*, aber eine eigene Partei bildeten sie nicht. Vielmehr unterwanderte die Kommunistische Partei Frankreichs (*Parti communiste français* – PCF) die Organisation teilweise und instrumentalisierte sie für ihre parteipolitischen Zwecke.

Wo stand Mitterrand am Kriegsende politisch? Einerseits belegen seine Kommentare⁵ zum Pétain-Prozess, der im Juli und August 1945 stattfand, die Kontinuität seines *maréchalisme*. Seine Kritik an den Politikern der letzten Dekade der III. Republik, die er in *Libres* veröffentlichte (so hieß die FNPG-Zeitung, bevor Mitterrand die Chefredaktion übernahm), fiel viel schärfer aus als die an der politischen Rolle Pétains zwischen 1940 und 1944. Andererseits war seine Kritik an der III. Republik und ihrer Politik in mancher Hinsicht nun neu akzentuiert. Am Vorabend des Krieges, schreibt er, sei das durch »die erbärmliche Beibehaltung sozialer Ungerechtigkeiten« hervorgerufene Aufbegehren des Volkes – gemeint ist die 1938 zerbrochene Volksfront –, »liquidiert« worden.⁶ Diese Zeilen, wie auch seine 1945 veröffentlichte Broschüre über die Kriegsgefangenen, vermitteln den Eindruck, Mitterrand sei deutlich nach links gerückt, habe die Ideen und Forderungen der *Résistance* übernommen, sei vielleicht sogar Sozialist geworden. Er forderte soziale Gerechtigkeit, denn »die erste Freiheit ist die, sich satt essen zu können.«⁷ Er sah die Freiheit durch Finanzoligarchien bedroht. Aber wie weit nach links hatte er sich entwickelt, wie ernst waren solche Äußerungen?

In der neu gegründeten parlamentarischen Demokratie führte die klassische politische Karriere über den Gewinn eines Parlamentsmandats, das Mitterrand folglich anstrebte. In einem parteienstaatlich strukturierten System, wie es die IV. Republik schon am Anfang war, setzte die Kandidatur für ein Parlamentsmandat normalerweise eine mehr oder weniger lange ›Ochsentour‹ in einer Partei voraus. Aber welche Partei kam in Frage? Die nur lose Organisation und gering ausgebildete Parteidisziplin der radikalsozialistischen Partei hätte ihm wohl am ehesten entsprochen. Sie war die in der III. Republik dominierende Partei gewesen. Er hatte jedoch dieses Regime und ihre führenden Politiker der Zwischenkriegszeit scharf kritisiert. Die Partei schien ihm auch nicht mehr zeitgemäß. Schwer vorstellbar, dass er bei ihr anklopfen sollte.

Im Unterschied zur III. Republik, in der es kaum große, organisierte Parteien gegeben hatte, gab es nach der Befreiung in Frankreich drei Parteien dieses Typs: die kommunistische (PCF), die sozialistische (*Section française de l'Internationale ouvrière* – SFIO) und die neue christdemokratische (*Mouvement républicain populaire* – MRP). Voraussetzung für eine politische Karriere schien die Mitgliedschaft in einer dieser Parteien zu sein. Da er entschiedener Antikommunist war, war an die PCF nicht zu denken. Seine politische Entwicklung hatte ihn auch noch nicht so weit nach links geführt, dass er an einen Eintritt in die sozialistische SFIO gedacht hätte. Außerdem sah er in der zerrissenen und überalterten Partei für sich keine Zukunft. Auch die MRP sagte ihm nicht zu: Ihr ausgeprägter Katholizismus, von dem er sich während der Gefangenschaft schon entfernt hatte, missfiel ihm, ihre Wähler erschienen ihm zu konservativ, ihre Führer beschränkt.[8] Ausschlaggebend dafür, dass er in keiner der drei großen Parteien Mitglied werden wollte, war aber letztlich, dass er, der Individualist, sich keiner Parteidisziplin fügen, kein von anderen abhängiger Parteisoldat, sondern sein eigener Herr sein wollte.[9] Hinzu kommt ein weiterer Aspekt: Die drei ›großen‹ Parteien hatten ausformulierte Parteiprogramme. Davon hielt Mitterrand nicht viel. Feste Programme drohten, die politische Flexibilität einzuschränken, die ihm wichtig war.

Ein politisches Wirken unter dem Banner de Gaulles kam ebenfalls nicht in Frage. Ihr Verhältnis war schlecht und es war ihm klar, dass er seine ehrgeizigen Ziele im Schatten des Generals nicht würde erreichen können.[10] In der politischen Mitte und auf der Rechten gab es kaum strukturierte Parteien, sondern nur lose Gruppierungen mit relativ wenigen Mitgliedern. Eine solche Organisation entsprach Mitterrands Vorliebe für kleine Gruppen, wie sie sich in der Gefangenschaft, in Vichy und später der *Résistance* um ihn gebildet hatten. Hier konnte er hoffen, eher die Chance zu erhalten, eine Führungsrolle zu übernehmen. Er hatte schon unter Beweis gestellt, dass er dazu die Fähigkeiten und vor allem den Willen besaß.[11]

Schon bald zeigte er seine Entschlossenheit, politisch tätig zu werden. Bei den Wahlen zur verfassungsgebenden Versammlung am 21. Oktober 1945 kandidierte er allerdings noch nicht. Frisch verheiratet und ohne festen Beruf, musste er an den täglichen Broterwerb denken. Anfang 1945 hatte er eine einträgliche journalistische Beschäftigung beim Kosmetikunternehmen *L'Oréal* gefunden, die ihm über seine Verbindungen in das rechte politische Milieu, vor allem zu ehemaligen *Cagoulards*, vermittelt wurde – der Firmenchef war einer der Finanziers der *Cagoule* gewesen.[12] Dies gibt einen Hinweis darauf, dass er sich von seinem früheren Milieu noch nicht völlig gelöst hatte. Anfang 1946 beendete er aber bereits das Engagement.

Da der erste Verfassungsentwurf für die IV. Republik in einem Referendum abgelehnt wurde, musste eine neue Konstituante gewählt werden. Bei dieser Wahl am 2. Juni 1946 kandidierte Mitterrand in einem Wahlkreis im Departement Seine auf Platz eins der Liste des *Rassemblement des Gauches républicaines* (RGR). Hinter dieser Bezeichnung verbarg sich ein lockeres Bündnis von Resten der ehemals bedeutenden radikalsozialistischen Partei, der neuen *Union démocratique et socialiste de la Résistance* (UDSR) und einiger kleinerer Gruppierungen, deren politisches Spektrum von ziemlich weit rechts bis zu sozialistischen Dissidenten reichte. Es vereinte vor allem Politiker, die nicht in einer der drei großen Parteien (PCF, SFIO, MRP), die bald eine Koalition *(le tripartisme)* bilden sollten, sein wollten. Die Liste des RGR gewann kein Mandat, doch Mitterrands politischer Ehrgeiz blieb lebendig.[13]

Der zweite Verfassungsentwurf wurde mit 53,5 % der abgegebenen gültigen Stimmen angenommen. Diese knappe Mehrheit entsprach lediglich 36 % der Stimmberechtigten. Mitterrand lehnte die Verfassung ab, da sie in seinen Augen ein Instabilität verheißendes Regime mit einem übermächtigen Parlament begründete und nur die III. Republik fortsetzte.

Nach dem Inkrafttreten der Verfassung fand die Wahl zur Nationalversammlung am 10. November 1946 statt. Mitterrand kandidierte wieder, aber diesmal im Departement Nièvre, einer ländlichen Region im Westen Burgunds. Der Vorschlag zum Wechsel des Wahlkreises kam von Edmond Barrachin, einem Großindustriellen und einem mit allen Wassern gewaschenen Parlamentarier, der in den dreißiger Jahren dem Oberst de La Rocque nahegestanden hatte, dem Vorsitzenden der *Croix-de-Feu*, dessen Jugendorganisation Mitterrand 1934 angehört hatte. Barrachins Wahl am 2. Juni 1946 war auch deshalb gescheitert, weil Mitterrand als Kandidat ihm Wählerstimmen abgenommen hatte. Barrachin wollte ihn nicht mehr als Konkurrenten im Wahlkreis haben. Unterstützt von Henri Queuille, einem erfahrenen radikalsozialistischen Politiker, schlug er Mitterrand das Departement Nièvre vor. Es galt, einen *socialo-communiste* zu schlagen, einen Gegenkandidaten aus dem rechten Lager gab es nicht. Barrachin hatte Mitterrand zugesichert, er werde dafür sorgen, dass er Stimmen von rechtsorientierten Wählern bekäme. Er und seine Freunde finanzierten den Wahlkampf, und auch der Klerus unterstützte Mitterrand, der als »ein junger, sehr gläubiger Mann« galt und die Anliegen der Kirche verteidigte.[14]

Mitterrand trat unter dem nichtssagenden Etikett *Action et unité républicaine* (Republikanische Aktion und Einheit) mit einem eindeutig konservativen Programm an.[15] Darin berief er sich, die heterogene Wählerschaft wie das politische Klima berücksichtigend, auf General de Gaulle, an dessen Seite er 1945 als jüngster Franzose in der Regierung gewesen sei, sowie auf Edouard Herriot, den führenden radikalsozialistischen Politiker der Zwischenkriegszeit. Denkt man an sein Verhältnis zu de Gaulle, wird der opportunistische Charakter des Programms deutlich. Sein Programm enthielt Forderungen, die sich vor allem bei den Parteien der Rechten finden: Schutz des Privateigentums,

Freiheit des Unterrichtswesens gegen ein staatliches Monopol, Freiheit im Handel und in der Landwirtschaft, gegen ›exzessive Kontrollen‹, Ablehnung der Verstaatlichungen, Anerkennung der Rechte der Familie, pauschale Kritik der Kommunisten. Zwar verhinderte die Forderung nach Respektierung der wirtschaftlichen und sozialen Rechte der Arbeiter und nach Gewerkschaftsfreiheit einen allzu weiten Ausschlag nach rechts. Doch als entschiedener Antikommunist, der vor dem Bolschewismus warnte – die Koalition zwischen MRP, SFIO und PCF, der *tripartisme*, berge die Gefahr einer kommunistischen Diktatur –, als Verfechter der unternehmerischen Freiheit, als Patriot und kirchentreuer Katholik gehörte er nach den üblichen Kriterien durchaus in das rechte politische Spektrum. Seine konservativen ›Paten‹ konnten in ihm zu Recht einen Mann ihres Lagers sehen und für seine Wähler war er der katholische Bürger mit den ›richtigen‹ Ansichten.

Dank der Unterstützung des gut situierten Bürgertums, des Klerus[16] sowie kleinerer Parteien, aber auch dank eines engagierten Wahlkampfes, gewann Mitterrand überraschend das Mandat. Seine Wähler hatten unterschiedliche Hintergründe, mehrheitlich handelte es sich jedoch, wie Mitterrand zugibt, um Wähler der Rechtsparteien. Doch es war ihm egal, unter welchem Etikett er gewählt wurde; Hauptsache, er wurde gewählt.

In der Nationalversammlung schloss er sich der politisch heterogenen UDSR-Fraktion an. Zu René Pleven, damals der führende Mann dieser Partei, sagten sozialistische Abgeordnete: »Du bist verrückt, ihn in Deinen Reihen aufzunehmen. Das ist ein Typ von der extremen Rechten.«[17] Dies ein Indiz dafür, dass Mitterrand damals noch keineswegs als ein Politiker der Linken wahrgenommen wurde.

Der ›ewige Minister‹

Bei den Wahlen 1951 und 1956 wurde Mitterrand wiedergewählt, nun als Kandidat der UDSR. Er war also während der gesamten IV. Republik Abgeordneter. Mit seiner ersten Wahl in die Nationalversammlung im November 1946 begann eine kometenhafte parlamentarische und ministerielle Karriere, die – nur kurze Zeit unterbrochen – 35 Jahre später mit der Wahl zum Präsidenten gekrönt wurde.

Für eine politische Karriere in der IV. Republik waren zwei Voraussetzungen nötig: ein aussichtsreicher Listenplatz einer Partei bei den Parlamentswahlen und die Zustimmung ausreichend vieler Wähler. Zunächst musste Mitterrand Mitglied einer Partei werden, denn es wurden nicht Einzelkandidaten, sondern Listen gewählt. Diese Entscheidung war für ihn rein pragmatisch, ja opportunistisch. Parteien waren für ihn nur Instrumente, um an die Macht zu kommen. Wie erwähnt, kamen die ›großen Drei‹ (PFC, SFIO und MRP) aus unterschiedlichen Gründen nicht in Frage. Mitterrand wurde Ende 1946 nach seiner ersten Wahl Mitglied der UDSR. Diese Partei, im Juni 1945 gegründet, verstand sich als Erbe der nichtkommunistischen *Résistance*-Gruppen. Sie hatte nur wenige Mitglieder,[18] keinen großen Funktionärsapparat und keine verbindliche Doktrin. In ihren Reihen gab es Sozialisten, Christdemokraten, Gaullisten – die sie nach der Gründung der gaullistischen Partei *Rassemblement du peuple français* (RPF) verließen – und Mitglieder, deren politisches Profil kaum erkennbar war – wie Mitterrand. So ist es nicht überraschend, dass Mitterrands erster Beitritt zu einer Partei für ihn kein prägendes Ereignis seines politischen Lebens war.[19]

Aufgrund ihrer politisch-programmatischen Flexibilität war die UDSR sowohl in linken wie rechten Kabinetten vertreten. Sie war eine ›Scharnierpartei‹.[20] Ihr wichtigstes Ziel war es, ihren Führern zu einem Parlamentsmandat und, wenn möglich, zu einem Ministeramt zu verhelfen, um für die Interessen ihrer Wähler möglichst viel herauszuholen. Man brauchte keine langwierige ›Ochsentour‹ zu absolvieren, um aufzusteigen und seinen politischen Ehrgeiz zu befriedigen. Nötig war nur taktisches Geschick, um die nötigen Mehrheiten in den Gremien zu schmieden. Mitterrands politische Wendigkeit konnte sich hier entfalten und das Verfolgen seiner Karrierepläne wurde durch keine Zwänge eines bürokratischen Apparates oder einer klaren, verpflichtenden Ideologie behindert. Man brauchte sich politisch nicht allzu ein-

45

deutig festzulegen. Die UDSR war geradezu die ideale Partei für Mitterrand. Gewählt wurde Mitterrand wegen seiner Erfolge als Wahlkämpfer und als ein Abgeordneter, der sich um seinen Wahlkreis kümmerte und sich in Paris erfolgreich für das Departement einsetzte.[21] Bereits den Wahlerfolg von 1946 hätte Mitterrand – als ein nicht in der Region lebender Kandidat, als ›Eindringling‹ von außen, als *parachuté* (»mit dem Fallschirm Abgesprungener«) – trotz aller Unterstützung kaum erzielen können, wenn er nicht als glänzender Redner persönlich überzeugt und einen schwungvollen Wahlkampf geführt hätte. Eine wichtige Voraussetzung für eine Wiederwahl war die Erringung lokaler Mandate. Bei den Kommunalwahlen im Oktober 1947 wurde Mitterrand in den Gemeinderat von Nevers gewählt, den Hauptort des Departements. Bei den Kantonalwahlen 1949 kandidierte er im Kanton Montsauche und gewann ein Mandat. Von Bedeutung war auch, dass er 1950 Herausgeber der Zeitung *Courrier de la Nièvre* wurde, da in der Zeit vor der Verbreitung des Fernsehers die Lokalzeitungen einen nicht zu unterschätzenden Einfluss auf die öffentliche Meinung und die Wahlentscheidung ausübten.

Obwohl Mitterrand immer auf Distanz bedacht war, fand er Zugang zu den Menschen, kümmerte sich um ihre Probleme und die ihrer Dörfer und kleinen Städte. Ein Abgeordneter konnte im damals noch sehr zentralistischen Frankreich vor allem etwas erreichen, wenn er auch Minister war. Seine frühe Berufung in die Regierung im Januar 1947 und seine folgende lange Ministerkarriere begünstigten seine Wiederwahl in die Abgeordnetenkammer (die wiederum Voraussetzung für ein Ministeramt war). Die wenigen Abgeordneten der UDSR wurden fast immer benötigt, um in der parteipolitisch zersplitterten Nationalversammlung eine Mehrheit für die jeweilige Regierung zu erreichen. Diese Unterstützung wurde naturgemäß mit mindestens einem Ministeramt belohnt. Im Verhältnis zur Zahl ihrer Abgeordneten war der prozentuale Anteil der UDSR-Minister der höchste aller Parteien.[22]

Mitterrands Chancen, in der Regierung zu bleiben und Minister auch in wichtigen Ressorts zu werden, wären größer, wenn es ihm gelänge, neben dem Fraktionsvorsitz (seit Juni 1951) seine Stellung in der Parteiführung zu stärken, am besten Vorsitzender zu werden. Folglich galt es, die Führung in diesem ›Klub‹ zu gewinnen und aus der UDSR ein möglichst gefügiges Instrument für seinen Ehrgeiz zu machen. Dieses Ziel strebte er umso entschlossener an, als das Veto der Parteiführung verhindert hatte, dass er schon 1947 das wichtige Innenministerium in der Regierung Robert Schuman erhielt.[23] Einige Jahre später gelang es ihm, die Parteiführung selbst zu übernehmen – mit Entschlossenheit und seinem schon bewiesenen taktischen Geschick, auch mit einer gewissen Rücksichts- und Skrupellosigkeit. René Pleven, der Parteivorsitzende der UDSR von 1945–1953, soll gesagt haben, mit Mitterrand ginge man besser nicht allein auf Tigerjagd.[24] Dabei instrumentalisierte er auch die ehemaligen Kriegsgefangenen, bei denen er weiterhin Ansehen genoss, ebenso geschickt wie bedenkenlos: Er animierte sie zum Parteieintritt, um dann vertreten zu können, diese Gruppe müsse auch im Parteivorstand gut (etwa durch Mitterrand) vertreten sein. Daneben hatte der ungünstige Kriegsverlauf in Indochina Pleven, der in dieser Zeit Verteidigungsminister war, geschwächt und es Mitterrand erleichtert, die Parteiführung zu übernehmen da er sich für die Beendigung des Krieges aussprach. Im Vergleich zu Pleven vertrat er in wichtigen Fragen – Kolonialpolitik, Laizität – Positionen, die als links von der Mitte galten. Damit näherte er sich Pierre Mendès France an, dem damals angesehensten Politiker im linken Spektrum.

Da die wichtigen Parteien bald entweder an Bedeutung verloren (SFIO, MRP), verschwanden (RPF) oder im politischen Wettbewerb isoliert waren (PCF), entwickelte sich die IV. Republik zu einem Regime, in dem das Parlament – besonders die Nationalversammlung – das politische Zentrum bildete. Aus der kurzlebigen ›Republik der Parteien‹ wurde die ›Republik der Abgeordneten‹. In ihr konnte der einzelne Abgeordnete auch ohne eine große Partei im Rücken eine wichtige politische Rolle spielen. Mit Blick für die spezifischen Interessen der Abgeordneten musste man Bündnisse hinter den Kulissen zustande bringen und durch eine wirkungsvolle Rhetorik im Plenum auf sich aufmerksam machen. Über diese Fähigkeiten verfügte Mitterrand wie kaum ein zweiter Politiker.

Die ersten Schritte auf dem politischen Weg nach oben, in die Regierung, konnte Mitterrand rasch zurücklegen. Mit gerade 30 Jahren wurde er im Januar 1947 erstmals Minister: für ehemalige Frontsoldaten und Kriegsopfer, der jüngste Minister seit dem Ersten Kaiserreich. Er wurde dem Regierungschef Ramadier (SFIO) empfohlen, da er den größten Einfluss in diesen Kreisen habe. So begann er seine politische Karriere in einer Republik, deren Verfassung er abgelehnt hatte. Auch wenn in der jungen Republik schnelle politische Karrieren eher möglich waren, ist doch bemerkenswert, dass Mitterrand nicht nur jung an Lebensjahren war, sondern auch nur über wenige Wochen parlamentarischer Erfahrung verfügte. Er hatte sehr rasch die Mechanismen des politischen Systems durchschaut.

Die erste Aufgabe des jungen Ministers bestand darin, das damals wichtige Ministerium in den Griff zu bekommen, es zu ›säubern‹, denn die Kommunisten hatten es unter Mitterrands Vorgänger, ihrem Parteigenossen Laurent Casanova, zu einer ihrer Hochburgen ausgebaut. Mit Hilfe einiger Freunde, die er im Beamtenstab seines Ministeriums auf wichtige Posten gesetzt hatte, sowie vor allem seines Bruders Robert als Kabinettschef gelang es ihm in kurzer Zeit. Es war, so er selbst, die erste bedeutende Aktion seines politischen Lebens. Möglicherweise hat die Autorität und Entschlossenheit, die er dabei an den Tag gelegt hatte, Robert Schuman bei der Bildung seines Kabinetts im November 1947 bewogen, ihm das Innenministerium anzubieten. Henri Queuille, der im September 1948 Ministerpräsident wurde, soll sogar an ihn als Finanzminister gedacht haben. Auch wenn Mitterrand diese Ämter nicht übernehmen konnte: Eine derart rasche politische Karriere hatte es in der französischen Demokratie lange nicht gegeben.

In den Regierungen der Ministerpräsidenten René Pleven und Henri Queuille (1950/51) übernahm er die Position des Ministers für die Überseegebiete. Obwohl er einst bedauert hatte, »dass sich die Partei [UDSR] an allen Mehrheiten beteiligte, welche es auch seien«,[25] trat Mitterrand in der Folge in die deutlich rechts orientierte Regierung unter Joseph Laniel ein (Juni 1953 bis Juni 1954). Wie Lacouture treffend formuliert hat, wurde Mitterrand zwar von der Linken angezogen, aber noch stärker von der Macht.[26] Dennoch nahm er eine von ihm missbilligte kolonialpolitische Entscheidung, die Absetzung des Sultans von Marokko, zum Anlass, bald zurückzutreten. Er hatte verstanden, dass die Übernahme eines Ministeriums in dieser Regierung ein Fehler war, der seiner politischen Zukunft, die er in der linken Mitte sah, schaden konnte.

Da Mitterrand inzwischen Vorsitzender der UDSR geworden war, er die Partei deutlicher nach links orientierte und dem linken Politiker Pierre Mendès France nahe stand, war es nicht verwunderlich, dass seine Partei in die von diesem geführte neue Regierung (1954 bis 1955) eintrat und er selbst erstmals ein bedeutendes Ressort erhielt: das Innenministerium. Ein derart wichtiges Ressort war üblicherweise die letzte Stufe vor einer Nominierung als Regierungschef. Kein Wunder, dass Mitterrands Ehrgeiz nun darauf zielte. Bei den Wahlen 1956 war die UDSR (allerdings nicht geschlossen) Teil der ›republikanischen Front‹, deren stärkste Partei die SFIO war. Nach dem Wahlsieg wurde Mitterrand Justizminister in der Regierung des sozialistischen Premiers Guy Mollet, protokollarisch der dritte Rang im Kabinett, hinter Mendès France, dem stellvertretenden Regierungschef. Dies war sein letzter Kabinettsposten, denn an einem weiteren Ministeramt hatte er kein Interesse mehr. So lehnte er das Angebot des neuen Regierungschefs Bourgès-Maunoury ab, in seinem Ressort zu verbleiben. Er wollte endlich selbst Chef werden.

Als Minister teils wichtiger Ressorts, aber wenigstens als Staatssekretär in elf Kabinetten über einen Zeitraum von über fünfeinhalb Jahren vertreten, gehörte er über die gesamte Zeit der IV. Republik zum führenden politischen Personal, was ihm früh der Ruf einbrachte, ein Opportunist zu sein.[27] Mitterrand war politisch sehr flexibel, nicht eindeutig festzulegen. Politische Konstanten waren sein Antigaullismus und lange auch sein Antikommunismus, der eine pragmatische Zusammenarbeit mit der PCF aber nicht ausschloss.

Dass er das Ende der IV. Republik nicht bedauert hat, dass er ihre »Freuden und Vergnügen« in Frage gestellt, er sich in ihr unwohl gefühlt habe,[28] ist eine nicht ernstzunehmende, nicht glaubhafte Behauptung. Sie ist nur aus der nachträglichen Sicht auf ein Regime zu erklären, das einen besonders schlechten Ruf hat. Mitterrand hatte zwar gegen die Verfassung der IV. Republik gestimmt, sich aber dann so gut mit dem Regime arrangiert, dass man von ihm – etwas übertreibend – als ›ewigem Minister‹ gesprochen hat. Wenn er schreibt, alles hätte ihn veranlasst, »der Liquidierung« des Regimes zuzustimmen, denn »die Herren der IV. Republik« hätten nur ihren eigenen Vorteil verteidigt, dann gilt das auch für ihn selbst. Er prangert die »faulen Könige« an (gemeint sind die führenden Politiker), als ob er in bedingungsloser Opposition zum Regime und seinen Politkern gestanden hätte, während er doch einer seiner markantesten Repräsentanten gewesen war.[29]

Mitterrand und das französische Kolonialreich

Die wichtigsten Ministerien, die Mitterrand während der IV. Republik innehatte, waren das Ministerium für das ›Überseeische Frankreich‹ (*France d'outre-mer*) in den Regierungen Pleven und Queuille (Juli 1950 bis August 1951), das Ministerium für Tunesien im Frühjahr 1952 in der Regierung Faure, das Innenministerium in der Regierung Mendès France (Juni 1954 bis Februar 1955) sowie das Justizministerium in der Regierung Guy Mollet (Februar 1956 bis Mai 1957). In diesen Ressorts war Mitterrand mit Fragen der Kolonialpolitik und der Entkolonialisierung befasst: als Übersee-Minister vor allem für die Kolonien in Subsahara-Afrika, als Minister speziell für Tunesien, als Innen- und Justizminister für Algerien, das nicht den Status einer Kolonie hatte, sondern Teil Frankreichs und in drei Departements eingeteilt war. Sein Interesse für diese Fragen war auch deshalb besonders ausgeprägt, weil es in der UDSR-Fraktion die meisten Abgeordneten aus den Übersegebieten gab (abgesehen von der Fraktion *Indépendants d'outremer*). Von seiner Schrift über die Kriegsgefangenen abgesehen, hat er seine ersten Bücher Problemen der französischen Kolonialpolitik gewidmet.[30] Auch in der Nationalversammlung und in der Presse hat er häufig zu kolonialpolitischen Fragen Stellung genommen.

Obwohl sie nur etwas mehr als ein Jahr dauerte, war nach Mitterrands eigenem Bekunden seine Tätigkeit im Ministerium für das ›Überseeische Frankreich‹ die wichtigste politische Erfahrung seines Lebens, die seine künftige Entwicklung in hohem Maße beeinflusst habe. Er habe die Macht und die schädliche Wirkung des Kapitalismus in seiner kolonialen Form erfahren und ein Gefühl der Revolte sei in ihm gewachsen. Er habe »einen bestimmten Patriotismus in Frage gestellt«, der die Befriedigung partikularer Interessen durch die Ausbeutung der Kolonien verschleiert habe. Sein öffentliches Wirken habe durch die Beschäftigung mit dem Kolonialismus »seinen Sinn bekommen«.[31] Mitterrands politische Stellung im Parteienspektrum hat sich durch seine Befassung mit dem Kolonialproblem nach links verschoben.

Schon bevor er die Politik zu seinem Beruf machte, hatte er in der Zeitschrift der ehemaligen Kriegsgefangenen geschrieben, Frankreich brauche seine Kolonien »unter dem scheußlichen Aspekt des Nützlichen«.[32] Aber grundsätzlich stellte er die Kolonialpolitik nicht in Frage: »Sie aufzugeben heiße, sich selbst aufgeben [...] Wir werden niemals zustimmen, irgendetwas von der Einheit unserer Republik aufzugeben«, erklärte er 1951.[33] Frankreich müsse allerdings seine Methoden ändern, wenn sie sich als schlecht erweisen sollten. Damit hat er seine spätere Politik recht genau umschrieben. Er gab zu, dass die französische Kolonialpolitik gute und schlechte Seiten hatte, dass sie unvollkommen war.[34]

Als Mitterrand 1950 das Übersee-Ressort übernahm, hatte sich der Ost-West-Konflikt durch den Beginn des Koreakrieges erheblich verschärft. Der Sieg der chinesischen Revolution 1949 und der dadurch eskalierende Indochinakrieg sowie die Anerkennung der Regierung Ho Chi Minh durch die Volksrepublik China 1950 erschienen als eine Bedrohung, die das gesamte französische Kolonialreich zu erfassen drohte. Mit dem Indochinakrieg (1946 bis 1954) war Mitterrand zwar nicht direkt befasst, aber die UDSR einschließlich Mitterrand unterstützte Pleven, der als Regierungschef und Verteidigungsminister Verantwortung trug. Erst 1953 schloss sich Mitterrand der Position des Kriegskritikers Mendès France an und plädierte für die Beendigung des Krieges und die Unabhängigkeit des späteren Vietnam. Die Veröffentlichung seines Buches *Aux frontières de l'Union française* mit einem Vorwort von Mendès France markierte seine Opposition für die Öffentlichkeit. Mitterrand wollte dieses Problem von der französischen Kolonialpolitik isolieren, da es die *Union française* anzustecken drohte. Seine Grundidee: Der Indochinakonflikt gefährdete Frankreichs Präsenz in Afrika, die er nicht aufzugeben gedachte.[35] Frankreich sei nicht asiatisch, sondern europäisch und afrikanisch.[36] Die Hauptstädte des »erweiterten Frankreich [pré-carré français] hießen Paris, Algier, Dakar und Brazzaville«.[37] Das Argument, man müsse in Indochina den Kommunismus bekämpfen, ließ er nicht gelten. Der Kommunismus müsse am Rhein, in Nordafrika oder in Frankreich selbst aufgehalten werden.[38]

Subsahara-Afrika

Der wichtigste Teil des überseeischen Frankreichs, für das Mitterrand als Minister zuständig war, waren die Kolonien West- und Äquatorialafrikas.[39] Bereits im Januar 1950 hatte er eine Vortragsreise in diese Gebiete unternommen. Er habe zwar, schreibt er später, Ausbeutung der Länder und Erniedrigung der Menschen gesehen, aber auch, dass Frankreich geliebt wurde.[40] Ob er während seiner von Kolonialbeamten betreuten Reise die tatsächliche Situation und die Einstellung der Bevölkerung kennen lernen konnte und ob er diese zutreffend beschreibt, ist zweifelhaft. Seine Aufzeichnungen kritisieren die Kolonialverwaltung, verraten aber keine grundsätzliche Kritik am Kolonialsystem. Im Gegenteil: »Frankreich beginnt die zweite Hälfte des 20. Jahrhunderts mit seinen intakten afrikanischen Gebieten.«[41] Er überhöht das afrikanische Kolonialreich geradezu ins Metaphysische: »Afrika liebt Frankreich und erhofft von ihm seine Einheit, sein Gleichgewicht, sein Ideal.«[42]

Frankreichs Präsenz in Afrika hielt Mitterrand für unverzichtbar, denn ohne sie werde es seine Weltmachtstellung nicht halten können.[43] Die afrikanische Berufung Frankreichs müsse sich anpassen, dürfe aber nicht aufgegeben werden. Die geeignete Lösung zwischen der unerwünschten Unabhängigkeit und einer ›Lösung‹ wie in Südafrika, wo eine ›Rasse‹ die andere beherrschte, sei die von de Gaulle auf der Konferenz von Brazzaville 1944 vorgeschlagene Lösung. Dort stellte de Gaulle in einer von Mitterrand später negativ beurteilten Rede Reformen und größere innere Autonomie für die Kolonien in Aussicht, aber nicht die Unabhängigkeit. Blieben die afrikanischen

Staaten mit Frankreich politisch, wirtschaftlich und spirituell verbunden, so Mitterrand, dann könnten sie eine ansonsten Jahrhunderte lange Entwicklung rasch überspringen.[44] Afrika könne keine authentische Geschichte haben, wenn die ›Mutter-Nation‹ Frankreich, »Trägerin einer schönen und notwendigen Botschaft der Zivilisation«, abwesend sei. In den Unabhängigkeitsbewegungen sah er »anachronistische Formen des Nationalismus«, »eine Lösung der Verzweiflung, Folge des Versagens unserer Politik«.[45]

Seine Grundlinie war: Reformen und innere Autonomie ja, Unabhängigkeit nein. Diese sah er, wenn überhaupt, erst in weiter Zukunft, da Subsahara-Afrika weder die Strukturen noch die politischen Eliten besitze, um Staaten bilden und zusammenhalten zu können. In einem Gespräch mit Félix Houphouët-Boigny, dem führenden Mann in der Afrikanischen Demokratischen Sammlung (*Rassemblement Démocratique Africain* – RDA),[46] bat Mitterrand ihn, sich auf konkrete Reformforderungen zu beschränken und nicht die Unabhängigkeit zu verlangen, denn von ihr zu sprechen, sei verfrüht.[47] Reformen und innere Autonomie würden, so Mitterrands Erwartung, die Staaten der Föderation, in die das Kolonialreich umgeformt werden sollte, enger an Frankreich binden. Die Entscheidungen in der Außen- und Verteidigungspolitik müssten weiter in Paris getroffen werden, auch wenn alle Mitglieder der Föderation an den wichtigen, sie betreffenden politischen Entscheidungen beteiligt werden sollten. »Das Prinzip, das über allen anderen stehe, darf nicht angetastet werden: die Einheit der französischen Republik«.[48] Noch im Februar 1958 fürchtete er, die Debatten auf dem Kongress von Bamako vom Oktober 1957 könnten einige Länder dazu bringen, »das, was sie an die französische Gemeinschaft bindet, aufzugeben.«[49] Mit seiner Einstellung zur Kolonialpolitik war Mitterrand also keineswegs ein Vorkämpfer der Entkolonialisierung, die es damals in der französischen Politik generell kaum gab.

Mitterrand wollte aber auch die Status-quo-Politik seiner Vorgänger (vor allem aus den Reihen des MRP und der Gaullisten), die er als eine Mischung von Paternalismus und Repression kritisierte, nicht einfach fortsetzen. Er wollte die »skandalösen Privilegien« der Weißen abschaffen, wollte die soziale Lage der einheimischen Bevölkerung verbessern und die Zwangsarbeit und Ausbeutung beenden.[50] Er war bereit, gemäßigte afrikanische Politiker zu unterstützen und ihnen mehr politische Mitsprache einzuräumen. Damit zog er sich den Zorn der französischen Siedler sowie des MRP und des RPF zu. Neben Mendès France wurde er in ihren Reihen zum meistgehassten Politiker. Er wollte einen dritten Weg einschlagen, zwischen jenen, die jede Änderung ablehnten und den ›Separatisten‹, die die Trennung von Frankreich wollten. Diesen Weg verfolgte Mitterrand auch mit dem von ihm im Januar 1954 ins Leben gerufenen Nationalen Komitee für den Aufbau der Französischen Union (*Comité national pour la construction de l'Union française*).[51]

Das Ende der Regierung Queuille im August 1951 beendete auch Mitterrands Tätigkeit im Ministerium. Mitterrands Parteifreund und neuer Regierungschef, René Pleven, gab ihm in seiner zweiten Amtszeit kein erneutes Ressort: Er war auf die Unterstützung des MRP angewiesen, das Mitterrands Kolonialpolitik kritisierte und erklärte, es werde keine Regierung unterstützten, der Mitterrand angehöre.[52] Es war deutlich, dass in der Kolonialfrage Mitterrands politische Position nicht mehr die der Rechtsparteien war. Er war von der rechten in die linke Mitte des politischen Spektrums gerückt.

Nordafrika

Mitterrands allgemeine Haltung zur französischen Kolonialpolitik lag auch seinen Stellungnahmen zur Entwicklung in Nordafrika zugrunde. Die dort im Vergleich zu Subsahara-Afrika stärkeren nationalistischen Bewegungen verstand er lange Zeit nicht. Er wandte sich gegen die tunesischen Nationalisten um Habib Bourguiba, der für die Unabhängigkeit Tunesiens eintrat. Während die SFIO schon 1950 Verhandlungen mit dem Ziel der Unabhängigkeit dieser Kolonie ins Auge fasste, blieb Mitterrand bei der Berufung auf den Vertrag von Bardo von 1881 und der Forderung nach innerer Autonomie. Er sprach sich entschieden gegen die Unabhängigkeit aus, denn Tunesien sei, ein Wort Jules Ferrys, ein Ministerpräsident der III. Republik, aufgreifend, »der Schlüssel unseres algerischen Hauses«. Noch bei der Unabhängigkeit Tunesiens 1956 hätte Mitterrand eine Föderation und später eine Konföderation vorgezogen.[53]

Wie erwähnt, war Mitterrand im September 1953 aus Protest gegen die Absetzung des Sultans von Marokko aus der Regierung Laniel zurückgetreten – der einzige Rücktritt seiner langen Ministerkarriere. Sein Motiv war keine grundsätzliche Kritik an der Marokkopolitik der Regierung. Er hatte lediglich begriffen, dass seine Präsenz in dieser klar rechts orientierten Regierung ein Fehler war und nutzte die Gelegenheit, diesen Fehler zu korrigieren und damit seine politischen Zukunftschancen zu wahren. Seine unveränderte kolonialpolitische Einstellung verdeutlichte er zur gleichen Zeit: »Die Aufrechterhaltung der französischen Präsenz in Nordafrika, von Bizerta bis Casablanca, ist der erste Imperativ jeder nationalen Politik«, schrieb er.[54]

Folglich kritisierte er auch die Vereinbarungen zwischen Frankreich und Marokko vom 6. November 1956, weil sie über die innere Autonomie Marokkos hinausgingen. Weder die französischen Besitzungen in Nord- noch in Subsahara-Afrika dürften zu irgendeiner trügerischen Form von Unabhängigkeit gelangen. Man müsse für Tunesien wie Marokko »das beste Mittel finden, um dort zu bleiben. Sobald die Ordnung wiederhergestellt ist, müssten mutige und geschickte Reformen angewandt werden.« Frankreich müsse in Nordafrika bleiben, denn »Nordafrika ist für die Existenz Frankreichs notwendig.«[55] Die Kontrolle des westlichen Mittelmeeres sichere das afrikanische Kolonialreich und damit »die Zukunft, die Sicherheit, die Größe Frankreichs«.[56]

Das die französische Politik ab Mitte der fünfziger Jahre beherrschende Thema war Algerien. Am 1. November 1954 verübte die algerische Nationale Befreiungsfront (*Front de Libération Nationale* – FLN), die die Unabhängigkeit Algeriens forderte, eine Reihe von Attentaten mit mehreren Toten. Damit begann der Algerienkrieg, der für Frankreich blutigste Krieg seit 1945. Da die algerischen Departements seit 1830 Bestandteil der Französischen Republik waren, war Mitterrand in seinen beiden Ressorts, als Innen- und Justizminister, direkt von dieser Entwicklung betroffen.[57]

Während seiner ersten offiziellen Reise nach Algerien im Oktober 1954, also wenige Wochen vor Beginn der Revolte, zeigte Mitterrand sich durchaus beunruhigt. Vor der Versammlung von Algier erklärte er, er höre die Klagen der armen Bevölkerung. Ihre Hoffnung werde ein reißender Fluss, den nichts aufhalte.[58] In einem Gespräch mit Mendès France verhehlte er nicht, dass die Lage schlecht sei und dass man rasch handeln müsse.[59] In seinen öffentlichen Äußerungen nach seiner Rückkehr sah er das Land dagegen »in einem Zustand der Ruhe und der Prosperität. Ich kehre voller Optimismus zurück«, erklärte er, vielleicht um die Öffentlichkeit zu beruhigen. Dennoch empfahl er eine Verstärkung der Polizeikräfte.[60] Er lehnte die vom Finanzminister beabsichtige Kürzung der Finanzhilfen für Algerien ab, da er dadurch dessen nötige wirtschaftliche und soziale Entwicklung behindert sah. An Unabhängigkeit dachte er im Falle Algeriens aber noch weniger als bei den Kolonien. Es war für ihn »die Verlängerung des Territoriums des Mutterlandes im Rahmen der einheitlichen und unteilbaren Republik«.[61] Selbst eine innere Autonomie im Rahmen einer ›föderalen Lösung‹ wollte er nicht. Die zentrale Kontrolle durch Paris müsse bleiben. Noch bis in das Jahr 1956 hinein verteidigte er diese Politik. Da es keine algerische Nation gebe, könne es auch keine nationale Bewegung geben, sondern lediglich eine Rebellion gegen die Autorität der Republik, die nicht geduldet werden durfte. Folglich lehnte er jeden Kontakt mit der Unabhängigkeitsbewegung ab.

So ist nicht verwunderlich, dass Mitterrand wenige Tage nach der Revolte der algerischen Nationalisten erklärte:

»Algerien, das ist Frankreich [...] Von Flandern bis zum Kongo gibt es nur ein Gesetz, und das ist das französische Gesetz. Es gibt nur ein Parlament, eine Nation, in den Überseegebieten wie in den drei algerischen Departements und im Mutterland.«[62]

Wer dagegen revoltiere, müsse mit der Regierung und mit ihm, dem zuständigen Innenminister rechnen. Die härteste Repression müsse sich gegen die Führer richten, die die Sezession anstrebten. Das vorrangige Ziel der französischen Politik müsse die Verteidigung des algerischen Volkes sein, das integraler Bestandteil des französischen Volkes sei. Dafür erhielt er Beifall – weniger von den linken Fraktionen, sondern vor allem von den Abgeordneten der Rechten und selbst der extremen Rechten. Zwar kündigte er verstärkte Investitionen und Reformen in der Verwaltung, im Erziehungswesen, in der Wirtschaft und im sozialen Bereich an, aber sie traten zurück neben der Betonung militärischer Mittel, um den Unruhen zu begegnen.

Grundmotiv von Mitterrands Politik war die Überzeugung, Frankreich müsse sein Kolonialreich behalten, um seinen Rang und seine Rolle in Europa und in der Welt zu behaupten. Mit den notwendigen, von ihm angestrebten Reformen hielt er dieses Ziel auch für erreichbar. Wie der größte Teil der Politiker und der Bevölkerung unterschätzte er lange Zeit die Stärke der algerischen Unabhängigkeitsbewegung. Der parlamentarischen Lobby der französischen Siedler gewährte er Konzessionen, da die Regierung auf ihre Unterstützung angewiesen war.

Nachdem Mitterrand 1956 unter dem neuen Regierungschef Guy Mollet Justizminister wurde, vertrat er in der Algerienpolitik weiterhin eine harte, auf Repression setzende Linie. Die völkerrechtswidrige Entführung Ben Bellas Oktober 1956, einer der Führer der Unabhängigkeitsbewegung, akzeptierte er. Auch weigerte er sich, den gefangenen FLN-Führern den Status von politischen Gefangenen zu zuerkennen. Bei der Entscheidung über die Vollstreckung von Todesurteilen gegen algerische Nationalisten sprach er sich in den meisten Fällen dafür aus.[63] Als zuständiger Minister unterzeichnete er ein Dekret, das Zivildurch Militärgerichte ersetzte, wodurch die Zahl der Verurteilungen deutlich anstieg. Auch dass in Algerien immer häufiger Folter praktiziert wurde, war ihm bekannt; die Zeitungen *Le Monde* und *France Observateur* berichteten darüber. Die Aufsehen erregende Anklage von Pierre-Henri Simon »Contre la torture«, die der mit ihm bekannte Autor ihm zuschickte, bewog ihn lediglich dazu, in einem vertraulichen Brief den Regierungschef zu warnen, sich von den Prinzipien des Rechts zu entfernen.[64] Er lehnte Folter zwar im Prinzip ab, protestierte aber nicht öffentlich dagegen. Als Nummer Zwei der Regierung (nach dem Rücktritt von Mendès France) trug er in herausgehobener Position die repressive Algerienpolitik mit. Moralische Gesichtspunkte scheinen bei Mitterrands Entscheidungen keine Rolle gespielt zu haben.[65]

Viele Politiker, auch Mendès France und die Sozialisten, ebenso die öffentliche Meinung teilten lange Zeit die Auffassung Mitterrands. Er hielt aber besonders lange an seiner starren Haltung fest und nutzte, im Unterschied zu anderen Ministern, keine der Gelegenheiten zum Rücktritt.[66] Seine nachträgliche Erklärung, man könne nicht fortwährend zurücktreten – er hatte es in seiner schon langen Ministerkarriere erst einmal getan – und man hoffe immer, den Lauf der Dinge zu ändern, ist nicht überzeugend.[67] Erst nachdem der Parteitag der UDSR im Oktober 1956 Mitterrands Positionen als ›zu weit rechts‹ abgelehnt und sich für eine föderale Lösung (mit innerer Autonomie für Algerien) ausgesprochen hatte, schloss er sich dieser Position an, wenn man sicher sei, dass es dabei bleibe, also nicht die Unabhängigkeit folge.[68] Noch im März 1958 nannte er den Rückzug Frankreichs »ein Verbrechen«.[69] Erst auf dem Parteitag der UDSR im Februar 1959 erklärte er sich zu Verhandlungen mit dem Führer der Unabhängigkeitsbewegung, Ben Bella, bereit – sieben Monate bevor sich General de Gaulle für die Selbstbestimmung Algeriens, also faktisch seine Unabhängigkeit aussprach.

Doch weshalb verblieb Mitterrand im Kabinett des Sozialisten Guy Mollet? Die ihm bekannt gewordenen massiven Verstöße gegen elementare Rechtsgrundsätze haben zwar das Rechtsempfinden des Juristen verletzt, aber er zog daraus keine Konsequenzen.[70] Sein nicht offen zugegebenes Motiv war,[71] dass er befürchtete, durch einen Rücktritt seine politische Karriere, die ihn endlich an die Spitze der Regierung führen sollte, zu kompromittieren. Jedes Rücktrittsersuchen lehnte er ab, trotz seiner schlechten Umfragewerte.[72] Er hoffte, dass sein Verbleiben in der Regierung Mollet sich bei der Erfüllung seines Ehrgeizes als nützlich erweisen würde.[73] Sein Ehrgeiz hat ihn Entscheidungen treffen lassen, die nicht nur politisch fragwürdig, sondern vor allem moralisch nicht zu rechtfertigen sind. Noch nachträglich verteidigte er sein Verbleiben im Kabinett und wies jede Kritik daran zurück. Umso größer war Mitterrands Enttäuschung, als er im Juni 1957 vom Staatspräsidenten nicht aufgefordert wurde, die Nachfolge Mollets anzutreten.[74]

Erstaunlicherweise war Mitterrands Verhalten zum Algerienproblem, das auch ihm wohlwollende Biographen für den größten Fehler seiner politischen Karriere halten, später kein Hindernis, schon 1965 bei der Präsidentenwahl als Kandidat der Linken anzutreten und 1981 und 1988 gewählt zu werden. Seine Rolle als für die Algerienpolitik zuständiger Minister wurde tabuisiert.

Mitterrands Reformoffenheit in der Kolonialpolitik – außer in Bezug auf Algerien – reicht nicht, um ihm im Geschichtsbuch der Entkolonialisierung einen prominenten Platz einzuräumen. Er hat der französischen Afrikapolitik keine neue Richtung gegeben und war kein Vorkämpfer der Entkolonialisierung, wie er nachträglich glauben machen will.

Abb. 4: Straßen-Barrikade in Algier Januar 1960, errichtet von Gegnern der FLN zur Unterstützung des franz. Generals Massu.

Die Oppositionsjahre in der V. Republik 1958–1981

Schwierige Anfänge und unerwarteter Wiederaufstieg 1958–1965

Die IV. Republik war mit einer durchschnittlichen Lebensdauer einer Regierung von sechs Monaten ein außerordentlich instabiles Regime. Ihre positive Bilanz auf einigen Politikfeldern – Europapolitik, wirtschaftlicher Wiederaufbau – tritt gegenüber den oft scharfen innenpolitischen Konfrontationen, den häufigen Regierungskrisen und ihrem Unvermögen, bei der Entkolonialisierung zeitgemäße Lösungen zu finden, in den Hintergrund. Gleichwohl kam ihr Ende überraschend. Die Bürger waren darauf so wenig vorbereitet wie die politische Klasse, einschließlich Mitterrand.

Nachdem es 1957/58 nicht gelang, eine stabile Regierung zu bilden und in Algier die Unruhen zunahmen, erklärte General de Gaulle am 15. Mai 1958 in der Krisensituation, die Macht übernehmen zu wollen. Am 1. Juni wurde er zum Ministerpräsidenten gewählt. Eine neue Verfassung, deren Grundideen von ihm stammten, wurde in einem Referendum am 28. September 1958 von 79,25 % der Abstimmenden angenommen.

Mitterrands Verhältnis zu de Gaulle und der gaullistischen Partei RPF war ausgesprochen schlecht. Mochte er auch, wie er nachträglich schreibt, »eine tiefe Bewunderung für den Charakter, den Mut und die Intelligenz« de Gaulles gehabt haben,[1] so ist seine Behauptung, er sei weder Gaullist noch Antigaullist gewesen,[2] nicht überzeugend. Im Gaullismus sah er, in seinen eigenen Worten, »eine gefährliche Abweichung von den Werten, die die *Résistance* gegen den Besatzer gezeigt hatte«.³ In den Augen der Gaullisten war Mitterrand allzu lange ein Anhänger Pétains gewesen und zudem ein zweifelhafter Charakter. Als Folge dieses Antagonismus musste Mitterrand befürchten, dass seine politische Karriere mit dem Beginn der V. Republik für längere Zeit unterbrochen sein würde, dass er das Ziel seines politischen Ehrgeizes, Regierungschef oder nun, im neuen Regime, Staatschef zu werden, womöglich nicht mehr erreichen würde.

Während die Parlamentarier – mit Ausnahme der Kommunisten und einer Minderheit der Sozialisten – sowie überwiegend auch die Presse die Rückkehr de Gaulles an die Macht begrüßten oder zumindest als das kleinere Übel hinnahmen und vier Fünftel der Franzosen für die neue Verfassung – faktisch vor allem für de Gaulle – stimmten, kritisierte Mitterrand die Geburt der V. Republik sofort scharf und kompromisslos. Vor allem nahm er Anstoß an den Umständen und dem institutionellen Ablauf des Machtwechsels.⁴ In Mitterrands Augen waren die Ereignisse im Mai 1958 ein Staatsstreich, auch wenn de Gaulle den republikanischen Schein gewahrt habe. Er habe eine Todsünde gegen die Demokratie begangen, die nicht zu vergeben sei.⁵ 1944 habe er »die Ehre und das Vaterland« an seiner Seite gehabt; heute seien seine Gefährten »der Gewaltstreich und der Aufstand.«⁶

Als de Gaulle sich nicht von den Putschisten distanzierte, kündigte Mitterrand seine offene Opposition an, denn Frankreich riskiere, in eine Zeit der Militärputsche zu geraten.⁷ Von den Militärs allgemein, vielleicht auch von de Gaulle, befürchtete Mitterrand eine Neigung zur persönlichen Machtausübung (*pouvoir personnel*), die er in Gestalt des Bonapartismus für eine beständige Gefahr für die parlamentarische Demokratie in Frankreich hielt.⁸ Das Votum der Nationalversammlung, das de Gaulle das Recht gab, die Verfassung zu ändern, verglich er mit dem Votum der Parlamentarier von 1940 zugunsten Pétains. Jene seien dafür verurteilt worden.⁹ Bei der Investitur de Gaulles in der Nationalversammlung am 1. Juni 1958 verurteilte Mitterrand abermals den Machtwechsel aufs Schärfste.¹⁰ Sollte de Gaulle der Befreier der afrikanischen Völker werden und die Einheit der Nation wiederherstellen, dann könnte er eventuell zustimmen, unter einer Bedingung. Da ihn ein Abgeordneter mit dem Ruf »ein Ministeramt« unterbrach, nannte er die Bedingung nicht mehr. War seine Opposition doch nicht bedingungslos? Kein anderer nicht-kommunistischer Politiker hat de Gaulle und seine Rückkehr an die Macht so scharf kritisiert. Es ist zwar nachvollziehbar, dass der Jurist Mitterrand rechtliche Bedenken hatte, aber schwer verständlich, dass er in de Gaulle nicht die vielleicht einzige Chance sah, einen offenen Militärputsch oder einen Bürgerkrieg zu vermeiden. Die Vermutung liegt nahe, dass er begriff, dass die gaullistische Republik eine unerwartete Eintrübung seiner politischen Zukunft, vielleicht das Ende seiner politischen Karriere bedeuten konnte.

In seiner im Mai 1964 erschienen ›Kampfschrift‹ *Le Coup d'État permanent* (»Der permanente Staatsstreich«) scheut er keine Übertreibungen. Schon nach wenigen Jahren sei das Regime gekennzeichnet durch die Konzentration der Exekutivgewalt beim Präsidenten, während der Regierung nur eine subalterne Rolle zukomme. Das Parlament sei gedemütigt, da ihm drei Viertel seiner Gesetzgebungskompetenz genommen werde und es einer ›totalitären Propaganda‹ ausgesetzt sei. De Gaulle entledige sich der letzten lästigen Kontrollen bei seinem Marsch in den Absolutismus, indem er den Verfassungsrat, der nur ein ›Laufbursche‹ sei, besänftige und den Staatsrat zum Verstummen bringe. Bestenfalls sei die V. Republik, so Mitterrand, eine ›Wahlmonarchie‹. Meist nannte er sie aber, »trotz de Gaulle«, der eher ein »aufgeklärtes Konsulat« gewollt habe, »eine verschleierte Diktatur«. Das Regime sei ein »Polizeistaat« und »der wirkliche Premierminister ist die Polizei«.[11] Die Verfassung sei nichts weiter als ein »Fetzen Papier«. Noch 1996 erklärt er in seinen Memoiren, er würde keine Zeile seiner Analyse streichen.[12]

Mitterrands politische Zukunft schien mit gerade 42 Jahren plötzlich am Ende. Er schreibt nachträglich, dass er davon ausging, dass de Gaulle mindestens zehn Jahre an der Macht bleiben würde.[13] Er habe zwar an einen künftigen Sieg der Linken geglaubt, aber nicht, dass er ihm noch zugute kommen würde.[14] Bei der Wahl von 1958, bei der er für das nicht-kommunistische linke Wahlbündnis UFD (*Union des forces démocratiques*) kandidiert hatte, verlor er sein Abgeordnetenmandat. Mitterrands Kritik an de Gaulle und am Regimewechsel kam bei den Wählern nicht an. Er musste das Gefühl gehabt haben, isoliert zu sein, sich auf dem politischen Abstellgleis, auf einem Tiefpunkt seines Lebens zu befinden.

Wollte er weiter politisch tätig sein, musste er sich eine neue politische Heimat suchen. Die SFIO kam weiterhin nicht in Frage: Sie hatte mehrheitlich für die neue Verfassung gestimmt und war auch in der Regierung de Gaulles vertreten (bis Dezember 1958). Eine Minderheit, die gegen de Gaulle opponierte, spaltete sich ab und gründete eine neue Partei, die PSA (*Parti socialiste autonome*). Während Mendès France ihr Mitglied wurde, lehnte man einen Beitritt Mitterrands ab. Der ›ewige Minister‹ der IV. Republik galt als ein Repräsentant des untergegangenen Systems und hatte einen schlechten Ruf. Seine lange Zugehörigkeit zum Kabinett Mollet sowie seine Vichy-Vergangenheit wurden als kompromittierend empfunden.

Zusätzlich eingetrübt wurde seine politische Zukunft durch einen Skandal im Jahre 1959. Im Oktober entging der frisch gewählte Senator Mitterrand einem Attentat: Beim *Observatoire* am *Jardin du Luxembourg* in Paris schoss der ehemalige poujadistische Abgeordnete Pesquet mit einer Maschinenpistole auf ihn. Doch schnell wurde Mitterrand beschuldigt, den Anschlag fingiert zu haben, um sich als demokratisches Opfer rechtsradikaler Einschüchterung zu inszenieren: Offenbar hatte es ein Treffen mit dem Schützen gegeben, das Mitterrand nicht nur verschwiegen, sondern sogar geleugnet hatte. Dieses zumindest ungeschickte Verhalten führte dazu, dass seine parlamentarische Immunität aufgehoben wurde.[15] Mitterrand war politisch am Boden und wurde gemieden. Seine politische Karriere schien am Ende, obwohl das Verfahren nach einiger Zeit eingestellt wurde.

Auch wenn er nun wieder, halbherzig und ziemlich lustlos, seinem Anwaltsberuf nachgehen musste, wollte und konnte er auf die Politik nicht für immer verzichten. Da er die politischen Mechanismen des neuen Regimes und seine Implikationen, insbesondere des absoluten Mehrheitswahlsystems, rasch begriff, stellte er sich auf die neuen Gegebenheiten ein.

Mitterrand war zwar immer Antikommunist in dem Sinn, dass er die marxistisch-leninistische Ideologie ablehnte, aber schon in der IV. Republik hatte er eingesehen, dass es eine Mehrheit gegen die Rechte, von der er sich entfernt hatte, nicht ohne die Kommunisten geben konnte. 1954 hatte er die Entscheidung von Mendès France, bei seiner Regierungsbildung die Stimmen der PCF-Abgeordneten nicht mitzuzählen, für falsch gehalten. Ende der fünfziger Jahre plädierte er auf den UDSR-Parteitagen für die Einbeziehung der PCF.[16] Mitterrand war klar, dass das seit 1959 praktizierte Mehrheitswahlsystem die Gruppierung der Parteien in ein linkes und ein rechtes Lager begünstigen, ja erfordern würde. Für eine linke Mehrheit war ein Bündnis mit den Kommunisten notwendig.

Bald wurden seine Bemühungen belohnt, wieder in der Politik aktiv zu sein. Im März 1959 wurde er zum Bürgermeister von Château-Chinon, einer Stadt mit 2000 Einwohnern im Departement Nièvre, gewählt (er behielt dieses Amt bis zu seiner Wahl zum Staatspräsidenten 1981), im gleichen Jahr zum Senator des Departements und 1964 zum Vorsitzenden des Generalrats dieses Departements. Dabei erneuerte er immer wieder das Bündnis mit der kommunistischen Partei. Da er als unerbittlicher Gegner des Gaullismus auftrat, zeigten sich die Kommunisten bündniswillig. Allerdings implizierte für Mitterrand dieses Zusammengehen unausgesprochen, sich den Kommunisten nicht zu unterwerfen. Vielmehr sollten sie geschwächt und gleichzeitig eingespannt werden für sein persönliches politisches Ziel, an die Macht zurückzukehren.[17] Ideologische Aspekte, die eines der Hindernisse für ein Bündnis mit der PCF waren, stellte er zurück.

Nach den Wahlen im November 1962 kehrte Mitterrand in die Nationalversammlung zurück, gewählt im zweiten Wahlgang von einer Linksunion aus Sozialisten und Kommunisten. Die Wähler im ländlichen Frankreich hatten die *Observatoire*-Affäre um das angebliche Attentat vergessen oder nahmen sie ihm nicht mehr übel. Da er noch nicht Mitglied einer der beiden Linksparteien war, schrieb er sich in der Fraktion *Rassemblement démocratique* ein, die die linke Mitte verkörperte und in gewisser Weise die UDSR fortsetzte. Er war zwar nicht mehr im Zentrum der Macht, aber wieder zurück auf der politischen Bühne. Der Beitritt zur *Convention des Institutions républicaines* (CIR) im Juni 1964, einem lockeren Zusammenschluss mehrerer linksorientierter politischer Clubs, verschaffte ihm eine Bühne außerhalb des Parlaments und brachte ihn mit linken Politikern weiter in Kontakt. Dennoch war Mitterrand politisch noch weitgehend isoliert. Seine Persönlichkeit war auch innerhalb der Linken wegen seiner Vichy-Vergangenheit nach wie vor umstritten. Vielen galt er als Intrigant, als ehrgeiziger Opportunist ohne feste Prinzipien.[18]

Bereits nach der 1962 in einem Referendum getroffenen Entscheidung, den Präsidenten der Republik künftig durch Volkswahl direkt zu bestimmen, plante Mitterrand eine Kandidatur bei der Präsidentschaftswahl. Obwohl er 1958 gegen die neue Verfassung gestimmt hatte, gedachte Mitterrand, eine Alternative *im* politischen System der V. Republik zu verkörpern – nicht wie Mendès France *zum* System. Voraussetzung für eine eventuelle Präsidentschaftskandidatur war, dass er in den Reihen der Opposition aktiv wurde, wenn möglich eine Führungsrolle übernahm. Doch in welcher Partei? Auch wenn er ein Bündnis mit der PCF für nötig hielt – eine Mitgliedschaft war für ihn undenkbar. Die junge, von der SFIO abgespaltene linkssozialistische Partei (*Parti socialiste unifié* – PSU) war für sein ehrgeiziges Vorhaben zu schwach, ein Kandidat aus ihren Reihen wäre chancenlos. Eine Mitgliedschaft bei der sozialistischen SFIO kam aber kaum in Frage, solange Mollet Vorsitzender war, obwohl Mitterrand die Entscheidung für den Sozialismus als einzige Antwort auf das gaullistische ›Experiment‹ sah.

Um sich gegen de Gaulle nicht völlig zu blamieren, mussten sich die linken Parteien für die 1965 anstehende Präsidentenwahl auf eine gemeinsame Strategie und einen gemeinsamen Kandidaten verständigen. Wäre jede Partei mit einem eigenen Kandidaten angetreten, wäre ein Triumph de Gaulles schon im ersten Wahlgang zu erwarten gewesen. Die Parlamentswahl von 1958 hatte gezeigt, dass das Wahlsystem zu Wahlbündnissen zwang. Eine politisch isolierte Partei wie die PCF konnte im zweiten Wahlgang nur wenige Kandidaten durchbringen. Der Versuch Gaston Defferres, vor der Präsidentenwahl 1965 ein Bündnis mit den Parteien der Mitte einzugehen, scheiterte. Mitterrand hatte früh begriffen, dass das System der Mehrheitswahl wie schon bei den Wahlen zur Nationalversammlung, besonders auch bei der Präsidentenwahl eine Linksunion unter Einschluss der PCF erforderte. Auch die PCF hatte nach dem Desaster bei der Wahl zur Nationalversammlung 1958, wo sie nicht einmal Fraktionsstärke erreicht hatte, begriffen, dass auch für sie ein Bündnis mit den anderen Linksparteien, insbesondere der SFIO, nützlich wäre.

Zwar war Mitterrand bewusst, dass der Erfolg einer Kandidatur gegen den immer noch sehr populären General de Gaulle nur eine geringe Erfolgschance hatte, aber der noch nicht 50-jährige Mitterrand hatte wohl schon die Wahl nach einem Rückzug des bereits 75 Jahre alten Republikgründers im Blick. Er musste nur ein möglichst gutes Ergebnis erzielen, um eine gute Ausgangsposition für die Zeit nach de Gaulle zu gewinnen. Der lange Bergarbeiterstreik des Jahres 1963, Unruhen unter den Bauern sowie Umfragen zur Wirtschafts- und Sozialpolitik ließen erkennen, dass sich Unzufriedenheit mit dem Präsidenten und seiner Politik ausbreitete. Der Erfolg der Linksparteien bei den Kommunalwahlen vom März 1965 belegte, dass die Zustimmung zum Gaullismus merklich zurückging. De Gaulles Außenpolitik (mit ihrer Betonung der nationalen Unabhängigkeit), seine Europapolitik (Veto gegen den britischen Beitritt 1963) sowie seine Einstellung zur NATO (Rückzug aus der militärischen Integration) beunruhigten die Parteien der Mitte. Selbst wenn ein Sieg gegen de Gaulle unwahrscheinlich war, so erschien Mitterrand ein respektables Ergebnis erreichbar.

Trotz großer Bedenken fand sich die Parteiführung der SFIO schließlich mit der Kandidatur Mitterrands ab, vielleicht auch mit der Überlegung, die erwartete Blamage hätte Mitterrand auszubaden und bliebe der eigenen Partei erspart. Die linkssozialistische PSU unterstützte ihn widerwillig. Da keine der Linksparteien eine Alternative präsentieren konnte, gab die *Fédération de la gauche démocrate et socialiste* (FGDS)[19] ihre Zustimmung. Als auch Mendès France seine – wenn auch zurückhaltende – Unterstützung zusagte, erklärte Mitterrand am 9. September 1965 seine Kandidatur. Diese erregte wenig Aufsehen, vermutlich weil man ihr kaum eine Chance gab. Sie war nur möglich, weil kein anderer Politiker der Linken gegen de Gaulle antreten wollte. Mitterrand begründete seine Kandidatur, indem er »die Unvereinbarkeit zwischen General de Gaulle und der Demokratie« betonte und erklärte, »der Willkür der Macht, dem chauvinistischen Nationalismus und dem sozialen Konservatismus den skrupulösen Respekt des Gesetzes und der Freiheiten entgegenzusetzen sowie den Willen, die Chancen der europäischen Einigung zu ergreifen und eine wirtschaftliche Expansion zu erreichen, die durch einen demokratischen Plan zu organisieren ist.«[20]

Schwierige Anfänge und unerwarteter Wiederaufstieg 1958–1965

Bei de Gaulle soll Mitterrands Kandidatur zunächst einen Lachanfall hervorgerufen haben. Selbst bei Gegnern des Regimes stieß sie auf Zurückhaltung und Skepsis, rief keineswegs Begeisterung hervor. Nahezu überall habe man vom »denkbar schlechtesten Kandidaten« gesprochen.[21] Für den Philosophen Jean-Paul Sartre verkörperte Mitterrand die Linke insofern, als er ihren Verfall zum Ausdruck bringe. Wenn er schließlich doch dazu aufrief, Mitterrand zu wählen – »ohne Illusionen und ohne Begeisterung« –, dann sei das keine Stimme für ihn, sondern eine gegen de Gaulles *pouvoir personnel*.[22]

Mitterrand selbst wies später darauf hin, wie aussichtslos seine Kandidatur erscheinen musste: Keine große Partei sprach sich vorbehaltlos für ihn aus, keine breite Strömung der öffentlichen Meinung schien ihn zu tragen. Seine finanziellen Mittel waren bescheiden. Er habe, schreibt er, selbst nicht geglaubt, dass es zu einer Stichwahl kommen könnte. Im Wahlkampf betonte er seine Unabhängigkeit von den Parteien und Organisationen, die ihn unterstützten. Er wolle und könne nicht an die Stelle der Parteien treten. Mit seiner vorwiegend defensiven, gegen de Gaulle und seine Regierung gerichteten Strategie, die eine Einigung über weitergehende positive Ziele nicht erforderte, konnte er schließlich die gesamte Linke, einschließlich der sozialistisch orientierten Clubs hinter sich bringen. Seine Kandidatur habe »die Linke dazu gebracht, sich selbst zu erkennen und zu definieren«.[23] Er hatte alle Linksparteien, auch die PCF, zwar kontaktiert, aber keine Verhandlungen mit ihnen geführt. So konnte er als überparteilicher Kandidat erscheinen und nicht als Geschöpf einer der wenig populären Parteien. Auch wenn die Parteien für seinen Wahlkampf wichtiger waren als für den de Gaulles, achtete er doch darauf, dass sie nicht zu stark in den Vordergrund traten. Motor seines Wahlkampfes waren die eigens gegründete *Association nationale pour la candidature de François Mitterrand* und sein Freundeskreis.

Mitterrand präsentierte sich als republikanischer Kandidat gegen die immer wieder angeprangerte persönliche Machtausübung de Gaulles sowie für die in seiner Sicht vom Regime missachteten Freiheiten. Dadurch fühlte sich keiner der Unterstützer vor den Kopf gestoßen. Ungeachtet seiner Kritik an de Gaulles Präsidentialismus hatte er mit seiner Kandidatur und in seinem Wahlkampf erkennen lassen, dass er sich nicht mit der Rolle eines bloßen Schiedsrichters begnügen würde, sondern ein politisch aktiver Präsident zu sein gedachte. Mit Rücksicht auf die politisch zurückhaltende Rolle, die der Staatspräsident nach Auffassung der Sozialisten wie der Kommunisten spielen sollte, durfte er die Politik der neuen, angestrebten parlamentarischen Mehrheit aber nicht vorwegnehmen. Er sprach nicht von einem Programm, sondern von ›Optionen‹ und ›Vorschlägen‹. Seine diesbezüglichen Äußerungen waren gewunden und widersprüchlich. Angesichts der noch bestehenden erheblichen Differenzen zwischen den Kommunisten, Sozialisten und anderen nicht- bzw. antikommunistischen Kräften war das auch unvermeidlich. Die unter den Linksparteien vorherrschende Vorstellung vom Präsidenten als Schiedsrichter durfte er nicht offen ablehnen. So musste er sich in unklare Aussagen flüchten. Gelegentlich behauptete er sogar, dass nicht er, würde er gewählt, die Politik bestimmen würde, sondern die Nationalversammlung.[24] Ein neues politisches Regime schlug er nicht vor, vor allem keine Rückkehr zur ›Anarchie‹ der IV. Republik. Die Regierung sollte während der gesamten Legislaturperiode im Amt sein. Keiner der Artikel, die die Stabilität der Regierung sicherten, sollte geändert werden.[25] Lediglich die von den Linksparteien als antiparlamentarisch kritisierten Artikel 11 (Referendum) und 16 (Notstand) wollte er streichen. Damit hatte er implizit wesentliche Elemente der V. Republik akzeptiert: die Direktwahl des Präsidenten und das Prinzip des ›rationalisierten Parlamentarismus‹. Seine Kritik betraf nur noch die gaullistische Praxis.

Wirtschaftliche und soziale Probleme sprach er meist als Kritik an der gaullistischen Politik an. Er machte Vorschläge für eine ›demokratische Planung‹, für Verstaatlichungen und für eine größere soziale Gerechtigkeit, blieb aber vage auf diesem Feld, das ihm nicht besonders vertraut war. Die außen- und europapolitischen Differenzen zwischen Kommunisten und Sozialisten überspielte er, indem er den ›Nationalismus‹ de Gaulles anprangerte, die Abschaffung der Atomwaffen (*Force de frappe*) forderte und das ›Europa der Trusts‹ kritisierte. Dabei betonte er die Notwendigkeit einer politischen Einigung eines »Europa der Völker«. Die Zugehörigkeit Frankreichs zur NATO stellte er nicht in Frage.

Obwohl Mitterrand bewusst war, dass er keine Siegchancen hatte, führte er einen engagierten Wahlkampf.[26] Er glänzte als brillanter, freisprechender Redner in den öffentlichen Versammlungen, während er das relativ neue Medium Fernsehen noch nicht gut beherrschte. Die Kosten seines Wahlkampfes (100 Millionen *anciens francs*) wurden aufgebracht durch eine Subskription, den Verkauf seines Buches *Le Coup d'État permanent* sowie die Unterstützung befreundeter Persönlichkeiten aus der Wirtschafts- und Finanzwelt. De Gaulle verfügte über wesentlich mehr Mittel.[27]

Das nach den schlechten Umfragen zu Beginn des Wahlkampfes überraschend gute Abschneiden Mitterrands im ersten Wahlgang (31,7 %) war auch de Gaulle zu verdanken, der, allzu siegesgewiss, nur einen lustlosen Wahlkampf geführt hatte. Bei einer hohen Wahlbeteiligung musste de Gaulle mit für ihn unerwartet mäßigen 44,6 % in die Stichwahl. Zur Stichwahl war es auch gekommen, weil Lecanuet für die Parteien der bürgerlichen Mitte angetreten war. Als Drittplatzierter im ersten Wahlgang ausgeschieden, rief er vor der Stichwahl dazu auf, wegen seiner Europapolitik nicht de Gaulle zu wählen. Das konnte als eine indirekte Empfehlung für Mitterrand verstanden werden. Erst die Warnung, sein Rückzug würde zur Wahl Mitterrands führen, bewog de Gaulle, zur Stichwahl anzutreten. Dabei sollten die problematischen Seiten von Mitterrands Vergangenheit, seine Mitarbeit im Vichy-Regime, nicht ins Feld geführt werden. Er untersagte dem Innenminister, das Foto auf dem Umschlag des später erschienen Péan-Buches, das Mitterrand mit Pétain zeigte, im Wahlkampf zu benutzen. Man dürfe das Amt nicht beschädigen für den Fall, dass Mitterrand es einmal einnehmen würde.[28] In der Stichwahl erhielt Mitterrand 44,8 % der Stimmen.

Dank seines taktischen Geschicks und seiner rhetorischen Fähigkeiten als Wahlkämpfer hatte er sich so wieder als ein Politiker ins Spiel gebracht, mit dem man rechnen musste. Das war, sechs Jahre nach dem Tiefpunkt von 1958/59, ein bemerkenswertes politisches Comeback, »eine verblüffende politische Auferstehung«.[29] Die politische Zukunft schien vielversprechender denn je, denn bei der nächsten turnusmäßigen Präsidentenwahl 1972 würde de Gaulle sicher nicht noch einmal kandidieren. Wie nie zuvor schien Mitterrand für die nationale Aufgabe bereit zu sein, für die er sich seit einem Vierteljahrhundert berufen sah.[30] Die Präsidentenwahl 1965 war für Mitterrand so etwas wie eine ›Salbung‹: Aus dem gerissenen Parlamentarier, der mit Vorliebe hinter den Kulissen manövrierte, war ein Politiker mit einem beachtlichen politischen Format geworden. Er verkörperte nun die linke Alternative zum Gaullismus, dessen Zukunft nach de Gaulle ungewiss erschien. Vor allem hatte er wichtige Elemente der Verfassung von 1958 stillschweigend akzeptiert. Der Präsident sollte zwar ›Schiedsrichter‹ sein, aber verstanden in einem durchaus aktiven Sinn. Für eine Rückkehr zum Typ des parlamentarischen Systems der III. oder IV. Republik hatte er nicht plädiert.[31]

Auf dem Weg zum Sozialismus

Die Präsidentenwahl vom Dezember 1965 hatte erheblich zu einer Neuformierung der politischen Landschaft beigetragen hat. Zwar hat sie noch nicht sofort die angestrebte Linksunion nach sich gezogen, aber sie erschien nun auch nicht mehr als eine Fata Morgana. Die Wahl habe die Linke, so Mitterrand, »dazu gebracht, sich zu erkennen und neu zu bestimmen«.[32] An ihm selbst konnte man als einer ihrer Führungsfiguren nicht mehr vorbeigehen. Er hatte unter Beweis gestellt, dass er ein ebenso listenreicher wie kämpferischer Politiker war. So war die Präsidentenwahl 1965 völlig unerwartet zur Startrampe für Mitterrands politische Karriere in der V. Republik geworden. Ohne de Gaulle und seine Republikgründung wäre Mitterrand sehr wahrscheinlich nur einer von vielen, heute vergessenen Ministern der IV. Republik.

Sein wichtigstes Vorhaben war nun, die nur als prekäres Wahlbündnis bestehende Linksunion tatsächlich zustande zu bringen. Vor allem musste sie zugunsten der nicht-kommunistischen Komponente besser ausbalanciert werden. Dafür war die programmatische und personelle Erneuerung der SFIO nötig. Die *Fédération de la Gauche Démocrate et Socialiste* (FGDS), die im September 1965, unter dem Anstoß Mitterrands gebildet worden war, war noch keine erneuerte sozialistische Partei, sie war lediglich ein Bündnis mehrerer schon bestehender linker

Parteien und politischer Clubs. Die SFIO, immer noch unter der Führung Guy Mollets, war die stärkste Komponente. Mitterrand war zum Vorsitzenden der FGDS gewählt worden, aber die Führungen der SFIO wie der radikalsozialistischen Partei widerstrebten Reformen, die zu einer Schwächung ihrer Eigenständigkeit führen konnten. Sie waren noch nicht bereit, ihre Parteien in der FGDS aufgehen zu lassen, wie Mitterrand wünschte. Auch eine Erneuerung ihrer Programmatik erschien ihnen nicht nötig. Die *Fédération* beschloss zwar ein Programm, das aber nicht die Programme der Mitgliedsparteien ersetzte. Trotz dieser Unzulänglichkeiten kann man in der *Fédération* einen ersten Schritt zur Erneuerung der nicht-kommunistischen Komponente der angestrebten Linksunion sehen. Die ihr angehörenden Parteien verpflichteten sich, für die Wahlen zur Nationalversammlung 1967 nur einen Kandidaten pro Wahlkreis aufstellen und nur eine Parlamentsfraktion zu bilden. Schließlich wurde mit der PCF ein Abkommen geschlossen, das vorsah, dass nur der Kandidat, der die besten Aussichten hatte, gewählt zu werden, für den zweiten Wahlgang im Rennen bleiben sollte. In Wahlkreisen, die zwischen der Linken und den Gaullisten besonders umkämpft waren, konnte das auch ein im ersten Wahlgang schlechter als der PCF-Kandidat platzierter Kandidat der nichtkommunistischen Linken sein. Für ihn könnten im zweiten Wahlgang eher auch Wähler der Mitte stimmen als für einen kommunistischen Kandidaten. Sozialisten und Kommunisten waren sich seit der Volksfront von 1936 nicht mehr so nahe gekommen.

Mit dem Rückenwind der Präsidentenwahl führte Mitterrand 1967 bei den Wahlen zur Nationalversammlung einen schwungvollen Wahlkampf und legte ein ›Programm für die Legislaturperiode‹ vor. Er selbst wurde zwar im eigenen Wahlkreis erstmals schon im ersten Wahlgang gewählt, aber insgesamt blieb das Ergebnis hinter den Erwartungen zurück. Mit 18,7 % lag es sogar hinter dem von 1962, als Sozialisten und Radikalsozialisten zusammen 20,1 % erreicht hatten. Das lag zum einen am engagierten Wahlkampf des Gaullisten Georges Pompidou, der in den Fernsehdebatten eine gute Figur machte, zum anderen an de Gaulle selbst, der nun im Fernsehen in den Wahlkampf eingriff. Dazu gab Mitterrand den bissigen Kommentar: »Früher war de Gaulle de Gaulle. Jetzt ist er nur noch ein Gaullist.«[33] Die FGDS hatte viele Wähler offenbar noch nicht überzeugt. Die PCF war weiterhin die stärkste Kraft der Linken. Für den zweiten Wahlgang wurde das Abkommen, nur einen Kandidaten im Rennen zu behalten, diszipliniert eingehalten und funktionierte so gut, dass die Gaullisten und ihre Verbündeten ihre Mehrheit nur knapp behaupten konnten (244 von 487 Sitzen). In der Nationalversammlung war Mitterrand nun der unbestrittene Oppositionsführer.

Nach Mitterrands Darstellung hatte »der unaufhaltsame Marsch zur Einheit« der Linken schon mit dem ersten Treffen zwischen den beiden Wahlgängen der Präsidentenwahl 1965 begonnen.[34] Das gute Abschneiden bei den Wahlen zur Nationalversammlung 1967 ermutigte die beiden großen Parteien, die Kontakte fortzusetzen, um über bloße Wahlabsprachen hinaus auch zu einer inhaltlichen Übereinkunft zu gelangen. Mitterrand erkannte, dass ein gemeinsames Regierungsprogramm, auf dem die PCF bestand, helfen würde, das Image der alten SFIO als einer ›revolutionären‹ Partei aufzufrischen. Damit konnte er eine größere Zustimmung in der Arbeiterklasse erreichen, was gleichzeitig die bisherige Führungsposition der kommunistischen Partei erschüttern würde.

Im Hinblick auf die turnusgemäß 1972 anstehende Präsidentenwahl musste Mitterrand noch zwei Vorhaben verwirklichen: Zum einen galt es, die nicht-kommunistische Linke in einer erneuerten sozialistischen Partei unter seiner Führung zu einen. Doch die linkssozialistische PSU bestand noch auf ihrer Eigenständigkeit. Zum anderen musste die FGDS ein Abkommen mit der PCF schließen, das über eine reine Wahlabsprache hinausging. Ein Zwischenschritt zu diesem Ziel war das ›erweiterte Abkommen‹ vom 24. Februar 1968,[35] das zwar noch kein gemeinsames Regierungsprogramm war, aber zumindest eine Annäherung darstellte. Der Text führte eine Reihe von übereinstimmenden oder zumindest ähnlichen Positionen auf, namentlich in der Wirtschafts- und Sozialpolitik (mit einem Dissens über das Ausmaß von Verstaatlichungen), enthielt aber auch, vor allem im außen- und europapolitischen Teil, nicht zu übersehende Unterschiede. Das reichte Mitterrand, der die Bedeutung von Programmen für die praktische Politik ohnehin für gering hielt.[36] Da er befürchtete, eine Programmdebatte würde eine weitere Annäherung zwischen Sozialisten und Kommunisten erschweren, wollte er zunächst ein Bündnis der Linksparteien schaffen, um erst dann ein – nicht zu detailliertes – Programm auszuarbeiten.[37] Mitterrand blieb gegenüber der PCF misstrauisch, aber eine Absage an die Linksunion und eine Hinwendung zu einer Koalition der Mitte kam für ihn nicht in Frage. Gleichzeitig mussten die Wähler der Mitte umworben werden, ohne die eine Mehrheit kaum zu erreichen war – ein schwieriger Spagat.

Bevor Mitterrand diese Vorhaben weiter verfolgen konnte, kam ein unvorhergesehenes Ereignis dazwischen: der Mai 1968. Im Mai 1968 wurden die Linksparteien und Mitterrand selbst wie ganz Frankreich vom Ausbruch einer Studentenrevolte überrascht, die sich in kurzer Zeit zu einer Gesellschafts- und Staatskrise ausweitete, wie sie die V. Republik bis dahin nicht gekannt hatte.[38] Mitterrand hatte kein Verständnis für die Maibewegung und stand den dramatischen und chaotischen Ereignissen hilflos gegenüber. Die Erklärungen der Studentenführer nannte er einen »pseudo-marxistischen Mischmasch«, ein »Gefasel«.[39] Wie nahezu alle Politiker blieb auch Mitterrand von der Kritik der Studenten nicht verschont. Er galt als Opportunist, der zum ›System‹ gehörte, und nicht etwa als mögliche oder gar gewünschte Alternative zur gaullistischen Herrschaft, obwohl er doch, wie er klagte, immer den Gaullismus kritisiert und unter ihm durch Telefonabhören, Polizeischikane und Verleumdungen gelitten habe. Er stellte enttäuscht fest, dass auch die FGDS nur als Rettungsanker der Parteien der IV. Republik gesehen wurde. Auch die Linksparteien hätten nicht erkannt, welche der von den Studenten erhobenen Forderungen gerechtfertigt waren.

Am 8. Mai, noch bevor sich die Studentenproteste zu einer umfassenden sozialen Bewegung ausweiteten, hielt Mitterrand während einer Debatte in der Nationalversammlung über Universitätsprobleme eine Rede, die sich mit studentischen Angelegenheiten befasste. Bei einer Großdemonstration am 13. Mai war er mit anderen führenden Oppositionspolitikern vor Ort. Am folgenden Tag, nachdem die Polizei die besetzte Sorbonne geräumt hatte, sprach er wieder in der Nationalversammlung. Er prangerte das brutale Vorgehen der Polizei an, verlangte eine Amnestie für die Studenten und forderte den Rücktritt der Regierung, die das Vertrauen des Landes verloren habe. Am

22. Mai begründete er einen von den Fraktionen der FGDS und der PCF eingebrachten Misstrauensantrag, der abgelehnt wurde. Doch die Parole der Studenten lautete: Weder de Gaulle noch Mitterrand! Sofern ihn die Studenten nicht ignorierten, verachteten sie ihn als einen der markanten Repräsentanten der abgelehnten politischen Kaste.

Abb. 5: Umringt von Studierenden und Polizisten steht der Studierendenführer Daniel Cohn-Bendit vor der Sorbonne in Paris und singt die »Internationale«.

Nachdem de Gaulle ein Referendum über zusätzliche Beteiligungsmöglichkeiten für die Bürger angekündigt und bei Nichtannahme seinen Rücktritt in Aussicht gestellt hatte, hielt Mitterrand am 28. Mai eine Pressekonferenz ab, bei der er darlegte, wie eine Streikbewegung das Land lahmlegte und die Regierung die Krise nicht würde lösen können. De Gaulle dachte wohl an Rücktritt. Seit dem 3. Mai, so stellt Mitterrand fest, gebe es in Frankreich keinen Staat mehr. Da das von de Gaulle angekündigte Referendum keine Mehrheit finden werde, müsse bereits jetzt die Vakanz der Staatsmacht festgestellt und die Nachfolge organisiert werden. Mitterrand schlug die sofortige Bildung einer provisorischen Regierung vor, wenn nötig, unter seinem Vorsitz. Der zukünftige Präsident der Republik würde die Nationalversammlung auflösen und im Oktober würden Neuwahlen stattfinden. Er selbst werde bei der Präsidentenwahl kandidieren.[40]

In der damaligen Situation war es keineswegs abwegig, an ein bevorstehendes Machtvakuum zu denken. Es war auch durchaus normal, dass die Opposition ihre Auffassung dazu und ihre Zukunftspläne darlegte. Allerdings schien Mitterrand es mit den einschlägigen Verfassungsbestimmungen nicht so genau zu nehmen. Er ging von einem Rücktritt de Gaulles und der Regierung aus, der aber noch gar nicht angekündigt war. Das war insofern verständlich, als de Gaulle für ein paar Tage ohne Erklärung aus der Öffentlichkeit verschwunden war.[41] In seiner Erklärung erwähnte Mitterrand nicht, dass verfassungsgemäß während einer Vakanz des Präsidentenamtes der Präsident des Senats an dessen Stelle tritt. Ferner sieht die Verfassung eine provisorische Regierung gar nicht vor. Das Ausscheiden des Staatspräsidenten musste nicht automatisch das Ende der Regierung bedeuten. Sie konnte geschäftsführend im Amt bleiben.[42] So konnte der Eindruck entstehen, er dränge an die Macht, ohne die von der Verfassung vorgesehenen Verfahren zu beachten.

Unter Zuhilfenahme einer manipulierten Fernsehübertragung benutzten die Gaullisten diese Pressekonferenz, um Mitterrand als einen gefährlichen Staatsstreichaspiranten hinzustellen. De Gaulle sprach – kräftig übertreibend – von einem illegalen Vorgehen, vom Versuch eines Staatsstreichs, einer drohenden Diktatur, vom ›totalitären Kommunismus‹. Seine Erklärung, nicht zurückzutreten, den Premierminister nicht auszuwechseln, aber die Nationalversammlung aufzulösen, flößten seinen Anhängern neues Vertrauen ein. Die Massendemonstration der Gaullisten auf den Champs-Elysées am 30. Mai und die dabei zu hörenden Verwünschungen Mitterrands taten ihr Übriges. Mitterrand verglich de Gaulles Erklärung mit den Machtübernahmen Napoleons I. und Napoleons III. Sie sei die Stimme der Diktatur und ein Aufruf zum Bürgerkrieg.

Die Mai-Bewegung erschütterte zwar die gaullistische Staatsmacht vorübergehend und trug dazu bei, dass de Gaulle ein Jahr später zurücktrat, aber sie war auch für Mitterrands Pläne ein Rückschlag. Im November gab er den Vorsitz der *Fédération* ab, die sich in der Folge auflöste.

Die durch die Vorgänge im Mai 1968 verschreckten Bürger gaben in den sog. ›Angstwahlen‹ im Juni 1968, die auf Rat Pompidous an die Stelle des von de Gaulle angekündigten Referendums traten, den Gaullisten die absolute Mehrheit der Mandate und die Linksparteien, die sich nicht zu einem Wahlbündnis zusammenfanden, erlitten eine herbe Niederlage. Nicht wenige machten Mitterrand für das Debakel mitverantwortlich. Er selbst konnte zwar – mit starken Verlusten – seinen Wahlkreis im zweiten Wahlgang knapp halten, aber die FGDS konnte keine Mehrheit erringen. Mitterrand wurde fraktionsloser Abgeordneter.

Als im April 1969 das von de Gaulle angesetzte Referendum über die Senats- und Regionalreform keine Mehrheit fand, trat er zurück. Ein neuer Präsident musste gewählt werden. Es war nicht daran zu denken, dass Mitterrand nach seinem Verhalten während der Maikrise wieder kandidierte. Der nichtkommunistischen Linken bescherte diese Wahl, die der Gaullist Georges Pompidou gewann, ein Debakel: Während der PCF-Kandidat Jacques Duclos im ersten Wahlgang auf 21,5 % kam, erreichte Gaston Defferre, von der zerstrittenen SFIO nicht voll unterstützt, nur magere 5 %. Mitterrand wurde dadurch aber nicht weiter beschädigt; er hatte sich gegenüber Defferre loyal verhalten. Das Ergebnis verdeutlichte, dass nur die von Mitterrand verfolgte Strategie der Linksunion die Chance bot, den Gaullismus zu besiegen. Ein Mitte-Kurs führte erkennbar in eine Sackgasse.

Eine Erneuerung der SFIO – *la vieille maison* wurde sie genannt – drängte sich nach den Misserfolgen der letzten Jahre auf. Sie gab sich einen neuen Namen: neue sozialistische Partei (*Nouveau Parti socialiste* – NPS). Wichtiger war, dass Guy Mollet, der seit 1946 die Fäden in der Hand gehalten hatte, als Parteivorsitzender zurücktrat und durch Alain Savary abgelöst wurde. Mitterrand trat der Partei zwar nicht bei und er lehnte in einem kühlen Brief auch die Einladung des Fraktionsvorsitzenden Gaston Defferre ab, der Fraktion als Hospitant anzugehören.[43] Es war ihm aber klar, dass er nur mit der erneuerten sozialistischen Partei, am besten an ihrer Spitze, sein Ziel erreichen konnte. Die Widerstände, ja die Abneigung gegen ihn waren jedoch noch groß. Außerdem hatte er zum neuen Parteichef seit langem ein schlechtes Verhältnis.

War Mitterrand auf seinem langen politischen Weg inzwischen Sozialist geworden? Nicht nur der vormalige Parteivorsitzende der SFIO Guy Mollet zweifelte an der Ernsthaftigkeit von Mitterrands Sozialismus – er habe »nur gelernt, sozialistisch zu reden«.[44] Mitterrand selbst gab zu, dass er nicht als Sozialist geboren sei und auch keine ›Frühreife‹ bei der Entwicklung gezeigt habe. Sozialist wurde er nicht durch die Ausübung eines dem sozialistischen Milieu nahen Berufes und dadurch eingeimpfter Klassenreflexe. Ausgangspunkt und Kern seiner Entwicklung zum Sozialismus war auch nicht die Lektüre von Marx und anderer sozialistischer Theoretiker. Als wichtigste Ursache seiner ›Bekehrung‹ nennt er sein familiäres Milieu und seine katholische Erziehung mit der Betonung von sozialer Gerechtigkeit und der Ablehnung von nur durch Vermögen begründeten Hierarchien. Die Linke bedeute für ihn ›Gerechtigkeit‹, wobei er den Begriff nicht näher erläutert.[45] Sozialist in einem ideologischen Sinn war Mitterrand nicht und wurde es auch nie, Sozialismus war für ihn vor allem eine politische Strategie als Alternative zum Gaullismus und keine ideologische Heimat, keine säkularisierte Kirche.

Auch wenn die sozialistische Partei für ihn vor allem Mittel zum Zweck war, den Elyséepalast zu erobern, so musste er doch erreichen, nach einem windungsreichen politischen Leben zumindest als Sozialist wahrgenommen zu werden. Seine 1969 und 1970 erschienen Bücher *Ma part de vérité* und *Un socialisme du possible* verfolgten vor allem diesen taktischen Zweck, enthalten aber keine ernsthafte Auseinandersetzung mit der sozialistischen Tradition und Ideologie. Um sich sowohl vom Kommunismus zu distanzieren als auch von der Sozialdemokratie, die von vielen französischen Linken abgelehnt wurde,[46] geriet er in Sackgassen, verheddert sich in Widersprüche oder nahm Zuflucht zu Formeln, die in der französischen Linken damals Allgemeingut waren: Der Mensch müsse von den Kräften, die ihn unterdrücken, befreit werden. Die Produktionsverhältnisse müssten von Grund auf geändert werden, denn wenn »die Ausbeutung des Menschen durch den Menschen« nicht beendet werde, könne es auch keine Befreiung geben. Den Ausdruck ›Diktatur des Proletariats‹ lehnte er nicht ab, er dürfe nur nicht beliebig verwendet werden. Er wolle zwar eine »globale Strategie des Bruchs« mit der kapitalistischen Gesellschaft, aber dieser Bruch müsse genau »unseren Mitteln angepasst« werden. Es gebe zwei Wege des Übergangs zum Sozialismus: den schnellen, brutalen und blutigen, wie in Russland 1917 und einen unter einer sozialistischen Regierung, »von den Massen unterstützt«. Die Übergänge zum Sozialismus durch Gewalt seien zwar nicht prinzipiell verwerflich, beim gegenwärtigen Zustand der französischen Gesellschaft wäre ein »brutaler Bruch« aber nicht »vernünftig«.[47] Hier sei ein Bündnis der Arbeiterklasse mit der fortschrittlichen Bourgeoisie möglich und notwendig. Auch die Marktwirtschaft gelte es nicht abzuschaffen, sondern den »Orientierungen und Entscheidungen des demokratischen Plans unterzuordnen.«[48]

Mitterrand bekannte sich zum Reformismus, also zu einem sozialdemokratischen Weg, wobei er das in der französischen Linken verpönte Wort vermied. Sein Reformismus sollte allerdings weiter gehen als in den nordischen Ländern oder in der SPD. Insbesondere sprach er sich für die Verstaatlichung der wichtigsten Industrieunternehmen und der Banken aus. Das war für die französischen Sozialisten ein notwendiges Glaubensbekenntnis, auch gefordert durch das Bündnis mit der PCF. Verstaatlichungen seien aber kein Selbstzweck, seien noch nicht der Sozialismus. Als Vorbilder nannte er Jean Jaurès und Léon Blum, während Gustav Noske als Gegenbeispiel herhalten musste.

Der entscheidende Schritt zur Führung der Sozialistischen Partei gelang Mitterrand auf dem Parteitag der NPS von Épinay-sur-Seine vom 11. bis 13. Juni 1971. Er hielt eine radikale, die Delegierten begeisternde Rede. Er prangerte die Macht des Geldes an, das korrumpiere, töte und das Gewissen der Menschen verderbe.[49] Wer den Bruch mit der kapitalistischen Gesellschaft nicht wolle, könne nicht Mitglied in der sozialistischen Partei sein, erklärte er. Die Rede sollte für ihn einen dreifachen Zweck erfüllen:[50] Die sozialistische Partei musste eindeutig im linken Spektrum verankert werden, der PCF musste das revolutionäre Monopol bestritten werden und es galt, die radikale Jugend des Mai 1968 zu gewinnen.

Ergebnis des Parteitages war der Zusammenschluss der NPS mit Mitterrands *Convention* und einigen kleineren, linkskatholischen Gruppen zur Sozialistischen Partei (*Parti socialiste* – PS). Gerade Parteimitglied geworden, wurde Mitterrand mit 51,3 % der Stimmen zum neuen Parteivorsitzenden (*Premier Secrétaire*) gewählt. Die Mehrheit gewann Mitterrand, indem er die beiden bedeutendsten, eher rechts orientierten Regionalorganisationen Nord-Pas de Calais und Bouches-du-Rhône für sich einnahm und den linken marxistischen

Flügel (CERES) auf seine Seite brachte. Dieser Coup war ein taktisches Meisterstück und Lacouture fragte sich noch 1998, ob Mitterrand den Beinamen ›Florentiner‹ je mehr verdient hatte als auf diesem Parteitag.[51] Es ging Mitterrand vor allem darum, die Parteiführung zu übernehmen und nicht eine klare inhaltliche politische Position zu präsentieren und eine Mehrheit dafür zu gewinnen. Die Partei verdoppelte unter Mitterrand bis 1975 fast ihre Mitgliederzahl (von 80.000 auf 150.000). Beim Abschluss des Parteitages sang er zum ersten Mal die Internationale, das Kampflied der sozialistischen Arbeiterbewegung. Seit seinem Engagement in Vichy und der Auszeichnung mit der *Francisque* hatte er einen weiten Weg zurückgelegt.

Die Aufgabe des Parteivorsitzenden übernahm Mitterrand ohne Begeisterung. Bisher hatte er politisch in und mit kleinen Gruppierungen gewirkt. Nun galt es, eine große Partei mit sehr unterschiedlichen politischen Tendenzen zu führen, sie möglichst geschlossen hinter sich zu bringen und einen Parteiapparat zu managen. Die vielen Gremiensitzungen interessierten ihn nur mäßig, sodass er ihnen oft fernblieb; in der Parteizentrale war er nur selten zu sehen. Die PS war für ihn Mittel zum Zweck, die Präsidentenwahl zu gewinnen. Politisch-taktisch machte er sie zu einer Regierungspartei mit dem Ziel, an die Macht zu kommen. Die dafür wünschenswerte, wenn nicht nötige ideologische Neuorientierung blieb aus. Sie interessierte ihn nicht.

Schwieriger als die Übernahme der Führung der Sozialistischen Partei sollte sich ein Abkommen mit der PCF gestalten. Dieses Vorhaben war aber nach dem Ende der strikt antikommunistischen SFIO nicht mehr aussichtslos. Das Bündnis, mit der sozialistischen Partei als stärkster Kraft, war die notwendige Voraussetzung für einen Wahlsieg der Linken. Wie sollte eine Verständigung zwischen den beiden ideologisch weiterhin sehr unterschiedlichen Parteien gelingen? In der IV. Republik hatte Mitterrand aus seinem entschiedenen Antikommunismus keinen Hehl gemacht. Als er im Januar 1947 das Ministerium für Kriegsveteranen (*Anciens combattants*) übernahm, hatte er dieses entschlossen von den Kommunisten gesäubert. Als dem Regierungschef beigeordneter Staatssekretär für Information in der Regierung André Marie (Juli–September 1948) hatte er ihren Einfluss im Rundfunk bekämpft. Er warf der PCF Verweigerung einer freien Diskussion und ein autoritär-sektiererisches Gebaren vor. Allerdings unterschied Mitterrand zwischen dem Parteiapparat einerseits und den Millionen kommunistischer Wähler andererseits. Diese seien, schrieb er schon 1954, »für die Nation nicht endgültig verloren«.[52] Er brauchte die PCF zur Erreichung seines Ziels, der Präsidentschaft. Doch war für eine ihm nützliche Zusammenarbeit die Stärke der Parteien entscheidend, denn »die Linksunion ist ein Kampf« – so der Titel einer Broschüre des Kommunisten Etienne Fajon –, in dem man der Stärkere sein musste, um sich durchzusetzen.

Wie viele Sozialisten war auch Mitterrand hinsichtlich der Einstellung der PCF zur pluralistischen Demokratie skeptisch. Auch ihre engen Beziehungen zur Sowjetunion und ihre sich daraus ergebenden politischen Positionen, mit denen der PS oft nur schwer vereinbar, waren ihm bekannt. Auf die Frage, ob es die Kommunisten wirklich ehrlich meinten mit der Zusammenarbeit, gab er zur Antwort: »Man muss die Bedingungen so schaffen, dass sich die Anderen so verhalten, als ob sie ehrlich wären.«[53] Auch in der PCF gab es Bestrebungen, aus der Isolierung herauszukommen, die Wahlerfolge erheblich erschwerte. So konnten die Gespräche beginnen, allerdings begleitet von Skepsis, ja sogar Misstrauen.

Die weiteren Gespräche verliefen schwierig, erschwert durch die faktische Übernahme der PCF-Führung 1970 durch Georges Marchais, der weniger konzessionsbereit und stärker der Orthodoxie verpflichtet war als sein Vorgänger Waldeck-Rochet. Mitterrands Persönlichkeit war Marchais zuwider. Doch waren Marchais und die anderen Mitglieder des Politbüros seiner politischen Intelligenz und seinem taktischen Geschick nicht gewachsen. Mitterrand betrachtete das Programm der Linksunion vor allem als Mittel zum Zweck. Eine Klärung und Übereinstimmung bei ideologischen Fragen hielt er für aussichtslos.[54] Nach langen, mehrfach vor dem Abbruch stehenden Verhandlungen unterzeichneten die Parteiführer schließlich ein »Gemeinsames Regierungsprogramm«.[55] Nachdem Mitterrand schon Anstalten gemacht hatte, die Verhandlungen zu beenden, einigte man sich in den zentralen Fragen über das Ausmaß von Verstaatlichungen und über das Problem eines Machtwechsels doch noch auf Formulierungen, die von der PS zwar Zugeständnisse enthielten, für sie aber akzeptabler waren als für die PCF. Mitterrand hatte sich in diesen Fragen unnachgiebig gezeigt, weil er erkannte, dass es dabei um die Teilung der Macht im Staat ging.[56] Von einem sozialdemokratischen Programm konnte freilich keine Rede sein, aber letztlich waren es die Kommunisten, obwohl sie noch stärker als die PS waren, die mehr nachgegeben hatten: vor allem bei institutionellen Fragen und in der Außenpolitik, denn weder die NATO noch die EG wurden in Frage gestellt.

An diesem Text gab es sicher noch viel auszusetzen, aber wichtig war, dass es ihn gab. Seit der Volksfront von 1936 hatten sich Sozialisten und Kommunisten nicht so weit geeinigt. Ob Mitterrand das Gemeinsame Regierungsprogramm ernst genommen hat, erscheint zweifelhaft. Es sollte kurzfristig für die PS vor allem den Zweck erfüllen, bei den bevorstehenden Wahlen gut abzuschneiden und bisherige kommunistische Wähler für sich zu gewinnen. Nüchtern und klarsichtig bemerkte Mitterrand, dass für die Umsetzung des Programms das Kräfteverhältnis zwischen den beiden Parteien entscheidend sein würde. Auf dem Kongress der Sozialistischen Internationale in Wien im Juni 1972, als die Skepsis gegenüber dem Bündnis mit den Kommunisten spürbar war, erklärte er in aller Offenheit, es sei sein Ziel, in Frankreich eine sozialistische Partei auf dem bisher von der PCF besetzten Terrain aufzubauen, indem man drei der fünf Millionen ihrer Wähler dazu bringe, sozialistisch zu wählen.[57] Damit sollte der Spruch eines kommunistischen Wählers aus dem Jahre 1922, es gelte ›das sozialistische Huhn zu rupfen‹, umgekehrt werden.

Die sozialistische Partei konnte bei Wahlen nur gewinnen, so Mitterrands Überzeugung, wenn die PCF der schwächere Partner wurde und sich gemäß dem Abkommen verhielt. Die Wahlen zur Nationalversammlung im März 1973 belegten, dass das Ziel, die Sozialisten gleichstark mit den Kommunisten zu machen, erreichbar war. Die PCF und die beiden Linksparteien PS und Linksliberale (*Mouvement des radicaux de gauche* – MRG) lagen nun schon nahezu gleichauf. Während die PCF seit 1967 stagnierte, hatte die PS hinzugewonnen. Die Linksunion schien tatsächlich zum Grab der PCF zu werden. Der für 1976 turnusgemäß bevorstehenden Präsidentenwahl konnte Mitterrand durchaus zuversichtlich entgegensehen.

Die Präsidentenwahlen 1974 und 1981

Pompidous Tod am 2. April 1974 und die folgende vorgezogene Präsidentenwahl kamen für Mitterrands Strategie jedoch zu früh. Gleichwohl bewarb er sich und PS und PCF einigten sich rasch auf ihn als gemeinsamen Kandidaten. Dem Bündnis musste Mitterrand durch Lippenbekenntnisse Tribut entrichten. Die antikommunistischen Positionen der SFIO sowie Mitterrands kritische Stellungnahmen zur sowjetischen Politik schienen der Vergangenheit anzugehören. In einem Kommuniqué einer von Mitterrand geführten PS-Delegation in Moskau im April 1975 wurde »die glückliche Entwicklung der Sowjetunion auf dem Weg des Sozialismus« gelobt.[58] Auch die Mehrheit der PSU unter Michel Rocard und die linke Abspaltung der radikalen, d. h. linksliberalen Partei unterstützten ihn. Mitterrand wurde zwar von der sozialistischen Partei nominiert, aber er betonte, er sei nicht nur ihr Kandidat oder der der Linksunion, sondern der all jener Franzosen, die eine andere Politik wollten als die der Rechten. Die Kommunisten wurden im Wahlkampf von Mitterrand und seinem Wahlkampfteam weitgehend außen vor gelassen. Als Marchais auf einer gemeinsamen Großveranstaltung mit 80.000 Teilnehmern unterstrich, die Kommunisten erwarteten von Mitterrand im Falle seines Sieges die Umsetzung des ganzen Gemeinsamen Regierungsprogramms, erklärte er, er fühle sich durch die ›grundlegenden Optionen‹ gebunden.[59] Er sei zwar Kandidat der Linken, aber Herr seiner Entscheidungen; er werde jedoch auf die Einhaltung der vorgegebenen Grundorientierungen achten und Garant der Grundfreiheiten sein. Er werde einen Sozialisten zum Premierminister ernennen und die Regierung werde gemäß der Zusammensetzung der präsidentiellen Mehrheit gebildet, die über die Linksunion hinausreichte, da sich auch Parteilose und einige Linksgaullisten für ihn aussprachen. Diese Erklärungen verfolgten nicht zuletzt den Zweck, der von den Gaullisten und ihren Verbündeten geschürten Furcht vor einem zu großen kommunistischen Einfluss zu begegnen und Wähler der linken Mitte zu gewinnen. Als Sozialist berief sich Mitterrand auf andere sozialdemokratische Politiker Europas (Willy Brandt, Bruno Kreisky, Olof Palme u. a.).

Die Kurzfassung seiner Vorhaben führte zwar einige ehrgeizige sozialpolitische Maßnahmen auf (u. a. Rente mit 60, fünfte bezahlte Urlaubswoche), deren Finanzierung sich am Wirtschaftswachstum und den finanziellen Möglichkeiten orientieren sollte, hatte aber keinen erkennbar kommunistischen Akzent.[60] Dass er im außenpolitischen Teil die Zugehörigkeit Frankreichs zu seinen Bündnissen hervorhob, sich als entschiedener Anhänger der europäischen Integration erklärte und die ›kostbare‹ Freundschaft mit dem amerikanischen Volk betonte (vom russischen war nicht die Rede), war auch nicht geeignet, die Kommunisten zu erfreuen. Besonders wichtig für viele Wähler dürfte das TV-Duell mit seinem Konkurrenten Valéry Giscard d'Estaing gewesen sein: Giscard schnitt dabei besser ab. Sein spontaner, wiederholter Satz während der TV-Debatte zur Sozialpolitik: »Herr Mitterrand, Sie haben nicht das Monopol der Herzen«, auf den Mitterrand keine Erwiderung fand, hat nach Meinung einiger Experten den knappen Vorsprung gesichert.[61] Bei der Wahl lag er mit 50,8 % vorn.

Entscheidend für Giscards Sieg dürfte auch die Furcht mancher Wähler vor dem Unbekannten gewesen sein, vor einem wirtschaftlichen und finanziellen Abenteuer, das von einer Linksregierung mit Beteiligung einer starken kommunistischen Partei befürchtet wurde. Giscard, zehn Jahre jünger als Mitterrand, wirkte vor allem in wirtschafts- und finanzpolitischen Fragen kompetenter. Beim TV-Duell brachte er Mitterrand in Schwierigkeiten, als er die im Gemeinsamen Programm enthaltenen Verstaatlichungen und ihre wirtschaftlichen Auswirkungen ansprach. Giscard präsentierte sich als Mann der Zukunft, während er Mitterrand als einen Mann der Vergangenheit hinstellte, den ›ewigen Minister‹ der IV. Republik.

Doch konnte auf das knappe Ergebnis die Hoffnung gestützt werden, dass ein künftiger Wahlsieg der Linksparteien und damit Mitterrands keineswegs mehr nur Wunschdenken war. Das Gemeinsame Regierungsprogramm wie auch die disziplinierte Unterstützung der Kandidatur Mitterrands hatten die PCF und PS jedoch nicht enger miteinander verbunden. Die Linksunion war, so Mitterrand selbst, »ein unangenehmer, mühsamer Weg«,[62] ein permanenter Kampf darum, wer seine Auffassungen am besten durchsetzen konnte und, vor allem, wem die konfliktträchtige Übereinkunft am meisten nutzen würde. Es war erkennbar, dass die beiden Parteien in grundsätzlichen Fragen weiterhin konträre Auffassungen vertraten. Diese Unterschiede hinderten PS und PCF aber nicht daran, pragmatisch zusammenzuarbeiten, sofern beide Nutzen daraus ziehen konnten. Doch war die kommunistische Partei nicht bereit, für ein sozialdemokratisches Modell geradezustehen. Vor allem hatte auch die Sowjetunion, deren Wünsche von moskautreuen kommunistischen Parteien wie der PCF berücksichtigt wurden, kein Interesse an einer Außen- und Europapolitik, die ihren außenpolitischen Interessen stärker entgegenstand als die gaullistische. Bei der Präsidentenwahl 1974 hatte die Sowjetunion erkennen lassen, dass sie die Wahl des gaullistischen Kandidaten Chaban-Delmas wünsche oder, falls dieser im ersten Wahlgang ausscheide, die Giscard d'Estaings.[63]

Die Wahlen zur Nationalversammlung im März 1973 wie die Präsidentenwahl 1974 hatten gezeigt, dass bisher die Sozialisten die Nutznießer, die Kommunisten die Verlierer des Bündnisses waren. Insofern war es keine Überraschung, dass die PCF nun den Ton gegenüber den Sozialisten verschärfte, sie in ihre auch gegen die Sozialisten gerichtete klassenkämpferische Rhetorik zurückfiel. Hatten die Kantonalwahlen 1976 schon einen Hinweis auf die sich abzeichnende Umkehr des Kräfteverhältnisses der beiden Parteien ergeben, so ließen die wichtigeren Kommunalwahlen ein Jahr später bei den Kommunisten die Alarmglocken schrillen: Hier gewannen die Sozialisten deutlich mehr große Städte als die Kommunisten. Die PCF drohte zu einer bloßen Stütze für die sozialistische Partei zu werden. In der Folge verlangte Marchais eine Aktualisierung des Gemeinsamen Regierungsprogramms. Der Aufstieg der PS nach dem Parteitag von Épinay 1971 hatte der PCF in aller Klarheit gezeigt, dass sich das Kräfteverhältnis inzwischen umgekehrt hatte. In einer Regierung der Linksparteien würde die PS mehr von ihren Zielen durchsetzen können als die PCF. Die PCF wollte ihr eigenes Profil stärker erkennbar machen, wollte in das Gemeinsame Regierungsprogramm einige ihrer traditionellen Forderungen aufnehmen. Neben einer Ausweitung der Verstaatlichungen verlangte Marchais eine Einschränkung der Befugnisse des Staatspräsidenten. Außerdem gab es eine fundamentale Differenz über die Atomstreitmacht und ihren eventuellen Einsatz. Mitterrand und die Sozialisten waren jedoch nicht bereit, den Forderungen der Kommunisten nachzugeben. Im September 1977 wurden die Verhandlungen über die von den Kommunisten verlangte Aktualisierung des Gemeinsamen Regierungsprogramms ergebnislos abgebrochen. Die Gespräche hätten gezeigt, erklärte Mitterrand zugespitzt, dass aus dem Gemeinsamen Programm eine Art ›Kopie‹ des PCF-Programms gemacht und die französische Gesellschaft dem sowjetischen Modell angenähert werden sollte. Das wollten weder er noch die Sozialisten.

Die Folgen des Bruchs mit der PCF ließen nicht lange auf sich warten. Der von Mitterrand und den Sozialisten erhoffte Sieg bei den Wahlen zur Nationalversammlung im März 1978 blieb aus. Die Gaullisten und ihre Verbündeten konnten ihre Mehrheit behaupten. Zwar waren die Sozialisten nun erstmals seit 1936 stärker als die Kommunisten, aber der Abstand war zu gering, um bei den mit der PS sympathisierenden Wählern der linken Mitte Bedenken hinsichtlich einer Linksregierung unter Einschluss der PCF völlig zu zerstreuen.

Mitterrands Strategie der Linksunion blieb jedoch die politische Grundorientierung der PS. Damit war auch die Kandidatur für die Präsidentenwahl 1981 so gut wie entschieden. Zwar war er weder von der Mehrheit der PS-Sympathisanten, noch der laut Umfragen von den Wählern bevorzugte Kandidat, sondern Rocard. Die Nominierung erfolgte aber durch die Partei, in der der Vorsitzende eine klare Mehrheit hatte. Rocard zog seine Kandidatur zurück. Damit war für Mitterrand der Weg frei für einen dritten Versuch, Präsident zu werden. Am 24. Januar 1981 nominierte ihn ein außerordentlicher Parteitag der PS mit großer Mehrheit zum Präsidentschaftskandidaten.

Die Vorbereitung der Wahl 1981 war für Mitterrand einer der wichtigsten Abschnitte seines Lebens. Wie 1974 schienen die Erfolgsaussichten angesichts des Gegners Giscard auch diesmal gering. Mitterrand hatte dessen Talenten und jugendlichem Auftreten nicht viel entgegenzusetzen. Die Umfragen waren Anfang 1980 für den amtierenden Präsidenten so gut, dass seine Wiederwahl sicher schien. Allerdings ließen wirtschaftliche Probleme, vor allem die steigende Arbeitslosigkeit, die Inflation und die hohe Abgabenquote, die Popularität Giscards sinken. Hinzu kam, dass es ungewiss war, ob ihn die Gaullisten geschlossen unterstützen würden. Sein zunehmend selbstherrliches Auftreten – in manchen Zeitungen wurde er als Monarch mit gepuderter Perücke karikiert – ließen sein Bemühen, sich als volksnaher Präsident zu geben, wenig glaubhaft erscheinen. Im Wahlkampf wirkte Mitterrand gegenüber einem überheblich und zunehmend nervös wirkenden Staatspräsidenten kämpferisch und gleichzeitig gelassen. Durch die Präsidentschaftswahlen von 1965, als er den übermächtig erscheinenden Charles de Gaulle mutig herausgefordert hatte, und 1974, als er gegen Giscard nur knapp unterlegen war, hatte er an politischer Statur gewonnen. Mitterrand hatte auch bei diesen Wahlen jeweils Ergebnisse deutlich über den Umfragewerten erzielt und er wies darauf hin, dass die Linke in Frankreich sich auf eine klare soziale Mehrheit stützen könne, denn 80 % der Bevölkerung waren in einer lohnabhängigen Beschäftigung. Sobald diese Schichten »die Identität zwischen dem ökonomischen Geschehen, dem sozialen Protest und dem Wahlzettel« begriffen hätten, würde die Linke auch politisch die Mehrheit gewinnen.[64] Ob er selbst an diesen vulgärmarxistischen Determinismus geglaubt hat?

Mitterrand gab sich gern überparteilich, aber er war doch der Kandidat der Sozialistischen Partei, die ihn geschlossen unterstützte. Im Wahlkampfteam waren allerdings nur Mitterrands Getreue vertreten. Die PS hatte im März 1980 ein Grundsatzprogramm veröffentlicht.[65] Unter der Federführung des Parteilinken Jean-Pierre Chevènement erarbeitet, war es ziemlich radikal ausgefallen. Wähler der linken Mitte hätte Mitterrand damit kaum gewinnen können. Also legte er es beiseite. Im Präsidenten-Wahlkampf spielen Programme ohnehin eine deutlich geringere Rolle als die Kandidaten. Als Plattform dienten ihm die von einem außerordentlichen Parteitag der PS am 24. Januar 1981 beschlossenen ›110 Vorschläge‹.[66] Sie enthielten u. a. Lohnerhöhungen, die Rente mit 60 Jahren und eine Verkürzung der Arbeitszeit auf 35 Wochenstunden bis 1985, ein umfangreiches Verstaatlichungsprogramm – das er mit dem Hinweis auf frühere Verstaatlichungen zu normalisieren suchte – sowie eine Reform des Erziehungswesens in einem laizistischen Sinn. Sie widersprachen zwar nicht dem PS-Programm oder dem Gemeinsamen Regierungsprogramm, waren aber deutlich gemäßigter und setzten andere Akzente. Anders als 1974 gelang es Giscard diesmal nicht, Mitterrand als einen Mann der Vergangenheit, als einen wirtschaftspolitischen Laien hinzustellen. Zur PCF ging Mitterrand auf Distanz. Die Warnung vor einer eventuellen kommunistischen Regierungsbeteiligung verlor damit an abschreckender Wirkung. Eine Karikatur in *Le Monde* mit einem erwachsenen, selbstbewussten Mitterrand, der den kleinen Marchais an der Hand führte, entlarvte die Unterschrift »Der Gefangene der Kommunisten« als lächerlich. Mitterrand spannte andere sozialdemokratische Politiker für seinen Wahlkampf ein. Mit Willy Brandt, in Frankreich sehr populär, unternahm er eine – öffentlichwirksam präsentierte – Reise an die deutsch-schweizerische Grenze, auf der Route seines ersten Fluchtversuchs aus der deutschen Gefangenschaft.

Den Wahlkampf führte Mitterrand nicht primär für seine Vorhaben, sondern gegen Giscard. Er beschuldigte diesen, ein quasi-monarchisches Regime etabliert zu haben. Die Gewaltenteilung missachtend, vereinige er die klassischen drei Gewalten in seiner Hand und beeinflusse auch die Meinungsbildung in erheblichem Maße, indem er das Fernsehen kontrolliere. Eine wohl erhebliche Wirkung dürfte eine von der Presse aufgedeckte Diamantenaffäre gehabt haben: Giscard, der in der Zentralafrikanischen Republik mehrfach zur Jagd war, hatte Diamantgeschenke des Diktators Bokassa angenommen.

Mitterrands Vichy-Vergangenheit war noch nicht aufgedeckt. Die wichtigsten Bücher über die Vichy-Jahre, die in Frankreich vor 1981 erschienen waren, enthielten nichts über Mitterrands Mitarbeit in Pétains *Etat français*. Ob er gewählt worden wäre, wenn Péans Buch schon bekannt gewesen wäre? Daniel Mayer, namhafter Sozialist und mehrfach Minister in der IV. Republik, Ehrenpräsident der Liga für Menschenrechte und Mitglied des Verfassungsrates, erklärte nach dem Erscheinen des Péan-Buches, er hätte 1981 Mitterrand nicht gewählt, wenn er diese ›Enthüllungen‹ schon gekannt hätte.[67]

Nicht zu unterschätzen ist die Rolle des Werbefachmanns Séguéla in Mitterrands Wahlkampf. Er brachte ihn sogar dazu, sich seine langen, überstehenden Eckzähne abfeilen zu lassen. »Wenn Sie das nicht machen, werden Sie nie ein telegenes Lächeln haben. Sie werden immer Misstrauen hervorrufen… Mit solchen Zähnen werden Sie niemals zum Präsidenten der Republik gewählt werden.«[68]

Die Umfragen hatten zwar noch Ende März einen Sieg des amtierenden Staatspräsidenten prognostiziert, aber das Ergebnis des ersten

Wahlgangs gab Mitterrand Anlass zu Optimismus: Giscard blieb mit 28,3 % hinter den Erwartungen zurück. Mitterrand selbst übertraf mit 25,9 % die symbolische Schwelle von 25 %. Obwohl die PCF-Führung die Wahl Mitterrands nicht wünschte, empfahl sie nichtsdestotrotz seine Wahl. Vermutlich kannte sie den Wunsch der Sowjetunion, die aus außenpolitischen Gründen die Wahl Giscard d'Estaing wünschte, der sich als Präsident auf die Gaullisten stützen musste und von dem folglich eher eine Politik der Distanz zu den USA zu erwarten war als von Mitterrand. Wenige Tage vor der Wahl empfing Giscard d'Estaing den sowjetischen Botschafter. Die PCF nannte das »inopportun« und »bedauerlich«.[69] Auch der ausgeschiedene Kandidat der Grünen empfahl die Wahl Mitterrands. Auf der anderen Seite war die Beziehung zwischen dem gaullistischen Kandidaten Jacques Chirac, dem Drittplatzierten im ersten Wahlgang, und Giscard schlecht. Chirac sprach sich zwar gegen Mitterrands Wirtschaftsprogramm und die Nähe zur PCF aus, bemängelte aber auch Giscards Politik bezüglich der Arbeitslosigkeit. Er persönlich könne nur für Giscard stimmen – als ein entschiedener Aufruf an die Gaullisten zur Wahl Giscards konnte diese Erklärung aber kaum verstanden werden.[70] Mitterrand nutzte diese Spannung, machte Versprechen und hofierte Chirac geradezu. Er gab ihm zu verstehen, dass ein Sieg Giscards Chiracs politischer Karriere viel abträglicher wäre als seine eigene Wahl.[71] Im Fernsehduell mit Giscard erwähnte Mitterrand mehrfach wenig schmeichelhafte Äußerungen Chiracs über den amtierenden Präsidenten.

Am 10. Mai erhielt Mitterrand 51,8 % der abgegebenen gültigen Stimmen. Er hatte nach zwei gescheiterten Versuchen, in der V. Republik in den Elysée einzuziehen, sein hochgestecktes Ziel doch noch erreicht, wenige Monate vor seinem 65. Geburtstag. Nicht nur die große Mehrheit der kommunistischen Wähler und gut die Hälfte der Wähler des ausgeschiedenen Kandidaten der Grünen, sondern auch zahlreiche gaullistische Wähler hatten für ihn gestimmt.[72] Das Ergebnis war eher eine Ablehnung des amtierenden Präsidenten und seiner Politik als eine Zustimmung zum Gegenkandidaten, zum sozialistischen Programm und zum darin enthaltenen Bruch mit dem Kapitalismus. Doch die Person Mitterrands und der Niedergang der PCF hatten für das Wahlergebnis eine wichtige Rolle gespielt. Im Wahlkampf hatte er charismatische Züge gezeigt; er konnte verführerisch-charmant wie schneidend-kämpferisch sein, schlagfertig und witzig. Ehrgeiz und ein ausgeprägtes politisches Gespür, Hartnäckigkeit und Selbstvertrauen waren Voraussetzungen und Grundlagen seines überraschenden Sieges. Mitterrand selbst kam sein Sieg sehr unwahrscheinlich vor. Als ihm das Wahlergebnis telefonisch durchgegeben wurde, sagte er zu seiner Frau: »Was für eine Geschichte! ... Was für eine Geschichte.« Für seine Frau war das der einzige Augenblick, wo sie bei ihm so etwas wie eine Gefühlsregung gespürt hatte.[73] Sein langer, windungsreicher politischer Weg war ans Ziel gelangt.

Am Abend des 10. Mai feierten mehr als 100.000 Menschen in strömendem Regen auf der *Place de la Bastille* den Wahlsieg Mitterrands. Neben Freude und Begeisterung gab es in anderen Kreisen auch Beunruhigung, es herrschte eine Katastrophenstimmung, die heute kaum verständlich ist. Ein Abgeordneter der Giscard-Partei Union für die französische Demokratie (*Union pour la démocratie française* – UDF) soll daran gedacht haben, nach Österreich oder Lichtenstein auszuwandern, »denn wir sind nicht mehr in einer Republik der Freiheiten«.[74]

Die Wirkung von Mitterrands Sieg brachte besonders gut eine Karikatur Plantus in *Le Monde* vom 12. Mai zum Ausdruck. Ein Pariser öffnet am Morgen des 11. Mai sein Fenster und ruft: »Das gibt es nicht! Der Präsident ist Sozialist und der Eiffelturm steht immer noch an seinem Platz!« Der Nachbar ruft zurück: »Unglaublich!«

Die erste Präsidentschaft 1981–1988

Amtsantritt, Regierungsbildung und Verfassungspraxis

Am 21. Mai trat Mitterrand sein Amt mit, nach seinen eigenen Worten, »einer Mischung aus Hochgefühl und Angst« an. Die »Salbung durch den Volkswillen« sei zwar »eine neue Kraft, wenn nicht die Geburt eines neuen Menschen«, aber dieses gewachsene Vertrauen müsse bezahlt werden mit einer verschärften Gewissensbefragung vor der Schwere der Aufgabe.[1] Er fühle sich aber durch eine drei Jahrzehnte dauernde politische Tätigkeit durchaus vorbereitet.

Nach der knappen Verabschiedung des scheidenden Präsidenten im Elysée-Palast fuhr Mitterrand zum Grabmal des Unbekannten Soldaten am *Arc de Triomphe*, wo er im Beisein führender Repräsentanten der Sozialistischen Internationale, darunter auch Willy Brandt, einen Kranz niederlegte. Traditionsgemäß gilt der erste Besuch des neu gewählten Präsidenten dem Bürgermeister der Stadt Paris. Im Rathaus wurde er von Jacques Chirac empfangen. Von dort fuhr die Fahrzeugkolonne in Richtung Pantheon, der Ruhmeshalle und Grabstätte herausragender französischer Persönlichkeiten. Vom Fuße der breiten, leicht ansteigenden *Rue Soufflot* ging der Präsident gemessenen Schrittes und unter den Klängen von Beethovens *Ode an die Freude* zum Pantheon hinauf, mit einer roten Rose in der Hand, dem Symbol der sozialistischen Partei. Einige Meter hinter ihm folgten Politiker, Intellektuelle, Nobelpreisträger und enge Freunde. Mitterrand ging allein ins Pantheon und legte an den Gräbern von Jean Moulin, dem Resistanceführer, Victor Schoelcher, dem Vorkämpfer der Sklavenbefreiung, und Jean Jaurès, dem 1914 ermordeten Führer der französischen Sozialisten, je eine rote Rose nieder. Dieses Zeremoniell, das man als sehr majestätisch empfinden konnte, erinnerte an de Gaulles Amtsverständnis. Nicht zufällig wurde Mitterrand auch bald als Präsident *le plus gaullien* bezeichnet. Schon nach diesem Zeremoniell war nicht zu erwarten, dass der Sozialist Mitterrand die republikanische Monarchie, deren Praxis er vehement kritisiert hatte, in eine nüchterne Demokratie ›Modell Bundesrepublik‹ umformen würde. Einige Tage später beauftragte Mitterrand seinen Mitarbeiter Attali, im Beisein eines Fotografen am Grab von Léon Blum eine Rose niederzulegen.[2] Weniger bekannt sollte vermutlich werden, dass Mitterrand 1936 die Wahl der Volksfront, deren erster Regierungschef Blum war, nicht jubelnd begrüßt und seine Politik nicht unterstützt hatte.

Am 22. Mai ernannte der neue Präsident den Sozialisten Pierre Mauroy zum Premierminister, was er ihm schon ein halbes Jahr vor der Wahl zugesagt hatte. Dieser verkörperte die klassische Sozialdemokratie und hatte die wichtigen *Fédérations Nord* und *Pas-de-Calais* der Partei hinter sich. Mitterrand schätzte ihn sehr und er konnte sich seiner Loyalität sicher sein. Nicht zuletzt durfte er von ihm erwarten, dass er sich energisch um die Einheit der Partei bemühen würde. Noch am gleichen Tag bildete der Premierminister seine Regierung, ohne Kommunisten, da ein gemeinsames Regierungsprogramm der beiden Parteien erst nach den Wahlen zur Nationalversammlung erstellt werden sollte. Möglicherweise fürchtete Mitterrand auch, durch die Präsenz von Kommunisten die erhoffte Unterstützung eines Teils der politischen Mitte bei dieser Wahl zu verlieren.

Die Regierung war weniger eine Regierung Mauroy als eine Regierung Mitterrand, denn er hatte bei der Auswahl der Minister ähnlich stark eingegriffen wie seine Vorgänger. Auf die wichtigsten Posten setzte er seine Vertrauten, während seine innerparteilichen Gegner wie Michel Rocard und Alain Savary mit zweitrangigen oder undankbaren Ämtern betraut wurden. Neben der nominellen Regierung gebe es, schrieb ein Beobachter, im Elysée eine ›Parallelregierung‹, die der nominellen Regierung Impulse gab und sie korrigierte.[3] Es sei dem Präsidenten – so der mehrfache Minister Pierre Joxe – nicht in den Sinn gekommen, den Premierminister regieren zu lassen.[4] Damit setzte Mitterrand den von ihm harsch kritisierten ›monarchischen Charakter‹ der Institutionen von Anfang an fort.

Am 22. Mai löste er die Nationalversammlung auf, in der die Parteien der Rechten noch die Mehrheit hatten. Wie erwartet und angekündigt, siegten die Linksparteien bei den Neuwahlen, im ›Sog der Präsidentenwahl‹. Einige noch vor der Wahl beschlossene soziale Maßnahmen (Erhöhung des Mindestlohns, der Renten, der Familien- und Wohnungsbeihilfen) trugen sicher dazu bei. Die PS erreichte (zusammen mit den Linksliberalen vom MRG) 37,8 %, mit Abstand ihr bestes Ergebnis in der V. Republik. Mitterrand war sich des außergewöhnlichen Erfolges bewusst. Seinen Mitarbeitern sagte er: »Seht euch das gut an; ihr werdet es nicht wieder sehen.«[5] Die Kommunisten übertrafen mit 16,1 % kaum ihr schlechtes Ergebnis der Präsidentenwahl. Ein so großer Vorsprung der Sozialisten vor den Kommunisten war nicht erwartet worden. Aufgrund des Mehrheitswahlrechts stellte die PS allein eine klare absolute Mehrheit der Mandate (285 von 491). Damit war der erste Machtwechsel in der V. Republik komplett.

Die Sozialisten hätten mit ihrer absoluten Mehrheit allein regieren können, doch bildeten sie wie angekündigt und trotz des Drucks der USA mit den Kommunisten eine Koalition.[6] Zwar war die Aktualisierung des gemeinsamen Regierungsprogramms gescheitert, doch hatte die PCF vor dem zweiten Wahlgang zur Wahl Mitterrands aufgerufen und sie hatte bei der Wahl zur Nationalversammlung im zweiten Wahlgang ihre eigenen Kandidaten gegenüber besser platzierten sozialistischen zurückgezogen (und umgekehrt). Durch die Einbindung der Kommunisten konnte die Regierung hoffen, bei unpopulären Maßnahmen nicht von links angegriffen zu werden. Schließlich stand die stärkste Gewerkschaft, die CGT, unter kommunistischer Führung. Die PCF musste sich mit vier Ministerien begnügen. Wie schon 1945 unter de Gaulle erhielt sie kein wichtiges Ressort, weder auf dem Feld der Außen- und Sicherheitspolitik noch der Innen-, Wirtschafts- oder Finanzpolitik. Wenigstens überließ Mitterrand ihnen die Auswahl ihrer Minister, mit zwei Einschränkungen: Den Parteichef Marchais wollte er nicht in der Regierung haben und es durften keine Frauen dabei sein. Diese erstaunliche Bedingung wurde von PS-Frauen gestellt, von denen nur wenige der Regierung angehörten – meist in weniger wichtigen Ressorts. Wäre der Frauenanteil unter den Kommunisten höher, erschiene der Frauenanteil unter den PS-Ministern in noch schlechterem Licht und Mitterrand müsste unangenehme Debatten befürchten. Die wichtigsten Ressorts nahmen Sozialisten vom gemäßigt-reformerischen Parteiflügel ein. Die Regierungsvereinbarung trug eine klar sozialistische Handschrift.[7] Die Kommunisten mussten erhebliche Zugeständnisse machen, insbesondere auf dem Feld der Außenpolitik. Es war zu erwarten gewesen, dass ihr schwaches Wahlergebnis ihnen kaum erlauben würde, Zusammensetzung und Politik der Regierung maßgeblich zu beeinflussen: Die Politik Mitterrands und seiner Regierung würde nur schwache kommunistische Akzente haben.

Nach der harschen Kritik, die Mitterrand gegen das Regime de Gaulles vorgebracht hatte, und Erklärungen, die er vor seiner Wahl abgegeben hatte, hätte man von ihm als Staatspräsidenten einen tiefgreifenden Verfassungswandel in Richtung eines parlamentarischen Regierungssystems mit einem Premierminister als der zentralen politischen Figur erwarten können. Eine Änderung des Verfassungstextes hat es nicht gegeben. Hat er, wie er behauptet, die Verfassungspraxis geändert, sie dem Wortlaut der Verfassung stärker angenähert?[8] Bereits die Amtseinführung ließ erkennen, dass Mitterrand an einem geradezu höfischen Zeremoniell Geschmack fand. Auch in der Folgezeit achtete er peinlich genau auf die Einhaltung des Protokolls.[9] Seine Art der Machtausübung ließen den Besucher im Elysée einen unsichtbaren Thron fühlen. Nicht zufällig bezogen sich Mitarbeiter und Biographen auf die Memoiren des Herzogs von Saint-Simon, in denen er das Leben am Hofe Ludwigs XIV. beschreibt. Mitterrand brauche, so ein Mitarbeiter, den Vergleich mit dem Sonnenkönig nicht zu fürchten.[10] Selbst sein Generalsekretär stellt fest, dass die V. Republik eine ›präsidentielle Monarchie‹ sei. Das Phänomen müsse in Zusammenhang mit der außergewöhnlichen Fähigkeit Mitterrands im Umgang mit den Menschen, mit seinem Charisma gesehen werden. Auch sein Außenminister Dumas, der eine besonders enge Beziehung zu Mitterrand hatte, erklärte, gelegentlich das Gefühl gehabt zu haben, einem Monarchen gegenüberzustehen.[11] Kein Wunder, dass Chirac als Premierminister der Kohabitation Mitterrand einmal anredete: »Oui mon Géné... heu Monsieur le Président«.[12]

Mitterrands spätere Behauptung,[13] er habe eine neue Verfassungspraxis, ein ›Gleichgewicht‹ zwischen dem Präsidenten und der Regierung gesucht, aber eine zu lange Abwesenheit der Linken von der Regierung und eine gewisse Unerfahrenheit vieler Minister habe das Bemühen hinausgezögert, sodass es erst mit dem Premierminister Fabius (im Juli 1984) erreicht wurde, ist durch die Praxis nicht gedeckt. Sie hat auch in der Forschung keine Zustimmung gefunden.

Eine Art monarchisches Privileg kann man auch in der Existenz einer ›Nebenfrau‹ sehen. 1961 hatte er die 27 Jahre jüngere Konservatorin Anne Pingeot kennengelernt und sich in sie verliebt. Ihre gemeinsame Tochter Mazarine wurde 1974 geboren. Er behielt die Beziehung auch nach seiner Wahl zum Staatspräsidenten bei. Die Beziehung wurde als eine Art Staatsgeheimnis behandelt und war nur einem Kreis enger Freunde bekannt. Erst im November 1994, wenige Monate vor dem Ende von Mitterrands zweiter Amtszeit, wurde sie publik, als die Illustrierte *Paris Match* ein Foto von Mazarine veröffentlichte. Im Laufe der 30 Jahre dauernden Beziehung hatte Mitterrand Anne Pingeot über 1.200 Briefe geschrieben, die 1996 veröffentlicht wurden.[14] Dass Nebenfrau und Tochter auf Staatskosten wohnten und geschützt wurden, erinnert an eine monarchische Praxis. Auch der Hang des Präsidenten zum Nepotismus, der seinen beiden Söhnen zugutekam, deutet auf Mitterrands monarchistischen Habitus hin. Zwar ist es übertrieben, Mitterrand »keine besondere Begabung zur Demokratie« zuzuschreiben,[15] aber sein Geschmack an einer majestätisch-selbstherrlichen Lebensführung und Machtentfaltung ist unübersehbar.[16]

Die Neigung Mitterrands, sein Amt als das eines republikanischen Monarchen wahrzunehmen, prägte seine Verfassungspraxis. Nach seiner Wahl ließ er verlauten, er habe zunächst Wichtigeres zu tun, als die Verfassung zu ändern. Er deutete jedoch an, dass er an Stelle der früher geäußerten Verkürzung der Amtszeit des Präsidenten auf fünf Jahre es nun bei sieben Jahren belassen wollte, aber für sich eine Wiederwahl ausschloss. Im Übrigen passe ihm die Verfassung ganz gut, auch wenn sie nicht für ihn gemacht sei. Schon bald wurde klar, dass er ähnlich wie seine Vorgänger und ungeachtet des Verfassungstextes beabsichtigte, die Richtlinien der Politik selbst zu bestimmen.[17] Die ›110 Vorschläge‹ und das *Manifeste* der PS vom Januar 1980 stellten für Mitterrand eben das dar: Vorschläge, an die er als Präsident nicht gebunden war. In einer Botschaft an das Parlament vom 8. Juli 1981 erklärte er zwar, das der Verfassung konforme »Gleichgewicht der Institutionen« sowie die Unabhängigkeit der Justiz zu achten, doch formulierte er auch unmissverständlich den Primat des Präsidenten gegenüber der Regierung und dem Parlament.[18]

»Der Premierminister und die Minister müssen die vom Präsidenten der Republik formulierte Politik ausführen, da der Präsident die Pflicht hat, das Programm umzusetzen, über das er einen Vertrag mit der Nation geschlossen hat.«

Er forderte also eine Richtlinienkompetenz für sich. Alle von ihm angekündigten Vorhaben bildeten »die Charta der Regierungstätigkeit. Ich füge hinzu, [...] dass sie die Charta Ihrer [der Parlamentarier] gesetzgeberischen Arbeit geworden sind.« Mit diesem Verständnis des Präsidentenamts war das Versprechen, die Rechte des Parlaments wiederherzustellen (Nr. 46 der 110 Vorschläge), nicht vereinbar. Wenn auch nicht ausdrücklich, bekannte sich Mitterrand mit seiner Interpretation der Verfassung doch als Gaullist im Sinne von de Gaulles Rede von Bayeux (16.6.1946), in der dieser erklärt hatte, die Exekutivgewalt müsse vom Staatspräsidenten ausgehen, der über den Parteien stehe. Es wurde klar, dass es mit Mitterrand als Präsidenten keine Rückkehr zum parlamentarischen Regierungssystem oder gar einem *régime des partis* geben würde. Die Arbeitsteilung zwischen dem Präsidenten und dem Premierminister setzte die gaullistische Praxis fort: Der Präsident legte die großen Richtlinien fest, der Regierungschef war für die ›alltäglichen Probleme‹ zuständig. Die vom Präsidenten festgelegten ›Grundorientierungen‹ traten an die Stelle des früher für eine Legislaturperiode formulierten Regierungsprogramms.

Bereits die ersten Entscheidungen insbesondere in der Außenpolitik zeigten, dass sich Mitterrand nicht mit der Rolle eines Schiedsrichters begnügen wollte, sondern bei allen wichtigen Fragen selbst zu entscheiden gedachte. Die von dem Gaullisten Jacques Chaban-Delmas entwickelte ›Theorie‹, Außenpolitik sei dem Präsidenten vorbehalten (*domaine réservé*), die vom Oppositionspolitiker Mitterrand als verfassungswidrig kritisiert worden war, praktizierte er als Präsident weiter.

Selbst der Regierungschef war in diesem Politikbereich kaum mehr als ein – wenn auch wichtiger – Berater, den man zwar anhörte, der aber wichtige Entscheidungen nicht selbst zu treffen hatte. Auch den für die neue Regierung zentralen Bereich der Wirtschaftspolitik stellte Mitterrand mit der Bildung eines eigenen Gremiums (*conseil restreint*), dessen Vorsitz er selbst übernahm, unter seine Leitung. Selbst eine Reihe von Einzelentscheidungen auf unterschiedlichen Politikfeldern traf er selbst.[19]

Seine Behauptung, er habe zwar wegen des Senats nicht die Verfassung ändern können, aber er habe die Praxis geändert, ist unbegründet.[20] Gewiss hat er mit seinem Stil weder de Gaulle noch Giscard kopieren wollen oder können, aber ihre Praxis hat er grundsätzlich fortgeführt. Er war faktisch der Regierungschef und ein Mitregieren der parlamentarischen Mehrheit gab es so wenig wie unter seinen Amtsvorgängern. Der ›rationalisierte Parlamentarismus‹ wurde insgesamt beibehalten. Mitterrand nutzte nicht nur die Prärogative, die die Verfassung ihm gab, in durchaus vergleichbarer Weise wie seine Vorgänger, sondern er setzte auch die präsidentialistische, über den Text hinausgehende Verfassungspraxis fort.

Anders als de Gaulle, der nie einer Partei angehörte, oder auch Pompidou, der als Staatspräsident ein ziemlich distanziertes Verhältnis zur gaullistischen Partei hatte, war Mitterrand seit der Neugründung der Sozialistischen Partei 1971 deren Mitglied und Vorsitzender. Dennoch verstand er sich nicht als Politiker, der seine Entscheidungen an den Beschlüssen der Parteigremien auszurichten hatte. Es war ihm jedoch klar, dass er die Partei nicht in gaullistischer Tradition als Empfehlempfänger behandeln konnte. Sie würde sich nicht damit zufrieden geben, die Entscheidungen des Präsidenten und seiner Regierung nur zur Kenntnis zu nehmen, sie zu unterstützen und dafür zu werben. Um die Zustimmung von Partei und Fraktion zu seiner Politik zu erhalten, setzte Mitterrand vor allem auf Personalpolitik und ließ Schlüsselpositionen mit Vertrauten besetzen. In den Führungsgremien der Partei (*bureau exécutif* und *secrétariat*) hatten die *mitterrandistes* die Mehrheit. Die regelmäßigen Treffen mit den wichtigsten Verantwortlichen von Partei und Fraktion, an denen er selbst oder enge Mitarbeiter teilnahmen, boten immerhin Gelegenheit, die Auffassungen der Partei in stärkerem Maße in den Entscheidungsprozess einzubringen, als es unter den bisherigen Präsidenten der Fall war. Inwiefern die vorgetragenen »Bestrebungen, die Wünsche und die Besorgnisse«[21] in die politischen Entscheidungen eingegangen sind, ist kaum festzustellen. In den wichtigen Fragen setzte sich bei Differenzen der Wille des Präsidenten durch.[22] Der Vorrang des Präsidenten durfte grundsätzlich nicht in Frage gestellt werden. Die politischen Initiativen gingen in aller Regel von ihm und der Regierung aus. Von Partei und Fraktion wurden Zurückhaltung und Solidarität erwartet. Nicht das PS-Programm war Grundlage der Politik der Regierung, sondern das Programm Mitterrands für die Präsidentenwahl. Seine Wahl ging der Wahl der Nationalversammlung voraus und sie hat deren Ausgang stark beeinflusst, wenn nicht vorherbestimmt. Die von der Opposition gegeißelte ›Parteiregierung‹ nach dem Muster der IV. Republik hat es unter Mitterrand nicht gegeben.

Es ist nicht überraschend, dass nach 23 Jahren gaullistischer Macht (mit ihren Verbündeten) ein umfassender Personalwechsel auch in den oberen Rängen der Verwaltung stattfand. Das neue Personal unterschied sich jedoch nicht grundsätzlich vom bisherigen: Die Absolventen der Eliteschulen, besonders der Nationalen Hochschule für Verwaltung (*École nationale d'administration* – ENA), und die Mitglieder der *grands corps* dominierten weiterhin. Immerhin gab es auf wichtigen Posten nun einige Gewerkschafter und mehr Frauen. Eine persönliche Beziehung zum Präsidenten war für eine Position wichtiger als Funktionen in der PS. In seinem bereits langen politischen Leben hatte Mitterrand ein Netz von Getreuen gebildet, das keineswegs auf die sozialistische Partei begrenzt war.

Innenpolitik

Mitterrands Vorhaben schienen außerordentlich ehrgeizig. In einem Gespräch mit Chaban-Delmas erklärte er, er wolle nicht nur Veränderungen in der Gesellschaft, sondern die Gesellschaft verändern.²³ Diese Worte bedeuteten aber nicht, er werde eine Gesellschaft des ›realen Sozialismus‹ im Sinne der PCF anstreben. Er brauche zwar die Kommunisten, erklärte er selbstbewusst, aber er werde sie nur benutzen und sie weiter schwächen. Sie würden ihn unterstützen und er werde zwei Jahre Ruhe haben. Der französische Sozialismus (*socialisme à la française*) werde Gerechtigkeit und Freiheit verbinden.

Eine der ersten und besonders bemerkenswerten Maßnahmen war die Abschaffung der Todesstrafe im Oktober 1981 (Nr. 53 der 110 Vorschläge). Frankreich war das letzte westeuropäische Land, in dem sie noch erlaubt, wenn auch seit September 1977 nicht mehr vollstreckt worden war. Eine deutliche Mehrheit der Befragten sprach sich für ihre Beibehaltung aus;²⁴ selbst einige Minister waren gegen die Abschaffung. Mitterrand hatte sich als Justizminister in der Regierung Mollet nur in sehr wenigen Fällen für eine Begnadigung ausgesprochen. Erst in den 70er Jahren entwickelte er sich, unter dem Einfluss seines nunmehrigen Justizministers Robert Badinter, zu einem Gegner der Todesstrafe. Die Nationalversammlung stimmte am 18. September 1981 mit 369:117 – darunter auch Abgeordnete der Opposition – für die Abschaffung. Der Senat sprach sich ebenfalls dafür aus, obwohl die Opposition dort die Mehrheit hatte.

Auch die Dezentralisierung findet sich im Wahlprogramm Mitterrands (Nr. 54–59). Er kritisierte schon seit langem die Herrschaft von Paris über die Gebietskörperschaften, Städte und Gemeinden durch eine Verwaltung, die kolonialistisch geblieben sei.²⁵ Als Bürgermeister von Château-Chinon (1959–1981) sowie als Vorsitzender des Generalrats des Departements Nièvre hatte Mitterrand erfahren, wie der Zentralstaat das politische Leben in den Gemeinden und Departements, wie er lokale Initiativen bürokratisch behinderte. Auch der Premierminister und der zuständige Innenminister hatten als Bürgermeister großer Städte erfahren, wie der Zentralstaat sie bevormundete. In Analogie zur Entkolonialisierung Afrikas²⁶ wollte er nun das Mutterland ›entkolonialisieren‹. Im März 1982 trat das Gesetz über »die Rechte und Freiheiten der Kommunen, Departements und Regionen« in Kraft. Ein Gesetz über die Aufteilung der Kompetenzen folgte im Dezember des gleichen Jahres. Die Reform sollte die Eigeninitiative der politischen Akteure in den Kommunen, Departements und Regionen stärken und die Politik bürgernäher machen. Allerdings sind auch die Grenzen dieser Reform erkennbar: Mitterrand, noch in der jakobinischen Tradition verwurzelt, bremste seine Minister: die von ihnen gewünschte Abschaffung der Departements und der Präfekten lehnte er ab. Er sah dadurch die Einheit des Staates gefährdet. Es handelte sich um eine administrative, keine politische und auch keine kulturelle Dezentralisierung. Frankreich wurde ein dezentralisierter Einheitsstaat, kein Bundesstaat. Aber der Trend zur Stärkung des Zentralstaates, der die französische Geschichte seit dem *Ancien Régime* gekennzeichnet hatte, wurde dauerhaft gebrochen.

Die Nr. 90 der 110 Vorschläge Mitterrands liest sich auf den ersten Blick relativ harmlos: Sie sieht die Schaffung eines einheitlichen laizistischen Schulsystems vor.[27] Doch ein Rückblick in die französische Geschichte lässt erkennen, dass dieses Vorhaben Sprengstoff enthielt: Einerseits war Frankreich ein katholisch geprägtes Land, andererseits hatten die Revolution von 1789 und die republikanische Bewegung im 19. Jahrhundert eine antikatholische Stoßrichtung, gegen das ›Bündnis von Thron und Altar‹. Nach einer erbitterten Auseinandersetzung kam es 1905 zur Trennung von Kirche und Staat. Die Schule war das Terrain, auf dem der Antagonismus weiter mit besonderer Härte ausgetragen wurde, denn sowohl die katholische Kirche als auch die Republik wollten Kinder und Jugendliche für sich gewinnen. Als Folge der beiden Weltkriege, in denen sich vorübergehend eine nationale Einheit gebildet hatte, kam es nach 1945 zu einer gewissen Befriedung. Christdemokraten (MRP) und Gaullisten setzten in mehreren Schritten eine staatliche finanzielle Unterstützung der überwiegend katholischen Privatschulen durch. Darin sahen die Linksparteien eine Verletzung des laizistischen Prinzips, öffentliche Gelder nur für staatliche Schulen einzusetzen, während Privatschulen von privaten Finanzquellen leben sollten. Ziel der Linken war es, die staatliche Unterstützung privater Schulen rückgängig zu machen.

1981 gab es in der PS eine starke laizistische Strömung. Ein beachtlicher Teil der Lehrer an staatlichen Schulen war in der PS aktiv. Der zuständige Minister Alain Savary legte Ende 1982 einen Gesetzentwurf vor, der unter Betonung der Freiheit des Schulwesens wie des Elternwillens staatliche Hilfe für Privatschulen vorsah, sofern sie sich durch einen Vertrag in das staatliche Schulsystem einfügten. Die Dualität staatlich/privat sollte also grundsätzlich bestehen bleiben. Doch die PS-Fraktion der Nationalversammlung beschloss unter dem Einfluss strikter Laizisten gegen den Willen der Regierung eine die Vorlage verschärfende Änderung. Das katholische Lager stellte das Vorhaben der Regierung als einen Angriff auf die Freiheit der Bürger dar. Schon bei den Kommunalwahlen vom März 1983 war die starke Politisierung des Schulproblems deutlich geworden. Den Verteidigern der Privatschulen gelang es, ihre Anhänger in einem nicht geahnten Ausmaß zu mobilisieren. Im Januar 1984 brachten sie in einigen Provinzstädten Hunderttausende auf die Straße, im März 1984 gab es in Versailles eine Demonstration mit 600.–800.000 Teilnehmern und im Juni in Paris mit über einer Million Teilnehmern die größten Demonstrationen überhaupt seit Kriegsende. Führende Oppositionspolitiker gingen dabei in den ersten Reihen mit.

Mitterrand wollte eine gütliche Lösung des Konflikts. Er stammte aus einem katholischen Milieu und hatte eine katholische Schule besucht, an die er gute Erinnerungen hatte. Die unnachgiebige Position des betont laizistischen Flügels seiner Partei teilte er nicht. Zwischen den beiden Wahlgängen der Präsidentenwahl hatte er, sicher mit Blick auf die katholische Wählerschaft, in einem Brief an die Eltern von Kindern an katholischen Privatschulen geschrieben, »keine [Privat-]Schule wird zur Integration [in das staatliche System] gezwungen«.[28] Da er die Schwierigkeit erkannte, das Problem zur Zufriedenheit der beiden Lager durch eine Verständigung zu lösen, hielt er sich in der Öffentlichkeit aus der Auseinandersetzung heraus. In vertraulichen Gesprächen mit beiden Seiten bemühte er sich um einen Ausgleich. Nach der Großdemonstration von Versailles wurde ihm jedoch klar, dass Savarys Vorlage keine Chance mehr hatte: Im Juli 1984 erklärte er, er werde dem Premierminister vorschlagen, das Gesetz zurückzuziehen. Es war ihm nicht gelungen, eine Lösung in seinem Sinn herbeizuführen. Der Konflikt endete mit der Beibehaltung des Status quo. Das war eine Niederlage der laizistischen Linken. Ein republikanischer Mythos wurde zu Grabe getragen. Ihr Image als Verteidigerin der Freiheiten wurde getrübt und wenig später erklärte das gesamte Kabinett mit dem Premierminister Pierre Mauroy seinen Rücktritt. Den Rücktritt des Premierministers nannte Mitterrand »die schlimmste Stunde« seiner Amtszeit.[29] Auch wenn er sich öffentlich aus der Auseinandersetzung herauszuhalten versucht hatte, war dies auch eine Niederlage Mitterrands. Nicht nur die sozialistische Partei verlor bei der Europawahl 1984 deutlich; auch Mitterrands Ansehen und seine Popularität hatten nach dem Scheitern seiner Wirtschaftspolitik und dem Schulstreit erheblich gelitten. Die Umfragen wiesen ihn als den bis dahin unpopulärsten Präsidenten der V. Republik aus.[30] Die Aussichten für die Wahlen zur Nationalversammlung im März 1986 waren trübe. Die PCF verbuchte in der Europawahl sogar ihr schlechtestes Ergebnis seit 1928. Da sie mit der Wende zur Stabilitätspolitik nicht einverstanden war, nutzte sie den Wechsel im Amt des Premierministers, um aus der Regierung auszuscheiden, erklärte aber, nicht in die Opposition zu gehen.

Die Öffentlichkeit und selbst seine eigene Partei überraschend, ernannte Mitterrand den jungen Laurent Fabius, noch keine 38 Jahre alt, zum Nachfolger Mauroys. Ein neues Gesicht sollte für eine neue Politik stehen. Im Unterschied zu seinem Vorgänger war Fabius kein typischer sozialistischer Politiker. Er stammte aus einem begüterten bürgerlichen Milieu, doch hatte er Mitterrand als Berater durch seine Intelligenz beeindruckt. Das bis dahin geringe politische Gewicht von Fabius bewog einige Zeitungen dazu, ironisch zu erklären, Mitterrand habe sich selbst zum Premierminister ernannt.[31] Dieser wiederum erklärte im Widerspruch zu seinen früheren Äußerungen, vielleicht um diese Behauptungen zu entkräften, dass nicht vorgesehen sei, dass alle Probleme vom Präsidenten entschieden werden müssten. »Es gibt eine Regierung, es gibt ein Parlament […] Laurent Fabius muss die Politik der Nation festlegen und ausführen.«[32] In einer Fernsehsendung erwiderte Fabius auf die Frage nach seiner Beziehung zum Präsidenten mit dem viel zitierten und unterschiedlich ausgelegten Satz: »Er ist er und ich bin ich.« Wollte er damit eine Eigenständigkeit zum Ausdruck bringen, die ihm kaum zugetraut wurde? Der Premierminister bekräftigte, er wisse »mit Bestimmtheit«, dass der Präsident die Formulierung »ausgezeichnet« gefunden habe.[33] Er habe sich mit ihm in einer »intellektuellen und politischen Symbiose« befunden. Die Person des neuen Regierungschefs sollte der Regierung ein moderneres Image geben. Auch diesmal griff Mitterrand in die Regierungsbildung ein und wählte die wichtigsten Minister selbst aus.[34] Fabius verlangte, dass außerhalb der dem Präsidenten stillschweigend überlassenen außen- und sicherheitspolitischen *domaine réservé*, alle Probleme zuerst ihm, dem Premierminister, vorgelegt wurden, was Mauroy nie gefordert hatte.[35] In der Tat mischte sich Mitterrand weniger als bisher in die Entscheidungen seines Premierministers ein. Aufgabe der neuen Regierung sollte es vor allem sein, bei den in knapp zwei Jahren anstehenden Wahlen zur Nationalversammlung ein drohendes Debakel zu verhindern. Leitmotiv ihrer Politik war die Modernisierung der Industrie, die Verbesserung der internationalen Wettbewerbsfähigkeit der Unternehmen und die Restrukturierung der in Schwierigkeiten geratenen Branchen (Kohle, Stahl, Schiffbau). Die Wirtschaft sollte insgesamt gestärkt, die Inflation eingedämmt, die Arbeitslosigkeit auf ihrem Niveau stabilisiert und die Abgaben gesenkt werden. Wenn auch greifbare Ergebnisse dieses ehrgeizigen Vorhabens weitgehend ausblieben (vor allem hinsichtlich der Arbeitslosigkeit), so hat die Fabius-Regierung doch einen Beitrag zu einer gewissen Aussöhnung der französischen Linken mit den Unternehmen geleistet.

Wirtschafts- und Sozialpolitik

Die Gesetze über die Abschaffung der Todesstrafe und über die Dezentralisierung, hatten keinen ausgesprochen sozialistischen Charakter, sondern waren liberaler Natur. Um genuin sozialistische Ideen ging es dagegen bei den Reformvorhaben auf dem Feld der Wirtschafts-, Finanz- und Sozialpolitik. Hier waren die Erwartungen seiner Wähler besonders hoch; die Stimmung in der Partei gegen den ›Klassenfeind‹, die Bourgeoisie, kämpferisch aufgeladen. Mitterrand erwartete von der Partei Zurückhaltung und Solidarität. Im Oktober 1981 kamen die hohen Erwartungen der PS-Mitglieder auf dem Parteitag von Valence deutlich zum Ausdruck, aber auch erste Enttäuschungen und der Unwille über die als Obstruktion empfundene Rolle der Opposition. Der Abgeordnete Paul Quilès erklärte, man dürfe sich nicht mit der unbestimmten Aussage zufriedengeben, dass Köpfe fallen müssten, sondern müsse auch sagen, welche und zwar schnell. Für seine rhetorische Eskapade wurde er von der Opposition, in Anspielung auf Robespierres Rolle in der Französischen Revolution, als »Robespaul« verspottet. Auch wenn Quilès natürlich nicht an die Guillotine dachte, vergiftete eine derart radikale Rhetorik das politische Klima. Der neue Parteivorsitzende Lionel Jospin, ein nüchterner Mann, schlug einen mäßigenden Ton an, konnte damit aber zunächst nicht durchdringen. Louis Mermaz, Präsident der Nationalversammlung, versuchte zu beruhigen: Präsident, Regierung und linke Mehrheit müssten einen Block bilden. Selbst Politiker in verantwortlichen Positionen gossen Öl ins Feuer: Jean Poperen, Bürgermeister der Kleinstadt Meyzieu bei Lyon, später Minister, erklärte, man müsse die Bedingungen dafür schaffen, dass der Übergang zum Sozialismus unumkehrbar sei. Auch Mauroy erklärte, ein Machtwechsel nach einem Sieg der Linken wäre ein intellektueller Nonsens.[36] Das waren zumindest missverständliche, wenn nicht beunruhigende Äußerungen. Selbst Mitterrand schien vorübergehend von ähnlichen Gedanken berauscht. Er sprach wiederholt vom Klassenkampf und der »Diktatur der Geldbourgeoisie«, der bei den französischen Sozialisten damals üblichen Terminologie, vom »Bruch mit dem in Westeuropa und in Frankreich vorherrschenden Wirtschaftssystem«.[37] Diese Gedankensplitter lassen erkennen, dass er von der nahezu absoluten Macht, über die er verfügte, geradezu berauscht war. In vertraulichen Gesprächen gesteht er, dass er mitunter an Robespierre oder Lenin gedacht habe.[38]

Auf einem Parteitag in Metz 1979 hatte Mitterrand mit aller wünschenswerten Deutlichkeit erklärt: »Unser Ziel ist nicht, den Kapitalismus zu modernisieren oder zu mäßigen, sondern ihn durch den Sozialismus zu ersetzen.« Der Feind Nr. 1 war das Großkapital. Mit ihm konnte es keinen Kompromiss geben, ihm musste die Macht genommen werden, denn »wo das Eigentum ist, ist die Macht«.[39] Also mussten die großen Unternehmen, Banken und Finanzdienstleister (*compagnies financières*) verstaatlicht werden. Verstaatlichungen stellten für die Linksparteien ein besonders markantes Zeichen ihrer neuen Politik dar und gehörten zur Identität der französischen Linken. Sie symbolisierten den auch von Mitterrand geforderten ›Bruch mit dem Kapitalismus‹. Mitterrand war überzeugt, dass der Sozialismus ohne den Transfer eines erheblichen Teils der wirtschaftlichen Macht in die Hände der Politik nicht von Dauer sein könnte. Ein großer Einfluss des Staates auf die Wirtschaft hat in Frankreich eine lange Tradition, die auf Colbert, den Finanzminister Ludwigs XIV., zurückgeht. Nach dem Zweiten Weltkrieg wurden von der Regierung de Gaulle umfangreiche Verstaatlichungen durchgeführt. Für die Bildung der Linksunion hatten Verstaatlichungen eine zentrale und strittige Rolle gespielt. Für die PCF waren sie eine *conditio sine qua non* für die Bildung der Linksunion. Auch für die Einbindung des linken PS-Flügels waren sie nötig. Das Gemeinsame Regierungsprogramm von 1972 sah die Vollverstaatlichung von neun Konzernen in industriellen Schlüsselbranchen sowie erheblicher Teile des Bank- und Kreditwesens vor. Mitterrand hatte für die Präsidentenwahl dieses Programm weitgehend übernommen. Die Verstaatlichungen sollten auch einen wichtigen Beitrag zum wirtschaftlichen Aufschwung und zum Abbau der hohen Arbeitslosigkeit leisten.

Die Debatte über den wirtschaftspolitischen Kurs in der PS wurde vor allem über diese Frage ausgefochten. Im genuin französischen Sozialismusmodell (*socialisme à la française*) spielte das Konzept des Klassenkampfs und darin die Verstaatlichungsfrage eine große Rolle. Schon in der ersten Kabinettssitzung der neuen Regierung betonte Mitterrand gegenüber ökonomischen und finanziellen Bedenken den Primat der Politik. Auch wenn er mit seinem Verstaatlichungsprogramm nicht so weit ging, wie es die PCF oder der linke PS-Flügel gefordert hatten, so war er doch überzeugt, dass »es keinen Sozialismus geben wird, wenn nicht die Strukturen zerstört werden, die die Klassenherrschaft der dominierenden Konzerne sichern«.[40]

Die Wirtschafts- und Finanzexperten in der Regierung kritisierten die Vorhaben Mitterrands und der Regierung. Sie wandten ein, es werde zu viel verstaatlicht: Sie hielten eine Übernahme von 51 % im Gegensatz zu 100 % für ausreichend. Nicht zuletzt würde der Staat dadurch viel Geld sparen, denn die zu verstaatlichenden Unternehmen mussten ja entschädigt werden.[41] Die Kritiker wurden in der entscheidenden Kabinettssitzung überstimmt. Nach einer leidenschaftlichen Debatte in der Nationalversammlung, in der die Opposition erbitterten Widerstand leistete, wurde das Gesetz angenommen: Der Staat kontrollierte nun 90 % des Bankensektors und etwa ein Fünftel des Produktionsapparates, darunter die Schlüsselindustrien. In keinem anderen demokratischen Industriestaat gab es einen derart großen Anteil der Wirtschafts- und Finanzunternehmen in öffentlicher Hand. Die beträchtliche Entschädigungssumme erhöhte das Haushaltsdefizit und trug zur Franc-Abwertung bei. Gleichwohl trat nicht eine staatliche gelenkte Planwirtschaft an die Stelle der Marktwirtschaft. Die Unternehmen behielten ihre Entscheidungsfreiheit innerhalb eines für sie deutlich spürbareren staatlichen Rahmens. Das Wirtschaftssystem *à la française* sollte weder den so weit wie möglich staatsfreien Kapitalismus fortführen noch den bürokratischen Kollektivismus einführen. Frankreich behielt das System der gemischten Wirtschaft mit einer wichtigeren Rolle des Staates bei. Für Mitterrand waren nicht wirtschaftliche oder finanzielle Gründe für die Verstaatlichungen entscheidend, sondern politisch-ideologische. Er musste auch annehmen, dass diese im Wahlprogramm enthaltenen Vorhaben von seinen Wählern erwartet wurden. Er erkannte, dass sie seine Amtszeit in einem besonderen Maße prägen würden. Hinzu kam, dass das Verbleiben der Kommunisten in der Regierung auf dem Spiel stand.

In der Wirtschafts- und Finanzpolitik gab es aber nicht nur mit dem kommunistischen Koalitionspartner erhebliche Differenzen. Auch innerhalb der sozialistischen Partei traten unterschiedliche Auffassungen offen zu Tage: Auf der einen Seite standen die ideologisch argumentierenden Verfechter einer nachfrageorientierten, keynesianischen Politik eines ›sozialen Wachstums‹, die mit der Austeritätspolitik der Vorgängerregierung unter Raymond Barre brechen und die Wirtschaft durch eine Stärkung der Massenkaufkraft ankurbeln wollten. Auch die Verkürzung der Arbeitszeit auf eine 35-Stunden-Woche, Frühverrentungen und die Schaffung neuer Stellen im öffentlichen Dienst sollten die hohe Arbeitslosigkeit reduzieren. Auf der anderen Seite standen die Vertreter einer Stabilitätspolitik, die zwar die ersten Maßnahmen unterstützten, aber schon ab Herbst 1981 Bedenken vorbrachten und auf die Einbettung Frankreichs in die EG und die internationale Wirtschaftsordnung hinwiesen. Gegen diese konnte Mitterrand ein starkes Argument ins Feld führen: Die Regierung müsse das Programm umsetzen, für das sie gewählt worden war. Die neue Mehrheit sei nicht gewählt worden, um die Hoffnungen der konservativen Zeitung *Le Figaro* zu erfüllen.[42] Die Politik der neuen, linken Mehrheit musste in seinen Augen unvermeidlich ein Kampf gegen das ›Kapital‹ sein. Man müsse die sozialen Schichten verteidigen, die sie, die Linke, an die Macht gebracht hatten.[43]

Andererseits war die wirtschaftliche und finanzielle Lage Frankreichs mit einer hohen Inflation schwierig. Eine Politik, die der der anderen EG-Staaten entgegenlief, war riskant. Der Sieg Mitterrands hatte zu Unruhen auf den Finanzmärkten geführt. Nach den Wahlsiegen setzte eine Kapitalflucht ein.[44] Ökonomisch versierte Minister wie Delors und Rocard kritisierten den wirtschafts- und finanzpolitischen Kurs und drängten auf eine rasche Abwertung des Francs. Mitterrand lehnte dies aus politischen Gründen ab.[45] Durch eine Abwertung würde in der Öffentlichkeit der Eindruck entstehen, dass die Linke an der Macht den Sturz des Franc bedeute.[46] Aber weder stellte sich das erhoffte Wachstum ein noch sank die Arbeitslosenquote. Erst Inflation, eine steigende Staatsverschuldung und der zunehmende Druck auf den Franc zwangen – zu spät und zu schwach – zu einer Abwertung im Oktober 1981.

Ein wirtschaftspolitischer Kurswechsel blieb jedoch zunächst aus. Es setzten sich die Befürworter einer Politik durch, die sich einen Aufschwung der Wirtschaft durch eine Erhöhung der Löhne und Sozialeinkommen versprachen. Obwohl diese teilweise durch Steuern, vor allem eine Vermögenssteuer, finanziert wurden, vergrößerte sich das Haushalts- und Außenhandelsdefizit, die Inflationsrate stieg. Im Mai 1982 übertraf die Zahl der Arbeitslosen die symbolische Ziffer von zwei Millionen. Doch Mitterrand hielt an der bisherigen Linie fest. Vor dem G7-Gipfel, den er in Versailles im Juni 1982 mit großem Pomp inszenieren ließ, wollte er nicht den Eindruck entstehen lassen, Frankreich habe wirtschaftliche Probleme.

Bald musste er jedoch einsehen, dass seine Wirtschaftspolitik gegen die in der westlichen Welt, auch in der EG, vorherrschende nicht länger durchzuhalten war. Der nationale Spielraum eines in diese Ordnung eingebundenen Staates war nicht so groß, wie er angenommen hatte. Er dachte vorübergehend an einen Austritt aus dem Europäischen Währungssystem (EWS). Nach dem Versailles-Gipfel präsentierte Mitterrand, sich den Argumenten Mauroys sowie des mit seinem Rücktritt drohenden Finanzministers Delors anschließend, seine Bekehrung zur Stabilitätspolitik: Abwertung des Franc, Lohn- und Preisstopp, Kampf gegen die Inflation. Den Fehlschlag seiner eigenen Politik suchte er zu verschleiern, indem er die Verantwortung für die wirtschaftlichen und finanziellen Probleme auf die Politik Giscards und Barres abschob und die ›großen kapitalistischen Staaten‹ anprangerte, Frankreich im Stich zu lassen.⁴⁷

Nach den Kommunalwahlen im März 1983 bekannte sich Mitterrand offen, wenn auch schweren Herzens, zum Kurswechsel. In den Rückschlägen bei diesen Wahlen sah er eine Legitimation für eine neue Politik. Die sozialistische Partei war in diese Entscheidung nicht eingebunden. Die Stabilitätspolitik bedeutete die Wende, die aber als vorübergehend nötig, nicht als endgültig dargestellt wurde. Sie war verbunden mit einer Franc-Abwertung, die begleitet war von einer Aufwertung der Deutschen Mark. Das war eine Hilfe für Mitterrands schwierige Position, denn die Finanzminister der EG-Mitgliedstaaten verlangten eine einseitige französische Abwertung.

Mitterrands Amtsantritt hatte im Zeichen des entschieden geforderten Bruchs mit dem Kapitalismus gestanden. Wirtschaftliche Zusammenhänge erkannte er nicht hinreichend oder er wollte sie nicht beachten. Er glaubte, sich über sie hinwegsetzen zu können. Er war wohl auch von der Euphorie seiner Wähler, des *peuple de gauche,* mitgerissen. »Wir haben 1981 vielleicht geträumt«, gesteht er später.⁴⁸ Er räumt ein, die Dauer der internationalen Krise unterschätzt zu haben. Nun bekehrte er sich zur wirtschaftspolitischen Orthodoxie. Für die Argumente und Klagen der Unternehmen zeigte er nun mehr Verständnis, plädierte für Steuersenkungen, um ihre Wettbewerbsfähigkeit zu verbessern. Nach den Hoffnungen und Illusionen war seine Präsidentschaft in die Phase des Realismus eingetreten. An die Stelle des Sozialismus der 110 Vorschläge des Wahlkampfes trat nun sein Bekenntnis zur ›gemischten Wirtschaft‹, in der dem privaten Sektor ein wichtiger Platz zukam. Sein Lob galt mutigen und ideenreichen Unternehmern.

Sie wurden steuerlich entlastet, um ihre Wettbewerbsfähigkeit zu verbessern. Die sozialistische Partei bekannte sich auf ihrem Parteitag im Oktober 1985 zu einem ›Sozialismus des Möglichen‹.[49]

Ausschlaggebend für den Kurswechsel des Präsidenten war die europapolitische Dimension, der er bei der anfänglichen nationalen französischen Wirtschafts- und Finanzpolitik noch keine Beachtung geschenkt hatte.[50] Er fühlte sich zerrissen zwischen einem doppelten Ehrgeiz: dem Aufbau Europas mit dem Kernelement einer möglichst engen deutsch-französischen Zusammenarbeit und dem Aufbau eines französischen Sozialismusmodells, das ›das Kapital‹ kontrollieren und mehr soziale Gerechtigkeit bringen sollte. Unpopuläre Maßnahmen wie Steuererhöhungen, höhere Preise für die Eisenbahn und Energie, selbst das Einfrieren der Löhne erschienen als das kleinere Übel – denn ein Ausstieg aus dem europäischen Währungssystem kam für Mitterrand nicht in Frage, zumal auch die Konsequenzen für den Franc katastrophal zu sein drohten.[51] Er opferte die ursprünglich verfolgte, genuin sozialistische Wirtschaftspolitik mit ihren protektionistischen Elementen seinen europapolitischen Überzeugungen.[52]

Der Unmut der von der neuen Politik und dem damit verbundenen Stellenabbau in Traditionssektoren betroffenen Arbeiter richtete sich nicht nur gegen die Regierung, sondern auch gegen den Präsidenten selbst. In Hagondange in Lothringen stürmten sie das Bürgermeisteramt, nahmen das offizielle Porträt des Präsidenten der Republik ab und verbrannten es auf der Straße.[53]

Bei den Mitterrand-Wählern besonders populäre sozialpolitische Maßnahmen wie die Erhöhung des Mindestlohns, der niedrigen Renten und der Familienbeihilfen, die Verkürzung der Wochenarbeitszeit auf 39 Stunden bei vollem Lohnausgleich (mit dem Fernziel von 35 Stunden), die Einführung einer fünften bezahlten Urlaubswoche sowie die Senkung des Renteneintrittsalters auf 60 Jahre verfolgten neben den konkreten Verbesserungen vor allem die Bekämpfung der hohen Arbeitslosigkeit. Finanzielle Bedenken der Kassandras Delors (Finanzminister) und Rocards wurden nicht beachtet. Die zuständige Ministerin erklärte, sie sei Sozialistin und keine Buchhalterin.[54] Da Mitterrand eine vom Premierminister für die Reduzierung der Arbeitszeit vorgesehene Lohnkürzung ablehnte, wurde der angestrebte Beschäftigungseffekt nicht erreicht. Mitterrand entschied auch hier nach politischen Kriterien: Vor den anstehenden Kantonalwahlen erschien eine Lohnkürzung nicht opportun. Sozialpolitische Strukturentscheidungen wurden in der Öffentlichkeit zwar weniger beachtet als wirtschafts- und währungspolitische Grundentscheidungen, aber für die Betroffenen waren sie ähnlich wichtig. Besonders ehrgeizige Ziele setzten sich die Reformen der Betriebsverfassung und der Sozialbeziehungen in den Unternehmen, zusammengefasst in den nach dem zuständigen Minister benannten Auroux-Gesetzen, die den Beschäftigten mehr Freiheiten geben sollten. Ein verstärkter sozialer Dialog wie auch eine Stärkung des *Comité d'entreprise* – eine Art Betriebsrat – und der Rolle der Gewerkschaften in den Betrieben sollten dazugehören. Auch wenn die Auroux-Gesetze ihre hochgesteckten Ziele, das Arbeitsrecht umfassend und inhaltlich gründlich zu verändern, nicht erreichten, setzten sie dem Unternehmer gewisse Schranken, ohne seine Position grundsätzlich zu verändern. Sie blieben hinter dem deutschen Mitbestimmungsgesetz und der Praxis in den Betrieben zurück. Der Kurswechsel vom Juni 1982 und seine Verschärfung im März 1983 führten auch in der Sozialpolitik zu Anpassungszwängen, zum Innehalten. Ein besonders wichtiges Ziel wurde mit den wirtschafts- und sozialpolitischen Reformen so nicht erreicht: die Senkung der Arbeitslosigkeit. Die geweckten Erwartungen wurden enttäuscht.

Außenpolitik

Mitterrands außenpolitische Erfahrungen

Wie seine Amtsvorgänger widmete Mitterrand außen- und sicherheitspolitischen Fragen einen großen Teil seiner Zeit. Etwa ein Drittel seiner Mitarbeiter unterstützte ihn dabei. Auch wenn man von seiner Wahl vor allem eine Erneuerung der französischen Gesellschaft und eine andere Wirtschaftspolitik erwartet hatte, so bildete die Außenpolitik – einschließlich der Europapolitik – den Schwerpunkt seiner Aktivität. Er genoss sichtlich die offiziellen Auslandsreisen, die Gipfel-Gespräche mit anderen Staats- und Regierungschefs und den ihm dabei erwiesenen Respekt.[55] Seinem Freund Maurice Faure, der enttäuscht war, dass er nicht Außenminister wurde, sagte er: »Die Außenpolitik, das bin ich. Ich bestimme sie.«[56] Mitterrand begründet die Dominanz mit der ausschließlich beim Präsidenten liegenden Verfügungsgewalt über die Kernwaffen und ihren eventuellen Einsatz. »Das Herzstück der Abschreckungsstrategie ist der Staatschef, bin ich,« erklärte er.[57] Außerdem sei er der Oberbefehlshaber der Streitkräfte. Folglich müsse er die Möglichkeit haben, die Grundorientierung der Außenpolitik zu bestimmen.

Natürlich wurde die Außenpolitik in enger Zusammenarbeit mit dem Ministerium, dem *Quai d'Orsay*, konzipiert und vor allem organisiert. Da Mitterrand kein großes Vertrauen zu den Berufsdiplomaten des *Quai* hatte und kein erfahrener, ihm genehmer Sozialist für das Amt zur Verfügung stand, entschied er sich mit Claude Cheysson, einem Anhänger von Mendès France, für einen atypischen, selbstbewussten Außenseiter als Minister. Als er nach wenigen Jahren hinreichend Erfahrung auf diesem Politikfeld gesammelt hatte, ernannte er 1984 mit Roland Dumas einen engen persönlichen Vertrauten, ebenfalls kein Berufsdiplomat. Auch die dem Außenminister beigeordneten Minister für Europafragen und für die Beziehungen zu den ehemaligen französischen Kolonien in Afrika waren oft keine außenpolitischen Spezialisten. Hier nahm Mitterrand Rücksicht auf die verschiedenen Strömungen in der sozialistischen Partei. Mit André Chandernagor wurde ein Vertreter der alten, europafreundlichen SFIO Europaminister. Mit Jean-Pierre Cot, Minister für die Beziehungen zu den Entwicklungsländern, besonders zu den ehemaligen afrikanischen Kolonien, kam ein weiterer ›Rocardist‹ ins Kabinett, allerdings nur für kurze Zeit. Zum Missfallen des *Quai* ernannte Mitterrand nicht nur Karrierediplomaten, die in seinen Augen oft zu konservativ waren, sondern auch der PS nahestehende Politiker zu Botschaftern.[58]

In die außenpolitischen Entscheidungen war nur ein kleiner Kreis eingebunden. Mit Hubert Védrine[59] und Jacques Attali wurden Nichtdiplomaten seine wichtigsten Mitarbeiter. Aus der Partei nahm nur der Vorsitzende, Lionel Jospin, beim wöchentlichen Frühstück mit dem Präsidenten, dem Premierminister und dem Generalsekretär des Präsidialamtes teil. Da hier auch außenpolitische Fragen zur Sprache kamen, kann man davon ausgehen, dass seine Meinung zumindest angehört wurde. Das Parlament musste zwar die völkerrechtlichen Verträge ratifizieren, aber auf den Entscheidungsprozess hatte es, oft nur unzureichend informiert, nur einen sehr eingeschränkten Einfluss. Für keine der zahlreichen militärischen Interventionen in den ehemaligen afrikanischen Kolonien – etwa 30 seit 1960 – wurde eine Autorisierung des Parlaments eingeholt. Wichtiger war es, die Unterstützung der öffentlichen Meinung für die Außenpolitik zu erhalten. Diesem Ziel dienten unter anderem die Pressekonferenzen des Präsidenten. Insgesamt steht Mitterrands Art und Weise, außenpolitische Entscheidungen zu treffen, stark in der Tradition de Gaulles. Nach eingehenden Beratungen mit den zuständigen Ministern, Beratern, auch wichtigen PS-Politikern und ihm besonders nahestehenden Freunden traf er die Entscheidungen allein.[60]

Bei seiner Wahl ins Präsidentenamt 1981 hatte Mitterrand in außenpolitischen Fragen noch kaum Erfahrungen gesammelt. In der IV. Republik hatten außenpolitische Fragen nur am Rande oder gar nicht zu seinen Ressorts gehört. Auch während seiner Oppositionsjahre in der V. Republik galt sein Interesse lange Zeit vor allem der Innenpolitik. Doch dank seiner ausgeprägten politischen Intelligenz und mit Hilfe seiner Berater konnte er bald auf Augenhöhe mit den Staats- bzw. Regierungschefs der wichtigsten Staaten über alle Fragen der internationalen Beziehungen konferieren. Vor allem wurde klar, dass Mitterrands Zugang zu politischen, insbesondere außenpolitischen Fragen »weder der eines kämpferischen Sozialisten noch der eines utopischen Moralisten«, sondern der eines französischen Politikers war, für den die Geschichte und die Geographie Konstanten waren, die berücksichtigt werden mussten.[61] Nach Stanley Hoffmann hat sein ›historisches Gedächtnis‹ bei der deutschen Wiedervereinigung, bei der Beurteilung der Entwicklung der kommunistischen Regime in Ostmitteleuropa und beim Zerbrechen Jugoslawiens eine besonders deutliche Rolle gespielt.[62] Sein außenpolitisches Weltbild und die sich daraus ergebenden ›einfachen Ideen‹, die der französischen Außenpolitik zugrunde liegen, hat er in der Einführung zu seinen außenpolitischen Reden formuliert:»die nationale Unabhängigkeit, das Gleichgewicht der militärischen Blöcke, der Aufbau Europas, das Selbstbestimmungsrecht der Völker, die Entwicklung der armen Länder.« Folglich werde es in der Außenpolitik Kontinuität geben, aber auch »Veränderungen durch die besondere Prägung, die derjenige dem Leben eines Volkes gibt, das er führt.«[63]

Seine Einstellungen zu außen- und sicherheitspolitischen Fragen hatten sich im Laufe der Jahre in mancher Hinsicht verändert. Hatte er noch bei der Präsidentenwahl 1965 erklärt, er werde die französischen Kernwaffen beseitigen, so schrieb er 1973, die *force de frappe* sei eine nicht mehr zu ändernde Realität. Die Mehrheit der Franzosen habe mit ihren Wahlentscheidungen zum Ausdruck gebracht, dass sie die Kernwaffen akzeptiere. Mit einiger Mühe und unterstützt von Charles Hernu, Verteidigungsexperte der PS und Verteidigungsminister 1981–1985, gelang es ihm, die Partei zu überzeugen. In den 110 Vorschlägen von 1981 hieß es (Nr. 105),»die autonome Abschreckungsstrategie Frankreichs« werde weiterentwickelt. Von einer ursprünglich vorgesehenen Verkürzung des Wehrdienstes auf sechs Monate war keine Rede mehr. Auch die Waffenexporte wurden aus wirtschaftlichen und finanziellen Gründen beibehalten.

Ost-West-Konflikt

Die Grundstruktur der internationalen Beziehungen bildete der Ost-West-Konflikt. Vor Mitterrands Amtsantritt hatte er sich durch das Wettrüsten, die sowjetische Intervention in Afghanistan (im Dezember 1979) und die Entwicklung in Polen (Verhaftung von Führern der *Solidarność*-Bewegung) verschärft. Frankreich war ein wichtiges Mitglied im westlichen Bündnis. Seine Unabhängigkeit, auf die auch Mitterrand großen Wert legte, wurde durch die geforderte Bündnistreue eingeschränkt. Folglich war für Frankreich jede Politik gut, die die ›Teilung der Welt‹ überwinden könnte.[64] Neutralitätsideen waren Mitterrand jedoch fremd.

Seine Wahl, schreibt Mitterrand kaum übertreibend, sei im westlichen Ausland mit »Enttäuschung und Kälte« aufgenommen worden. Nirgendwo sei der Wechsel gewünscht worden.[65] Als Folge des Wahlbündnisses mit der PCF war eine kommunistische Regierungsbeteiligung zu erwarten. Diese Perspektive ließ in den westlichen Hauptstädten, vor allem in Washington, die Alarmglocken schrillen. Reagan schickte im Juni Vizepräsident Bush nach Paris, um Mitterrand seine Sorge wegen der kommunistischen Regierungsbeteiligung mitzuteilen und um Informationen über die außenpolitischen Folgen zu erhalten. Mitterrand verwies auf seine schon früher gezeigte Festigkeit in Konflikten mit den Kommunisten. Er habe ihnen kein außen- und sicherheitspolitisches Ressort überlassen und sie wären in der Regierung der Kabinettsdisziplin unterworfen. Er betonte, dass das westliche Bündnis nicht in Gefahr gerate. Auch Helmut Schmidt versicherte dem US-Präsidenten, die Wahl Mitterrands werde nicht zu einer Veränderung der französischen Außen- und Sicherheitspolitik führen.[66]

Auf dem G 7-Gipfel in Ottawa im Juli 1981 fühlte sich Mitterrand zunächst zwar »allein und unverstanden« – vielleicht auch, weil er als einziger nicht Englisch sprach –, aber er konnte die Vorbehalte und Bedenken zerstreuen, als er Informationen des französischen Geheimdienstes über die technologische und wirtschaftliche Spionage der Sowjets im Westen, vor allem in den USA weitergab.[67]

Auch in Moskau wurde Mitterrands Wahl nicht mit übersprudelnder Freude betrachtet, erklärbar durch seine Stellungnahmen zur Nachrüstung oder zum Nahostkonflikt. Zwar war ihm an guten Beziehungen zur Sowjetunion gelegen, doch stand er ihr und ihrer Außenpolitik misstrauisch gegenüber. Die atomar bestückten SS 20-Raketen konnten nach Meinung Mitterrands genutzt werden, um militärischen, politischen und psychologischen Druck auf die europäischen Verbündeten der USA, besonders auf die Bundesrepublik, auszuüben, um sie von den USA zu lösen. Mitterrand hatte sich schon 1979 gegen die SS 20 wie die Pershing-Raketen, die Antwort des Westens auf die sowjetischen Mittelstreckenraketen, also für die Null-Lösung ausgesprochen. Damit unterstützte er die Position der USA und ihrer europäischen Partner. Als gewählter Staatspräsident hielt Mitterrand an seiner harten Haltung in der Nachrüstungsfrage fest. Er war ein Anhänger der klassischen Gleichgewichtspolitik. Über die neutralistisch-pazifistischen Tendenzen in Westeuropa war er beunruhigt. In einer Rede, die er anlässlich des 20. Jahrestages der Unterzeichnung des deutsch-französischen Vertrages im Deutschen Bundestag hielt, argumentierte Mitterrand, dass die Kernwaffen die »Garantie des Friedens« blieben, sofern ein Gleichgewicht bestehe.[68] Noch auf der Fahrt vom Flughafen Köln-Wahn nach Bonn hatte er an der Rede gearbeitet. Nach Attali sei der Text gerade fünf Minuten vor Beginn der Rede fertig geworden.[69] Wenn »ganze Regionen Westeuropas sehr konkret auf sie gerichteten Kernwaffen schutzlos gegenüberstehen«, sei dieses Gleichgewicht gestört. Eine »Abkoppelung« Westeuropas von den USA stelle das Gleichgewicht und damit den Frieden in Frage. Daher müsse diese Abkopplung in den Genfer Verhandlungen beseitigt werden. Sie war in seinen Augen »die notwendige Voraussetzung für die Nichtstationierung der im Doppelbeschluss [der NATO] vom Dezember 1979 genannten Waffen«. Das Protokoll verzeichnete an dieser Stelle »lebhaften Beifall im ganzen Hause«.

Wenige Wochen vor der Bundestagswahl unterstützte Mitterrand damit die Politik der Regierung Kohl. Nur mit einer CDU-geführten Bundesregierung konnte er sicher sein, dass die Bundesrepublik am Doppelbeschluss festhielt. Realpolitik und nationale Interessen stellte er über ideologische Gemeinsamkeiten mit der SPD. Die Rede besaß auch eine große Bedeutung für die sich entwickelnden sehr guten Beziehungen zu Bundeskanzler Kohl. Auf den kommunistischen Koalitionspartner, der seine Auffassung nicht teilte, nahm Mitterrand keine Rücksicht. Er festigte damit das deutsch-französische Bündnis und machte den westlichen Bündnispartnern klar, dass trotz der kommunistischen Regierungsbeteiligung Frankreichs Außenpolitik nicht von der PCF abhängig war, dass er und die Linksregierung nicht sowjetophil eingestellt waren, sondern gegenüber der potentiell fortbestehenden sowjetischen Bedrohung wachsam blieben. Die französisch-amerikanischen Beziehungen verbesserten sich durch Mitterrands Stellungnahme und waren bald nicht mehr so gespannt wie während der Präsidentschaft de Gaulles. Präsident Reagan bedankte sich für die »unschätzbar wertvolle« Unterstützung.[70] Die unterschiedlichen Auffassungen über linke Regime in der Dritten Welt, über die linken Oppositionsbewegungen in den Ländern Mittelamerikas, insbesondere das der Sandinisten in Nicaragua, dem Frankreich Waffen lieferte, trübten zwar gelegentlich das Verhältnis, aber Reagan begriff, dass Frankreich auch unter einer Linksregierung ein befreundeter und verbündeter Staat blieb.[71] Mitterrands Reise in die USA im März 1984 führte zu einem besseren gegenseitigen Verständnis der beiden Präsidenten. Die Ablehnung Frankreichs, sich am SDI-Projekt, einem von den USA geplanten Aufbau eines Abwehrschirms gegen Interkontinentalraketen, zu beteiligen, trübte das Verhältnis nur vorübergehend.

Erst als auch der Bundestag der Pershing-Stationierung zustimmte, war Mitterrand zu einem Staatsbesuch in der Sowjetunion bereit: Bei einem Besuch im März 1985 lernte er Gorbatschow kennen, der ihn beeindruckte und mit seiner Politik überraschte.[72] Die französisch-sowjetischen Beziehungen verbesserten sich fühlbar. Im Oktober 1985 kam Gorbatschow nach Frankreich; es war sein erster Besuch in einem westlichen Staat. Erstmals erklärte sich ein sowjetischer Regierungschef damit einverstanden, die französischen Kernwaffen bei den Ost-West-Verhandlungen über die nukleare Abrüstung nicht zu berücksichtigen.

Abb. 6: François und Danielle Mitterrand (links) besuchten im Juli 1986 gemeinsam mit Michail und Raissa Gorbatschow (rechts) das Juri-Gagarin-Kosmonauten-Trainingscenter.

Europapolitik

Schon in der IV. Republik war Mitterrand ein Befürworter der europäischen Einigungspolitik. Er hatte 1948 am Haager Europakongress teilgenommen und 1951 bekannte er auf einem UDSR-Parteitag: »Der Friede ist nicht möglich, wenn Frankreich nicht der erste Anwalt Europas ist.«[73] Das Bekenntnis zur Einigung Europas war eine Konstante seines politischen Lebens. Die deutsche Wiederbewaffnung hielt er zwar für misslich, aber im Rahmen eines ›europäischen Systems‹ besser als eine nationale Lösung.[74] Er stimmte für den EGKS-Vertrag wie für die Römischen Verträge. Das geeinte Europa war für ihn nicht nur ein Faktor des Friedens, sondern auch geeignet, die wirtschaftliche Entwicklung Frankreichs zu fördern.

Trotz Mitterrands grundsätzlich proeuropäischer Einstellung rief seine Wahl unter Europapolitikern zunächst Beunruhigung hervor. Seine Kritik der Europäischen Wirtschaftsgemeinschaft als einseitig liberal und sein Plädoyer für eine Stärkung der sozialen Dimension fanden kaum Zustimmung. Seine nachfrageorientierte Wirtschaftspolitik stieß besonders in London, aber auch in Bonn auf Ablehnung. Seine Entscheidungen bei der Regierungsbildung zerstreuten jedoch schon die Bedenken. Er richtete ein eigenes, dem Außenministerium zugeordneten Europaministerium ein und besetzte es mit André Chandernagor, einem ausgewiesenen Europapolitiker. Insbesondere die Ernennung Delors' zum Wirtschafts- und Finanzminister wurde in den EG-Mitgliedsstaaten positiv aufgenommen. Mit seiner Entscheidung im Frühjahr 1983, im Europäischen Währungssystem zu bleiben, wurde Mitterrands Außenpolitik endgültig klar proeuropäisch.

Voraussetzung für den weiteren Ausbau Europas war nach Überzeugung Mitterrands eine Übereinkunft mit der Bundesrepublik. Die europapolitischen Vorstellungen, die Mitterrand mit Kohl teilte, bildeten die Grundlage für die enge Zusammenarbeit mit dem Bundeskanzler. Ihr Konsens und ihre sich rasch entwickelnde enge persönliche Beziehung ermöglichten Fortschritte bei der europäischen Integration.[75] Beim Ratstreffen in Fontainebleau im Juni 1984 wurden durch die Einigung über die Agrarpolitik die Weichen für einen europapolitischen Neustart gestellt und auch der langjährige, eine Fortentwicklung der

EG belastende Streit um den britischen Beitragsrabatt wurde beendet. So gelangen die Verabschiedung der Einheitlichen Europäischen Akte 1985 und die Ernennung von Jacques Delors zum Kommissionspräsidenten (obwohl eigentlich ein Deutscher an der Reihe gewesen wäre). Die Süderweiterung wurde nach langwierigen Verhandlungen und dank Mitterrands Engagement vollzogen. Dem Genscher-Memorandum vom Februar 1988, aus dem die Europäische Wirtschafts- und Währungsunion hervorging, stimmte er trotz Bedenken der *Banque de France* zu.

Mit seinem Bestreben nach einem stärker sozial geprägten Europa konnte sich Mitterrand allerdings gegen die in der EG dominierenden wirtschaftsliberalen Ideen nicht durchsetzen. Das bedeutete für viele Sozialisten den Abschied von einem eigenständigen, stärker sozialistischen Frankreich, ein Zurückweichen vor dem »rohen Egoismus der Liberalen«.[76] Wie schon bei der wirtschaftspolitischen Wende 1983 verdeutlichte Mitterrand, dass der fortschreitende Aufbau Europas für ihn Priorität gegenüber den wirtschaftspolitischen Zielen der PS hatte. Die Partei war an der Formulierung der Europapolitik kaum beteiligt. Der Präsident traf seine Entscheidungen nach Anregungen und Vorschlägen seiner Mitarbeiter und Berater sowie besonders des neuen Außenministers Dumas.

Mitterrands proeuropäische Politik gründete in der Einsicht, dass Frankreich wie die europäischen Nationalstaaten gegenüber den Weltmächten nur im Rahmen einer möglichst eng zusammenarbeitenden EG bzw. EU noch eine gewisse, und sei es auch eingeschränkte, Eigenständigkeit behaupten konnten.[77] Die Zusammenarbeit der europäischen Nationalstaaten wollte er intensivieren; er akzeptierte gemeinsame Institutionen und Regeln sowie einen begrenzten Transfer nationaler Souveränität. Die Nationalstaaten sollten zwar nicht in einer europäischen Föderation aufgehen, aber sie sollten weitere Politikfelder der Vergemeinschaftung überlassen. Das galt vor allem für die Währungspolitik mit der Gründung des Europäischen Währungssystems (EWS), dem Vorläufer der Währungsunion. Insofern war seine Europapolitik kein neuer Ansatz, sondern eine Weiterentwicklung der unter Giscard begonnenen Politik. Kohls Bemühungen, das Europäische Parlament zu stärken, unterstützte er allerdings nicht. Ein supranationales Europa, in dem die Nationalstaaten aufgehen würden, erschien ihm nicht wünschenswert, weil damit auch die Aufgabe der französischen Souveränität verbunden wäre. Die Nationen waren für ihn eine Realität, die man nicht durch »die Magie einer juristischen Formel« abschaffen könne.[78]

Deutsch-französische Beziehungen

In der Bundesrepublik sei, so Mitterrand, nach seiner Wahl die Zurückhaltung stärker gewesen als die Begeisterung. Wenigstens Willy Brandt habe ihn zu seinem »historischen Sieg« beglückwünscht. Helmut Schmidt hatte einem Wahlsieg Mitterrands und der Aufnahme der moskautreuen französischen Kommunisten in die Regierung mit Unbehagen entgegen gesehen, hatte von »Unheil« gesprochen.[79] Die deutsch-französischen Beziehungen, die sich während der Amtszeiten von Giscard und Helmut Schmidt harmonisch entwickelt hatten, drohten sich nach der Wahl Mitterrands abzukühlen.[80] Der Bundeskanzler sprach Mitterrand wirtschaftspolitische Kompetenz ab, die er als unabdingbare Voraussetzung auch für die Europapolitik hielt.[81]

War der neue Präsident 1981 für die deutschen Politiker noch eine ziemlich unbekannte Größe, so war es Deutschland für Mitterrand noch mehr. Er selbst sowie wichtige Minister und Mitarbeiter hatten sich bis zu seiner Wahl noch nicht intensiv mit der deutschen Frage beschäftigt. Krieg und Gefangenschaft hatten in Mitterrand verständlicherweise zwar nicht das beste Bild von Deutschland hinterlassen, aber sie hatten in ihm auch keinen antideutschen Nationalismus, keine dauerhafte Abneigung hervorgerufen. Noch vor Kriegsende schrieb er unter seinem *Résistance*-Pseudonym Morland, man müsse das besiegte Deutschland so behandeln, dass niemand Lust auf eine Revanche habe.[82] Er unterschied zwischen Deutschland und den Deutschen einerseits, dem Nationalsozialismus andererseits. Auch als aktiver Politiker zeigte Mitterrand lange Zeit kein besonderes Interesse für den deutschen Nachbarn. Weder durch seine politischen Aktivitäten noch durch eigene Anschauung hatte er fundierte Kenntnisse. Obwohl allgemein recht reiselustig, war er nur relativ selten und jeweils nur für kurze Zeit in der Bundesrepublik. Auch zu deutschen Politikern hatte er nur wenige persönliche Kontakte. Mit Fragen der deutsch-französischen Beziehungen war er nur im Zusammenhang mit der europäischen Integration befasst.

Während seiner Oppositionsjahre in der V. Republik sind seine Äußerungen zu Deutschland im Zusammenhang mit seiner Kritik der gaullistischen Politik zu sehen. Die deutsch-französische Aussöhnung hielt er zwar für gut und notwendig, aber er kritisierte den deutsch-französischen Vertrag 1963 mit dem wenig einleuchtenden Argument, er mache die Bundesrepublik zur vorherrschenden Macht in Europa und zum Schiedsrichter der Beziehungen zu den USA. Zwei Jahre später nannte er den Vertrag in einer Pressekonferenz ein Fiasko, weil er die deutsch-französischen Beziehungen nicht vorangebracht habe. Wegen der ungelösten deutschen Frage drohe Frankreich durch dieses Bündnis eventuell in ein Kriegsrisiko verwickelt zu werden. Erst im Wahlkampf 1974, als sein Sieg möglich erschien, äußerte er sich positiv. Den Wunsch nach Wiedervereinigung fand er verständlich und er unterstützte ihn, verbunden mit der Forderung nach Anerkennung der Oder-Neiße-Grenze. Aber auch die Forderung der PCF nach Anerkennung der DDR fand seine Zustimmung, nicht zuletzt wohl, um den Bündnispartner zufrieden zu stellen.[83]

Eine nähere, aber noch keineswegs intensive Beschäftigung Mitterrands mit Problemen der deutschen Politik begann mit seiner Wahl zum Vorsitzenden der PS 1971. Im Vordergrund standen dabei zunächst die Parteibeziehungen zur SPD, die weder intensiv noch gut waren. In der SPD gab es Zweifel an der Ernsthaftigkeit von Mitterrands Sozialismus. Bei der Präsidentenwahl 1965 hätte die SPD lieber Defferre als Kandidaten gehabt als den »politischen Windhund« Mitterrand.[84] Hans-Eberhard Dingels, in der SPD für die Beziehungen zu den westeuropäischen Schwesterparteien zuständig, hielt Mitterrand für einen »genialen Großbourgeois«, der sich »in machiavellistischer Weise eine marode Partei einverleibt« hatte.[85] Das Bündnis der PS mit den französischen Kommunisten traf in der SPD-Führung auf wenig Verständnis. Erst 1973 kam es zum ersten offiziellen Treffen zwischen PS, Mitterrand und der SPD; Willy Brandt lernte Mitterrand im Februar 1974 während einer gemeinsamen Zugfahrt von Stuttgart nach Mainz kennen.[86] Zwischen beiden entwickelte sich allmählich eine immer bessere Beziehung. Doch noch bei Mitterrands Wahl zum Staatspräsidenten war sein Deutschlandbild widersprüchlich, hatte keine klaren Konturen. In seinem Gesprächsbuch mit Georges-Marc Benamou gesteht er, dass er nach drei Kriegen und Besetzungen Vorurteile hatte und dazu neigte, die deutsch-französischen Beziehungen einseitig, fast als eine Karikatur zu sehen.[87] Am Ende seines Lebens betont er gegenüber Elie Wiesel, man sei »entwickelt genug gewesen, um den Nazismus nicht mit den Deutschen zu identifizieren«.[88] Bei allen Unklarheiten und widersprüchlichen Äußerungen war Mitterrand sehr bald klar, dass die deutsch-französischen Beziehungen, die sich zu einer *entente élémentaire* (Willy Brandt) entwickelt hatten, für die französische Außenpolitik von großer Bedeutung waren.

Bundeskanzler Helmut Schmidt war der erste ausländische Politiker, den der neue französische Staatschef nach seiner Wahl traf. Beide betonten die Kontinuität der privilegierten deutsch-französischen Beziehung. Noch 1976 hatte Mitterrand sein Verhältnis zu Schmidt als »nicht einmal schlecht« bezeichnet, »denn wir haben gar keins«.[89] In der Tat fanden sie aufgrund ihrer verschiedenen politischen Konzepte, auch wegen ihrer unterschiedlichen Charaktere, keine persönliche Beziehung. Mitterrand spricht von einer »herzlichen Neutralität«.[90] Schmidt machte auf ihn bei den Treffen des Europäischen Rates den Eindruck, immer wütend zu sein.[91] Obwohl der Bundeskanzler die von der französischen Linken betriebene Wirtschaftspolitik für falsch hielt, erklärte er die finanzielle Solidarität der Bundesrepublik mit Frankreich, wodurch der Druck auf den Franc nachließ. Die befürchtete Krise zwischen den beiden ›Nachbarn am Rhein‹ trat nicht ein. Die Beziehung zwischen dem Präsidenten und dem Kanzler, beide entschiedene Befürworter der europäischen Einigung und Verfechter einer entschlossenen Haltung gegenüber der Sowjetunion, besserte sich, besonders nach gegenseitigen Privatbesuchen, ohne aber so herzlich zu werden wie das Verhältnis zwischen Giscard und Schmidt.[92]

Bereits drei Tage nach seiner Wahl zum Bundeskanzler 1982 reiste Helmut Kohl, in französischen Regierungskreisen ein unbeschriebenes Blatt, nach Paris. Mitterrand war sich der Unterschiede ihrer politischen Überzeugungen wie ihrer Charaktere durchaus bewusst. Sie verhinderten aber nicht, dass sich nach einer von ihm als sehr angenehm empfundenen ersten Begegnung rasch gute persönliche Beziehungen entwickelten. Mitterrand betonte später, ideologische Differenzen zwischen den Politikern dürften die beiderseitigen Beziehungen nicht stören.[93] Die Übereinstimmung in der Sicherheitspolitik, die zunehmenden Differenzen der Bundesrepublik mit den USA und die Unnachgiebigkeit von Margaret Thatcher in der Europapolitik begünstigten die deutsch-französische Annäherung und die französische Wende zu einer wirtschaftlichen Stabilitätspolitik festigte sie ab 1983.

Auch Mitterrands erwähnte Rede im Deutschen Bundestag (▶ Ost-West-Konflikt) bildete das Fundament für das gute persönliche Verhältnis, das sich zwischen dem Präsidenten und dem Kanzler entwickelte. Mitterrands Generalsekretär zählte zwischen 1982 und 1995 fast 200 Treffen, außerdem führten sie zahlreiche Telefonate.[94] Mitterrand erkannte Kohls politische Fähigkeiten (*un animal politique*). Er sah in ihm den für den Aufbau Europas bestmöglichen Kanzler, während er die Friedensbewegung, die in der SPD und bei Brandt auf Sympathien stieß, skeptisch, beunruhigt beobachtete. Kohl betont, die Diskussionen mit Mitterrand seien für ihn »ein großes Vergnügen und ein echter Gewinn« gewesen.[95] Er beschreibt das rasch gefundene sehr gute Verhältnis zwischen ihnen als »ein[en] Glücksfall für die beiden Völker.«[96] So konnten fortbestehende oder neu auftretende Differenzen ohne Beschädigung der Beziehungen zwischen den beiden Staaten ausgeräumt werden.

Auf Anregung Kohls besuchte Mitterrand 1984 als erster französischer Präsident einen deutschen Soldatenfriedhof bei Verdun. Auf dem Foto vor dem Beinhaus von Douaumont, wo die Knochen von tausenden französischen und deutschen Soldaten ununterscheidbar liegen, stehen der französische Staatspräsident und der Bundeskanzler Hand in Hand. Beide Kriege gegen den ›Erbfeind‹ hatten Mitterrands Leben direkt betroffen: 1916 während der Schlacht von Verdun geboren, war er 1940 als Soldat bei Verdun verwundet und gefangengenommen worden. Es gibt wohl kein ausdrucksstärkeres Bild für den tiefgreifenden Wandel der deutsch-französischen Beziehungen.

Einen Streitpunkt bildete die Frage der französischen Kernwaffen, die nur eingesetzt werden sollten, wenn ›vitale Interessen‹ Frankreichs auf dem Spiel standen. Mitterrand erklärte, der französische Nuklearschirm sei zu schwach für eine Ausdehnung jenseits des Rheins. Für die Sicherheit der Bundesrepublik sei die NATO zuständig. Allenfalls sei eine Konsultation denkbar, sofern sie in der sehr knappen Zeit, in der die Entscheidungen getroffen werden mussten, möglich sei. Kohl erklärte sich in einem Gespräch mit Mitterrand mit dieser Position einverstanden. Präsident und Kanzler kamen überein, die deutsch-französische Zusammenarbeit durch Information und Abstimmung bei einem eventuellen Einsatz der Kernwaffen zu vertiefen, auch wenn die Mechanismen schwierig würden.[97]

Abb. 7: Am 20. Oktober 1987 kam Bundeskanzler Helmut Kohl zu einem Staatsbesuch nach Frankreich, wo er von Mitterrand begrüßt wurde.

Nahostkonflikt

In Mitterrands Nahostpolitik gab es einen Bruch mit der gaullistischen Politik, die nicht zuletzt aus wirtschaftlichen Gründen proarabisch gewesen war. Aufgrund mehrerer Reisen nach Israel in seiner Eigenschaft als PS-Vorsitzender sowie häufiger Kontakte mit den Führern der israelischen Arbeitspartei war Mitterrand bei seinem Amtsantritt mit dem arabisch-israelischen Konflikt bereits vertraut. Schon vor seiner Wahl hatte er israelfreundliche Stellungnahmen abgegeben. 1978 hatte er auch dem Abkommen von Camp David zugestimmt, das ein Jahr später zum Friedensvertrag zwischen Israel und Ägypten führte. Da die öffentliche Meinung in Frankreich überwiegend proisraelisch war, konnte er für eine Korrektur der bisherigen Politik mit Zustimmung rechnen. Über die Schwierigkeiten, eine Lösung für das arabisch-israelische Verhältnis zu finden, machte er sich keine Illusionen.[98] Als gewählter Präsident erklärte er, er werde nichts tun, was der Existenz des israelischen Staates schaden könne, man dürfe aber nicht ignorieren, dass es ein palästinensisches Problem gebe – ein Problem, das er selbst in der Opposition lange Zeit kaum zur Kenntnis genommen hatte.[99] Schon vor seinem Amtsantritt hatte er Botschafter arabischer Staaten zu seinen wichtigsten Mitarbeitern kommen lassen. Er ließ ihnen versichern, dass er zwar ein Freund Israels sei, aber kein ›zionistischer Antiaraber‹. Er war überzeugt, dass die legitimen Rechte der Israelis und der Palästinenser gleichermaßen gewahrt werden müssten.[100]

Seine erste Auslandsreise als Präsident hätte Mitterrand nach Israel führen sollen. Doch nach einem israelischen Angriff auf das mit französischer Beteiligung gebaute irakische Kernkraftwerk Osirak (in Frankreich gebräuchlicher Name: Tammouz) am 7. Juni 1981 musste er im Interesse Frankreichs dagegen protestieren und verschob die geplante Reise. Die Annexion der Golanhöhen durch Israel im Dezember 1981 kritisierte er zwar, schloss sich den gegen Israel verhängten Sanktionen aber nicht an. Anfang März 1982 reiste er schließlich zu einem Staatsbesuch nach Israel, als erster französischer Staatschef seit der Staatsgründung Israels. Doch besuchte er die von Israel besetzten Gebiete nicht – worüber die israelische Regierung verstimmt war – und erklärte, sein Besuch bedeute nicht, allen Aspekten der Politik des Landes zuzustimmen. Er sprach sich nicht nur für das unverzichtbare Existenzrecht des israelischen Staates aus, sondern auch für das der Palästinenser, das in einem geeigneten Zeitpunkt zu einem eigenen Staat führen könne.

1988 wurde der Palästinenser Jassir Arafat von der sozialistischen Fraktion im Europaparlament eingeladen und traf hier auch Außenminister Dumas. Als jüdische Organisationen und die Regierung Schamir an diesem Treffen Kritik übten, erklärte Mitterrand, Frankreich müsse seine Fähigkeit zum Dialog bewahren.[101] Allerdings machte er die Anerkennung des Existenzrechts Israels zur Vorbedingung für die Teilnahme der palästinensischen Befreiungsorganisation PLO an den Friedensverhandlungen. Den PLO-Führer Arafat hielt er für einen Politiker, mit dem man reden könne. Bei Arafats Besuch in Paris 1989 überredete Außenminister Dumas ihn, die PLO-Charta von 1964, die Israel das Existenzrecht bestreitet, für überholt zu erklären.[102] Mitterrand traf ihn gegen den erklärten Willen des israelischen Regierungschefs und der wichtigsten jüdischen Einrichtungen in Paris zu einem Gespräch.

Afrikapolitik

Aus seiner Zeit als Überseeminister in der IV. Republik brachte Mitterrand großes Interesse und auch Verständnis für die Länder Afrikas mit. Er war zwar kein früher Verfechter der Unabhängigkeit der französischen Kolonien, setzte sich aber für Reformen ein, die ihn bei der Koloniallobby verhasst machten. Er war Mitglied des *Comité France-Maghreb*, das für die Beachtung der Menschenrechte bei der französischen Politik in den nordafrikanischen Kolonien plädierte. Unter afrikanischen Politikern hatte Mitterrand wichtige Freunde. Er habe, erklärte er zur Eröffnung einer Konferenz über die Nord-Süd-Beziehungen in Paris, in seiner Beschäftigung mit dem afrikanischen Kontinent gelernt, dass nur die Afrikaner selbst Afrika kennen und verstehen. Afrika dürfe kein Feld für die Rivalitäten von nichtafrikanischen Nationen werden. »Nach manchen Schwierigkeiten und Auseinandersetzungen«, so Mitterrand beschönigend, habe man »den Weg der Wertschätzung und der Freundschaft gefunden«.[103] Die Nord-Süd-Beziehungen müssten ausgeglichener und solidarischer werden.

Das von einer Expertengruppe ausgearbeitete Grundsatzdokument *Projet socialiste* von 1980 betonte den Kampf für die Menschenrechte und forderte einen ›echten‹ Nord-Süd-Dialog. Allerdings enthielt es auch Formulierungen, die einen radikalen Bruch mit der bisherigen Politik nicht erwarten ließen.[104] So wurde postuliert, dass Frankreichs Präsenz in Afrika ›wesentlich‹ sei für sein Gewicht in den internationalen Beziehungen und ›nicht zu vernachlässigen‹ für seine Wirtschaft. In den 110 Vorschlägen, die Grundlage von Mitterrands Wahlkampf waren, ist nicht von einer Neuorientierung der französischen Afrikapolitik, von Menschenrechten und Demokratisierung die Rede, sondern von ›bevorzugten Beziehungen‹ zu den blockfreien Staaten Afrikas, also vor allem den ehemaligen französischen Kolonien.

Abb. 8: Beim Nord-Süd Treffen in Cancun, Mexiko, im Oktober 1981 hielt Mitterrand eine geradezu lyrische Rede über die Unterdrückung und Ausbeutung Afrikas, vor Politikern der ganzen Welt; von links nach rechts, vorne: : Ronald Reagan (USA), Simeon Aké (Elfenbeinküste), Abdus Sattar (Bangladesch), Chadli Bendjedid (Algerien), Hans-Dietrich Genscher (BRD), Pierre Elliott Trudeau (Kanada), Jose Lopez Portillo (Mexiko), Prince Fahd (Saudi Arabien), Willibald Pahr (Österreich), Ramiro Saraiva Guerreiro (Brasilien), Zhao Ziyang (China), Ferdinand Marcos (Philippinen). Hinten: Sergej Kraigher (Jugoslawien), Julius Nyerere (Tansania), Margaret Thatcher (UK), Zenko Suzuki (Japan), Forbes Burnham (Guyana), François Mitterrand (Frankreich), Indira Gandhi (Indien), Alhaji Shehu Shagari (Nigerien), Thorbjörn Fälldin (Schweden), Luis Herrera Campins (Venezuela), Kurt Waldheim (UN).

Mitterrands Wahl weckte im frankophonen Afrika Hoffnungen bei linksorientierten afrikanischen Regierungen und oppositionellen demokratischen Bewegungen. Das Niederlegen einer Rose am Grab von Victor Schoelcher, dem Kämpfer für die Sklavenbefreiung, wie auch Mitterrands Ministertätigkeit in der IV. Republik konnten als Indiz für eine neue Politik in der Beziehung zu den afrikanischen Staaten verstanden werden. In der Rede von Cancùn 1981 sprach Mitterrand in mitunter geradezu lyrischen Passagen über die Unterdrückten und Ausgebeuteten, mit denen Frankreich solidarisch sei. Eine neue Politik schien sich anzukündigen.[105] Sie rief aber auch Befürchtungen bei afrikanischen Präsidenten hervor, deren meist nicht demokratisch kontrollierte Macht sich bisher auch auf ein wohlwollendes Zusammenwirken mit der Afrikalobby im Präsidialamt bzw. dem zuständigen Ressort gegründet hatte.

Der zuständige Minister Jean-Pierre Cot wollte die besonderen Beziehungen zu den frankophonen Staaten Afrikas südlich der Sahara neu gestalten.[106] Die ehemaligen Kolonien sollten nicht mehr als Vorhof Frankreichs (*pré-carré*) behandelt werden. Die Wirtschaftsbeziehungen sollten nicht mehr einseitig französische Interessen verfolgen, sondern auch die der afrikanischen Staaten stärker berücksichtigen (*co-développement*). Er wollte deshalb den Zusatz ›Entwicklung‹ in der Bezeichnung seines Ressorts (bis dahin hieß es ›für Zusammenarbeit‹). Cot erklärte, sich vor jeder Reise auch in den Berichten von *Amnesty International* zu informieren. Er wollte die Beziehungen moralisieren, indem er den Einfluss französischer Geschäftsleute und auch des inoffiziellen Geheimdienstes SAC beendete. Die Beachtung der Menschenrechte in den frankophonen Staaten sollte geprüft werden, ihre Verteidigung Grundlage der Politik sein. Cot wollte demokratische Defizite im Rahmen seiner Möglichkeiten zumindest abschwächen, indem er bei seinen Reisen in die afrikanischen Staaten auch Kontakte zu – in ihrer politischen Aktivität oft behinderten oder unterdrückten – Oppositionspolitikern suchte und sie zu Gesprächen einlud. Zu besonders korrupten Regimes sollte Frankreich auf Distanz gehen. Bei der Vergabe der aufgestockten Entwicklungshilfe sollten die demokratischen Fortschritte in den Kolonien besonders berücksichtigt werden.

Allerdings wollte Mitterrand die Beziehungen zu den frankophonen Staaten Afrikas weiter maßgeblich mitbestimmen.[107] Die jährlichen Zusammenkünfte mit den Staatschefs behielt er bei. Im Präsidentenamt gab es eine eigene Arbeitsstelle (*cellule africaine*), die er mit einem Vertrauten besetzte. Es wurde bald klar, dass Mitterrand keine wirklich neue Politik wollte.[108]

Entscheidend war, dass auch die afrikanischen Staatschefs weiter die Beziehung zum Präsidenten bzw. seiner Arbeitsstelle bevorzugten, denn die Politik des Ministers drohte ihre Macht und ihren Gebrauch – nicht zuletzt zu ihrer persönlichen Bereicherung – einzuschränken. Sie beschwerten sich bei Mitterrand, der Minister würde sich in ihre inneren Angelegenheiten einmischen. Die besondere Beziehung zum Präsidenten, über den Kopf des Ministers hinweg, wurde noch unterstrichen durch die Ernennung von Mitterrands Sohn Jean-Christophe als Mitarbeiter in der Arbeitsstelle (als *Papamadit*, »Papa hat mir gesagt«, bespöttelt). Damit trug Mitterrand der Bedeutung Rechnung, die die afrikanischen Präsidenten familiären Bindungen beimaßen. Als die Einflussnahme der präsidentiellen Afrikaberater immer größer und die Unterstützung des Ministers durch den Präsidenten immer geringer wurde, trat Cot bereits im Dezember 1982 zurück. Seine Entscheidungen würden, so seine Klage, immer häufiger konterkariert. Die von der *cellule* organisierte und betriebene Politik entspreche nicht der Konzeption einer sozialistischen Entwicklungspolitik.[109] Mit dem neuen Minister Christian Nucci ›normalisierte‹ sich die Afrikapolitik – der Minister kam den Wünschen des Präsidenten nach. Mitterrand sei auf Cot gefolgt, mit Nucci als Zwischenglied, hieß es spöttisch in einigen Zeitungen.

Im Juni 1983 erklärte Mitterrand in Yaoundé, es gebe keine ›Kluft‹ zwischen der französischen Afrikapolitik vor und nach seiner Wahl zum Präsidenten. Diese Politik »besteht darin, die Rolle und die Interessen Frankreichs in Afrika zu wahren.«[110] Besser kann man die Kontinuität der französischen Afrikapolitik vom Gaullismus zum Sozialismus nicht auf den Punkt bringen. Der postkoloniale Habitus bestimmte auch Mitterrands Afrikapolitik. Die Rede von Cancún hatte keine Konsequenzen für die praktische Politik.

Insgesamt markiert die Außen- und Sicherheitspolitik Mitterrands keinen Bruch mit der gaullistischen Tradition, weder in ihren Grundzügen noch hinsichtlich der entscheidenden Rolle des Präsidenten bei ihrer Festlegung und Durchführung. Er setzte sie in der Grundorientierung mit der Betonung der nationalen Unabhängigkeit Frankreichs fort, mit durch ihn selbst veranlassten Anpassungen und Korrekturen in der Nahost- und vor allem in der Europapolitik. Seine Politik und seine Reden belegen Kontinuität und auch Neuerung, aber keinen Bruch. Mit Stanley Hoffmann kann man etwas zugespitzt von einem »Gaullismus unter einem anderen Namen« sprechen.[111] Sie bezeugen »die durch das fast tausendjährige Schicksal der ältesten Nation Europas fortlaufend gezogene Furche und die besondere Prägung, die derjenige dem Volk aufprägt, das er führt.«[112]

Die erste Kohabitation

1986 ging die erste Legislaturperiode der Linksregierungen zu Ende. Wer sollte die Sozialisten bei der Neuwahl der Nationalversammlung 1986 im Wahlkampf führen: Fabius, zwar Premier einer sozialistischen Regierung, aber mit wenig ›Stallgeruch‹, oder der Parteivorsitzende Lionel Jospin, der schon bei der Europawahl im Juni die PS-Liste angeführt hatte? Beide machten keinen Hehl aus ihren Ambitionen. Die Entscheidung stellte Mitterrand vor ein strategisches Dilemma: Sollte der Wahlkampf klar links orientiert sein, dann war der Parteivorsitzende der richtige Mann; sollten aber auch die Wähler der Mitte angesprochen werden, dann war es der wenig dogmatische Premierminister. In einer kunstvoll abgewogenen Erklärung, in der er einen Konflikt abstritt, erklärte er, es gebe keine grundlegenden Meinungsverschiedenheiten zwischen beiden. Im Wahlkampf habe jeder seinen Platz: Der Regierungschef sei der natürliche Führer der Mehrheit, aber es sei Aufgabe des für die Partei Verantwortlichen, also des Parteivorsitzenden, den Wahlkampf zu führen.[113] Diese Erklärung verstimmte den ehrgeizigen Fabius und es kam zu einer Abkühlung seiner Beziehung zum Präsidenten. Mitterrand wollte sich aus dem Wahlkampf heraushalten, um mit der zu erwartenden Mehrheit der Rechtsparteien möglichst gut auszukommen. Auch dachte er schon an seine Kandidatur bei der 1988 bevorstehenden Präsidentenwahl. Als ein Kandidat mit einer gewissen Distanz zu den Parteien konnte er sich bessere Chancen ausrechnen als ein Kandidat einer nicht mehr sonderlich populären sozialistischen Partei.

Zwei Ereignisse führten zu einer weiteren Entfremdung zwischen dem Präsidenten und dem Premierminister. Bei Atomversuchen beim Mururoa-Atoll im Pazifik (das zu Französisch-Polynesien gehörte) wurde auf Befehl des Verteidigungsministers Charles Hernu das Greenpeace-Schiff *Rainbow Warrior*, das gegen die Versuche demonstriert hatte, versenkt. Das war gewollt, nicht aber der Tod eines Fotografen. Als die Presse die Affäre aufdeckte, konnte Mitterrand die misslungene Aktion nicht abstreiten. Fabius drängte darauf, dass der zuständige Minister, Charles Hernu, ein besonders guter Freund Mitterrands, den er am liebsten verschont hätte, die Verantwortung übernahm. Auch das Treffen des polnischen Staatspräsidenten, General Jaruzelski, mit Mitterrand und Außenminister Dumas in Paris am 4. Dezember 1985 führte zu einer nachhaltigen Störung der Beziehungen zwischen dem Präsidenten und Fabius.[114] Der Wunsch zu einem Gespräch ging vom polnischen General aus, der im Dezember 1981 als Ministerpräsident das Kriegsrecht verhängt und die *Solidarność*-Gewerkschaft unterdrückt hatte. Fabius und andere führende Sozialisten hielten das Treffen vom Standpunkt der Menschenrechte aus für unangebracht. In einer Debatte in der Nationalversammlung erklärte Fabius, durch das Treffen ›verstört‹ zu sein. Das bedeutete eine Desolidarisierung mit dem Staatspräsidenten in einer Frage, die zur ihm vorbehaltenen außenpolitischen Domäne gehörte. Einen derartigen, offen dargelegten Konflikt zwischen Staats- und Regierungschef hatte es bisher nicht gegeben.

Selbst wenn der ›Fabius-Effekt‹, also das Image einer verjüngten, modernen PS noch nicht verblasst gewesen wäre, wären die Wahlen zur Nationalversammlung 1986 für die Linke kaum zu gewinnen gewesen. Zu groß war die Enttäuschung vieler ihrer Wähler über die Ergebnisse der Politik nach den hochgespannten Erwartungen, die sie mit dem Machtwechsel von 1981 verbunden hatten. Dabei hatte das Scheitern des Kampfes gegen die Arbeitslosigkeit besonderes Gewicht. Die Europawahlen 1984 und die Kantonalwahlen vom März 1985 hatten den Linksparteien bereits schlechte Ergebnisse beschert. Auch Mitterrand, wie erwähnt in Umfragen der unpopulärste Präsident der V. Republik, war nicht gerade ein Zugpferd im Wahlkampf. Besonders stark war der Rückgang seiner Beliebtheit hinsichtlich der Sozial-

Abb. 9: Die *Rainbow Warrior* 1985 in Auckland, Neuseeland.

und der Wirtschaftspolitik. Auch die Probleme der Einwanderung und die der öffentlichen Sicherheit wurden den Linksparteien angekreidet.[115]

Die Perspektive eines Wahlsieges der Rechtsparteien stellte die V. Republik vor ein Problem, das schon viel diskutiert worden war: die Zugehörigkeit des Staatspräsidenten und der Mehrheit der Nationalversammlung zu entgegengesetzten politischen Lagern. Mitterrand hatte mehrfach mit aller Klarheit gesagt, dass er natürlich das Ergebnis freier Wahlen respektieren, dass aber das Mandat des Präsidenten durch andere Wahlen nicht in Frage gestellt würde und eine parlamentarische Mehrheit ihm nicht seine verfassungsmäßigen Befugnisse nehmen könne. Da er keinen Zweifel daran ließ, dass er nicht zurücktreten würde, wie immer die Wahlen ausgehen würden, war die schon vor der Wahl viel diskutierte Kohabitation – ein von Giscard erfundener Begriff; Mitterrand sprach lieber von Koexistenz – unvermeidlich.

Wie würde sich Mitterrand in der neuen Situation verhalten? Würde die neue parlamentarische Mehrheit tatsächlich ihre Vorstellungen umsetzen können, ohne vom Präsidenten daran gehindert zu werden, wie Giscard vor den Parlamentswahlen 1978 gewarnt hatte?[116] Ein Erdrutschsieg der Opposition (RPR und UDF) mit einer überwältigenden Mehrheit in der Nationalversammlung würde es dem Präsidenten erheblich erschweren, noch politisch wirksam zu sein. Nicht zuletzt, um die Auswirkungen der Niederlage der Linken zu begrenzen, hatte Mitterrand schon vor dem Wahltermin veranlasst, dass die linke Parlamentsmehrheit die Einführung der Verhältniswahl beschloss, obwohl er selbst ein Anhänger der Mehrheitswahl war. Das bislang geltende Mehrheitswahlrecht begünstigte die stärkste Partei, 1986 also vermutlich die Gaullisten, und gab ihr deutlich mehr Mandate, als ihr nach dem prozentualen Stimmenergebnis zustünden. Es war, so Mitterrand selbst, eine »Rettungsmaßnahme für die Linke«.[117] Auch die Sozialisten waren traditionell Anhänger der Verhältniswahl: Sie wurde im Gemeinsamen Regierungsprogramm von 1972 gefordert und stand (als Nr. 47) in den 110 Vorschlägen Mitterrands vor der Präsidentenwahl 1981. Wie opportunistisch die Entscheidung war, wird daran deutlich, dass die Sozialisten das von der rechten Mehrheit wieder eingeführte Mehrheitswahlrecht nicht abschafften, als Mitterrand nach seiner Wiederwahl 1988 die Nationalversammlung auflöste und die Linksparteien eine Mehrheit gewannen.

Der schon etablierten Tradition der V. Republik folgend, griff Mitterrand in den Wahlkampf ein. In seinen zahlreichen Auftritten in Rundfunk, Fernsehen und bei Wahlkampfveranstaltungen betonte er vor allem, dass die sozialen Fortschritte und die Errungenschaften der Freiheit gegen die von der Rechten angestrebte ›soziale Revanche‹ gewahrt werden müssten. Er hob hervor, dass die Linke entgegen der vorherrschenden Meinung auch eine solide Wirtschaftspolitik betrieben habe. Die allgemeine wirtschaftliche Lage sei besser als 1981. Das Scheitern beim Kampf gegen die Arbeitslosigkeit gestand er ein. Dem Programm der Reichen, Starken und Privilegierten, dem der rechten Parteien, stellte er das der Armen, der Arbeiter, des Volkes, also das der Linken gegenüber. Er sprach nicht als überparteilicher Staatschef, sondern als Führer der Sozialisten. Die Opposition nannte ihn einen ›Plakatkleber der Linken‹. Der Schein parteipolitischer Neutralität blieb insofern gewahrt, als bei Mitterrands Auftritten nicht Plakate der PS mit der Rose in der Faust zu sehen waren, sondern die parteipolitisch neutrale Trikolore. Die Warnungen der Gaullisten, er missbrauche sein Amt und gefährde sein Verbleiben im Elysée im Falle ihres Wahlsieges, beeindruckten ihn nicht. Er wusste, dass eine gegnerische parlamentarische Mehrheit ihm nichts anhaben konnte. Dagegen halfen seine Auftritte den Sozialisten und stärkten dadurch auch seine eigene Position in der bevorstehenden Kohabitation. In Erwartung des Wahlsieges der Parteien des rechten Spektrums dachte Mitterrand vor allem an seine eigene Zukunft, an die Rolle, die er in dieser Konstellation spielen wollte. Er würde als Schiedsrichter für den Respekt des nationalen Interesses und der Verfassung sorgen. Das wäre wichtig für sein Bild in der Geschichte. Er würde dafür sorgen, dass sein ›reservierter Bereich‹, den es in der Verfassung nicht gibt, respektiert werde. Sollte es zu einer »Konfiszierung der Außenpolitik« durch die Regierung kommen, dann wäre dies ein »Staatsstreich«.[118] Allerdings korrigierte er später diese missverständlichen Äußerungen und erklärte, der Premierminister dürfe selbstverständlich, an der Seite des Präsidenten, an allen außenpolitischen Debatten teilnehmen.[119] Nicht an den Entscheidungen? Einen als Mahnung zu verstehenden Hinweis Chiracs aufgreifend, dass der Präsident gemäß Art. 20 der Verfassung die Regierung ihre Politik ›ohne Zweideutigkeit‹ umsetzen lassen müsse, erklärte er, er werde die Regierung regieren lassen. Sofern sich die Wähler für eine klare Mehrheit ausgesprochen hätten, werde er den Premierminister aus ihren Reihen ernennen.

Um zu verhindern, dass er zu sehr an den Rand gedrängt werden könnte, sorgte Mitterrand mit zahlreichen Ernennungen in den Medien, in der Verwaltung, in den öffentlichen Unternehmen und im kulturellen Bereich dafür, dass er es auch in der neuen Konstellation nicht nur mit Vertretern des politischen Gegners zu tun haben würde. Man sprach vom ›Mitterrand-Staat‹.[120]

Die Wahlen zur Nationalversammlung 1986 brachten den erwarteten Sieg der bisherigen Oppositionsparteien RPR und UDF, doch die Linken erreichten mehr Zustimmung, als zu erwarten gewesen war. Mitterrand hatte durch seine aktive Rolle im Wahlkampf zu diesem noch akzeptablen Ergebnis beigetragen. Für die Sozialisten war es »eine glorreiche Niederlage«, für die Rechtskoalition »ein bitterer Sieg«.[121]

Das Wahlergebnis zu respektieren, hieß zuerst, dass Mitterrand den Premierminister aus den Reihen der neuen Mehrheit ernennen musste. Wie von ihm angekündigt, ernannte er mit Jacques Chirac den Politiker zum Premierminister, der als Vorsitzender des RPR, der stärksten Partei der neuen Mehrheit, der ›natürliche‹ Kandidat war. Die Ernennung eines anderen Politikers aus den Reihen der neuen Mehrheit, zu dem er eine bessere persönliche Beziehung hatte und der umgänglicher erschien – etwa Chaban-Delmas –, wäre als Provokation verstanden worden. Aus seinen Hintergedanken machte er gegenüber Vertrauten keinen Hehl: »Man muss den härtesten Kandidaten ernennen – um ihn abzunutzen.«[122] Dabei dachte er sicher an die in zwei Jahren bevorstehende Präsidentenwahl, bei der mit der Kandidatur Chiracs zu rechnen war. Beide hatten ihre Hintergedanken, wie sie dem Anderen schaden könnten, im Hinblick auf das bei der Präsidentenwahl zu erwartende Duell. Mitterrand und Chirac waren sehr unterschiedliche Charaktere. Sie empfanden keine Sympathie füreinander, ihr Verhältnis blieb distanziert und von gegenseitigem Misstrauen geprägt. Nach Chiracs Aussage hat Mitterrand ihm »feindselige Empfindungen« entgegengebracht, während Mitterrand sich an eine »tiefe Animosität« Chiracs erinnert.[123] Ihre Beziehungen waren rein professionell (so Chirac), oberflächlich (so Mitterrand), ohne menschliche Vertiefung.[124]

Schon bei der Regierungsbildung machte Mitterrand deutlich, dass er nicht bereit war, einfach alles abzusegnen, was die Mehrheit beschließen würde. Bei der Ernennung des Außen- und des Verteidigungsministers legte er gegen die Vorschläge Chiracs sein Veto ein.[125] Die neuen Minister dieser Ressorts waren keine Parteipolitiker, sondern Fachleute. Damit markierte der Präsident den Politikbereich, bei dem er weiter mitsprechen wollte. Mitterrand verwies bei seiner Argumentation auf die Verfassung, die er früher gerade in diesem Punkt kritisiert hatte. Gegenüber US-Präsident Richard Nixon erklärte Mitterrand einmal freimütig, zur Zeit de Gaulles habe die Linke die Verfassung nicht geschätzt, aber nun fände man sie sehr viel besser.[126] Tatsächlich enthält die französische Verfassung keine genaue Abgrenzung der Befugnisse des Präsidenten und des Premierministers hinsichtlich der Außen- und Sicherheitspolitik.

Die Regierungsbildung zeigte aber die Grenzen auf, die der Verfassungstext dem Präsidenten zog. In der politischen Praxis wurden sie noch deutlicher. Auf Personalentscheidungen hatte Mitterrand keinen

Einfluss. Auch die Gesetzgebung lag verfassungsgemäß bei der Regierung und ihrer parlamentarischen Mehrheit. Chiracs Hinweis darauf hatte Mitterrand mit der Einschränkung zugestimmt, dass die Wähler eine deutliche Mehrheit mit klaren Konturen bestimmen müssten.[127] Aber auch eine knappe Mehrheit kann, unter Zuhilfenahme verschiedener Verfassungsbestimmungen (insbesondere Art. 49, Abs. 3), ihr politisches Programm durchsetzen. Der Präsident hat kein Vetorecht, er kann lediglich eine nochmalige Beratung verlangen. Sich der Aussichtslosigkeit des Einspruchs bewusst, machte Mitterrand davon nur sehr selten Gebrauch. Er musste zahlreiche Gesetze unterzeichnen, mit denen er nicht einverstanden war, und ließ *nolens volens* die Regierung ihr Programm umsetzen. Da er vermeiden wollte, für die politischen Entscheidungen der neuen Mehrheit mitverantwortlich gemacht zu werden, wies er seine Mitarbeiter an, nicht den Eindruck entstehen zu lassen, man regiere mit.

Die erste Sitzung des Ministerrats der Kohabitation verdeutlichte, dass man es eher mit einem Kalten Krieg als mit einer friedlichen Koexistenz zu tun hatte. Mitterrand wird als bleich und verschlossen beschrieben. Seine Weigerung, allen Regierungsmitgliedern die Hand zu geben, wie es üblich war, wurde als eine Art Kriegserklärung verstanden. Ihm saßen Politiker gegenüber, in deren Gesichtern er Abneigung, Boshaftigkeit oder Hass sah.[128] Entgegen der Tradition gab es auch nicht das übliche ›Familienfoto‹ mit dem Präsidenten: »Wir sind keine Familie«, sagte er zu Bianco.[129] Mitterrand wollte nicht den Eindruck entstehen lassen, man habe es mit einer Linke und Rechte vereinenden, quasi überparteilichen Regierung zu tun. Die von einer Mehrheit zunächst positiv beurteilte Kohabitation sollte nicht als *Union Nationale*, wie sie früher in Kriegszeiten gebildet wurde, verstanden werden, sondern als durch die Verfassung vorgegebene und, so hoffte er, allenfalls zwei Jahre dauernden Koexistenz. Vor allem seinen Wählern wollte er zu verstehen geben, dass er sich mit der neuen Regierung und ihrer Politik nicht identifizierte, nicht für sie verantwortlich war.

Auch wenn Mitterrand in der Kohabitation dem Premierminister und der Regierung nicht die Politik diktieren konnte, wie es ihm mit einer sozialistischen Regierung möglich gewesen war, begnügte er sich nicht mit der Rolle eines bloßen Staatsrepräsentanten. Er verstand es als seine Aufgabe, die Kontinuität des Staates und das ordnungsgemäße Funktionieren der Institutionen zu gewährleisten. Mit Hilfe seiner Mitarbeiter gelang es ihm, dass er von den wichtigen Informationen nicht abgeschnitten, aus dem politischen Prozess nicht völlig ausgeschaltet wurde, worauf Chirac abzielte. Dieser gab Anweisung, dass nur die Minister und ihre Kabinettschefs Verbindung mit dem Präsidenten aufnehmen durften.

Ein Konfliktfeld ergab sich aus der Verordnungsbefugnis der Regierung und der dabei dem Präsidenten zufallende Rolle. Der Verfassungstext schweigt sich dazu aus, ob der Präsident bei der Unterzeichnung von Verordnungen einen Spielraum hat oder nicht. Mitterrand hatte erklärt, Gesetze werde er unterschreiben, auch wenn er nicht mit ihnen einverstanden sei. Bei Verordnungen beanspruchte er aber Entscheidungsfreiheit. Sie dürften nicht zahlreich sein, da sie ansonsten die Gesetzgebungskompetenz des Parlaments zu sehr beschneiden würden. Außerdem dürften sie die Freiheiten nicht einschränken und die sozialen Errungenschaften nicht rückgängig machen.

Zur Kraftprobe kam es bereits im Juli 1986 anlässlich der Reprivatisierung verstaatlichter Unternehmen. Mitterrand unterzeichnete jene Verordnungen nicht, die Unternehmen betrafen, die schon nach Kriegsende unter de Gaulles Regierung verstaatlicht worden waren. Mitterrand war der erste Präsident, der von dieser Möglichkeit Gebrauch machte. Als Motiv führte er an, die Schlüsselunternehmen müssten vor dem Zugriff ausländischer Interessen geschützt werden und die Wahrung des nationalen Interesses und der nationalen Unabhängigkeit gehöre zu seinen Amtspflichten. Der Premierminister drohte mit seinem Rücktritt, worauf ihm Mitterrand trocken entgegnete, das sei seine freie Entscheidung. Chirac machte seine Drohung nicht wahr. Er schlug den zeitraubenderen normalen Gesetzesweg ein; Mitterrand konnte die Politik der neuen Regierung also verzögern, aber nicht blockieren oder auch nur korrigieren. Er hatte im Konflikt Entschlossenheit wie taktisches Geschick bewiesen und deutlich gemacht, dass die neue politische Mehrheit mit ihm rechnen musste.

Der Präsident hatte auch keine Möglichkeit, die Personalpolitik der Regierung zu beeinflussen oder gar zu blockieren. Deutlich zeigte sich Mitterrands Machtlosigkeit beim öffentlich-rechtlichen Rundfunk und

Fernsehen, einem wegen seiner politischen Bedeutung besonders umstrittenen Feld.[130] Alle fünf von ihm ernannten Direktoren wurden entlassen, selbst wenn sie keine PS-Mitglieder waren. Das bisherige Kontrollgremium, das mehrheitlich der Linken nahe stand, wurde durch eine neue Kommission ersetzt, die politischen Sympathien ihrer Mitglieder gehörten den Rechtsparteien. An die Stelle eines von der sozialistischen Mehrheit beschlossenen Gesetzes, das den der Rechten nahe stehenden Pressezaren Hersant entmachten sollte, trat ein neues Gesetz.

In der Außen- und Sicherheitspolitik wurde die verfassungsrechtlich nicht begründete Praxis eines dem Präsidenten vorbehaltenen Bereichs beendet. Erstmals wurde beim Premierminister ein Stab gebildet, der sich um die Außen- und Sicherheitspolitik kümmerte. Das bedeutete aber nicht, dass nun der Premierminister mit seiner Regierung dieses Politikfeld für sich allein beanspruchen konnte, Mitterrand pochte auch in der neuen Situation auf eine Mitgestaltung dieses Politikbereichs. Gestützt auf einschlägige Verfassungsbestimmungen (bes. Art. 5, Abs. 2, Art. 15 und 52) sowie eine von de Gaulle begründete Praxis, die der Gaullist Chirac nicht rückgängig machen wollte, kann man hier von einem rivalisierenden Mitentscheiden Mitterrands sprechen. Mit den betreffenden Ressortministern führte er regelmäßige Gespräche. Hilfreich war, dass der ehemalige Außenminister und enge Freund Mitterrands, Roland Dumas, überraschend gegen den Kandidaten der Mehrheit zum Vorsitzenden des Auswärtigen Ausschusses in der Nationalversammlung gewählt wurde. Auch das Verbleiben der PS-Politikerin Elisabeth Guigou als Generalsekretärin des ressortübergreifenden Komitees für Europäische Wirtschaftsfragen erleichterte es Mitterrand, in diesen Fragen mitzuentscheiden.[131] Zwar gab es im Grundsätzlichen eine recht breite Übereinstimmung zwischen Präsident und Regierung, aber es gab auch Konfliktfelder, auf denen sich die Kohabitation kompliziert gestaltete.

Auf den Gipfeltreffen war Frankreich seit 1958 durch den Staatschef repräsentiert und Mitterrand dachte nicht daran, nun darauf zu verzichten. Ein Ansinnen Chiracs, an seiner Stelle zum G7-Gipfel nach Tokio zu fliegen, da es vor allem um Wirtschafts- und Finanzfragen gehe, lehnte er ab. Andererseits wollte der Premierminister die Außen-

und Sicherheitspolitik nicht dem Präsidenten allein überlassen. So kam es auf diesem Treffen zur Doppelrepräsentation Frankreichs. Aufgrund der Übereinstimmung in grundlegenden Fragen der französischen Außen- und Sicherheitspolitik ergaben sich daraus keine schwerwiegenden Probleme. Auf dem Gipfel wurde allerdings deutlich, dass Mitterrand mit seiner langjährigen Erfahrung weiterhin die Hauptrolle spielte, während Chirac nur wie ein den Präsidenten begleitender Minister erschien.[132] Bei der Pressekonferenz saß Chirac abseits, während Mitterrand die Fragen beantwortete. Die Fernsehbilder vermittelten den Eindruck einer Demütigung Chiracs.

Die deutsch-französischen Beziehungen betrachtete Mitterrand als seine Domäne, die er sich nicht streitig machen lassen wollte. Zudem hatte Bundeskanzler Kohl zu ihm ein sehr gutes Verhältnis gefunden. Nach Mitterrands Rede im Bundestag 1983 – im Kontext der NATO-Nachrüstungsdebatte – fühlte Kohl sich ihm zu besonderem Dank verpflichtet. Versuche Chiracs, Mitterrands Rolle auf diesem Politikfeld einzuschränken, scheiterten.

Es gab zwar während der zweijährigen Kohabitation eine Art fortwährender Guerilla, aber insgesamt wagte Chirac nicht, über die von de Gaulle begründete Praxis, dass die Außen-, Europa- und Verteidigungspolitik die bevorzugten Domänen des Staatschefs waren, einen offenen Konflikt herbeizuführen, zumal er ja hoffte, ab 1988 als Präsident selbst über diese Macht zu verfügen. Dagegen gelang es ihm mit Hilfe seines Beraters Jacques Foccart, der bereits unter de Gaulle und Pompidou tätig gewesen war, die Beziehungen zu den ehemaligen französischen Kolonien in Afrika dem Einfluss Mitterrands bis zu einem gewissen Grad zu entziehen.

Aus den tagespolitischen Auseinandersetzungen hielt sich Mitterrand heraus. Im Ministerrat brachte er aber immer wieder seine Vorbehalte gegen bestimmte Gesetzesvorhaben zum Ausdruck. Er machte damit klar, dass er keine Mitverantwortung für diese Entscheidungen und für die Regierungspolitik insgesamt trug. Mit beachtlichem Geschick gelang es ihm, sich als Hüter großer Prinzipien und Anwalt der Schwachen darzustellen.

Die Kohabitation sei »eine schwierige Kunst«, mitunter war sie für Mitterrand auch eine Qual.[133] Aber die neue, für unterschiedliche

Praktiken offene Konstellation war für den gerissenen Taktiker geradezu ideal. Hier konnte er seine Talente entfalten. Er vermied es, einen offenen Streit mit dem Premierminister vom Zaun zu brechen und damit die von den Franzosen lange Zeit positiv beurteilte Kohabitation zu gefährden. Es gelang ihm, seinen schärfsten Widersacher für die nächste Präsidentenwahl in eine ungünstige Position zu bringen.

Präsidentschaftswahl 1988

Auch wenn Mitterrand seine Kandidatur für die Präsidentenwahl 1988 erst am 22. März 1988 öffentlich erklärte, dachte er schon früh daran, für eine zweite Amtszeit zu kandidieren. Ein gewichtiges Argument dagegen war sein Gesundheitszustand. Schon im Herbst 1981 war bei ihm ein Prostatakrebs diagnostiziert worden, der bereits auf die Knochen gestreut hatte. Man gab ihm eine Lebenserwartung von drei Monaten bis drei Jahren. Da die Behandlung aber ungewöhnlich erfolgreich war, entschloss er sich zur erneuten Kandidatur. Die Krankheit, über die er längere Zeit weder seine engsten Mitarbeiter noch seine Familie informierte, sondern nur seine ›Nebenfrau‹ Anne Pingeot, erst später auch Danielle, wurde als ein Staatsgeheimnis behandelt. Erst im September 1994 wurde die Öffentlichkeit informiert, wobei der Ernst der Krankheit verschleiert wurde. So bewundernswert Mitterrands Kampf gegen die Krankheit war, so problematisch ist die bewusste Irreführung der Öffentlichkeit in einer Frage von erheblicher politischer Bedeutung. Seine endgültige Entscheidung zur Kandidatur soll er Ende Dezember 1987 getroffen haben, als der Fitnesstest mit der Besteigung des Berges Sinai positiv ausfiel.[134] Entscheidend war sicher, dass für ein *animal politique* wie Mitterrand das Präsidentenamt seinem Leben größte Befriedigung versprach. Ein Leben ohne Politik war für ihn nicht vorstellbar. Das Hinauszögern seiner Erklärung, wieder zu kandidieren, ist nicht zuletzt damit zu erklären, dass er möglichst lange ein über dem Parteienstreit stehender *président-arbitre* sein wollte, der den Angriffen der Rechtsparteien weniger offen ausgesetzt war. Sein Verhalten während der Kohabitationsjahre ist auch durch die 1988 anstehende Präsidentenwahl zu erklären. Doch selbst ohne offenen Konflikt blieb das Klima zwischen dem Präsidenten und dem Premierminister frostig. Mit dem Näherrücken des Termins der Präsidentenwahl verschlechterte sich ihre Beziehung noch. Während der zwei Jahre der Kohabitation stellte sich die politische Klasse die Frage: Wer würde der geschicktere, der schlauere sein und 1988 die bessere Ausgangsposition haben? Es wurde bald klar, dass das der amtierende Präsident war. Sein taktisches Geschick, sein abgeklärt erscheinendes Verhalten, seine mitunter herablassende Behandlung Chiracs, dem er vergiftete Komplimente machte, brachten den gaullistischen Minister Philippe Séguin zu der harschen Einschätzung, der Premierminister sei ein Amateur gegenüber einem Profi.[135]

Die Auseinandersetzungen um ein neues Universitätsgesetz, über das die Regierung uneinig war, führten Ende 1986 zum endgültigen Stimmungsumschwung. Mitterrand übte Kritik an den Entscheidungen der Regierung und zeigte Verständnis für die Studierenden. Bei Demonstrationen gegen das Gesetz kam ein aus Algerien stammender Student bei einem Polizeieinsatz ums Leben. Während der Innenminister verletzte Polizisten besuchte, besuchte der Präsident, in Begleitung von Elie Wiesel, Träger des Friedensnobelpreises, die Familie des getöteten Studenten. Das politische Klima wurde weiter eingetrübt durch soziale Unruhen, die Mitterrand geschickt für sich ausnutzte. Durch die Weigerung, eine Verordnung über die Flexibilisierung der Arbeitszeit zu unterschreiben, profilierte er sich als Verteidiger sozialer Besitzstände. Anlässlich eines Streiks der Eisenbahner gegen ein neues Arbeitsgesetz empfing Mitterrand eine Delegation der Streikenden mit der Begründung, damit den sozialen Dialog zu erleichtern. Diese Geste, die eine mehrheitliche Zustimmung fand, musste als Kritik an der Entscheidung der Regierung verstanden werden. So konnte Mitterrand eine gewisse Popularität behaupten bzw. wiederherstellen. Die Umfragen sahen ihn bald vor Chirac.

Die Mehrheit der Franzosen war bis Anfang 1987 mit der Kohabitation zufrieden, schien sie doch den Traum der ›nationalen Union‹ bis zu einem gewissen Grade zu verwirklichen.¹³⁶ Diese Zufriedenheit übertrug sie auf Mitterrand, der durch seine Zurückhaltung in der Tagespolitik zum ziemlich reibungslosen Funktionieren der Kohabitation viel beitrug. Gleichzeitig hatte er sich von bestimmten Entscheidungen der Regierung, die in der Öffentlichkeit kritisiert wurden, distanziert. Die Uneinigkeit innerhalb der Regierungsparteien erhöhte Mitterrands Chancen.

Mit dem Näherrücken des Wahltermins betonte Mitterrand wieder stärker, dass er Sozialist sei. Er trat als Anwalt der Schwachen und Benachteiligten auf, als Schutzherr der sozialen Gerechtigkeit. Es war ihm klar, dass er für seine Wiederwahl auch die kommunistischen Stimmen brauchte. Es kam ihm entgegen, dass die PCF inzwischen erheblich geschwächt war. Er konnte leichter Wähler, die nicht Stammwähler der Linken waren, gewinnen, wenn das kommunistische Schreckgespenst nicht besonders furchterregend war. Die schwachen Ergebnisse der PCF bei den Europawahlen 1984 und bei den Parlamentswahlen 1986 bestätigten Mitterrands Prognose von 1981, die kommunistische Partei schwächen zu können. Seiner zweiten Kandidatur konnte er also mit Zuversicht entgegensehen. Gelegentlich geäußerte Bedenken wegen seines Alters traten zurück hinter seiner nicht unbegründeten Überzeugung, nur er könne die Rechte schlagen.

Mit seiner Erklärung, wieder zu kandidieren, begann Mitterrand im März 1988 seinen Wahlkampf.¹³⁷ Dabei wurde seine Grundmelodie erkennbar: Er geißelte – mit einer gewissen Scheinheiligkeit – die Intoleranz, die Parteien, die Zwist säten, das soziale Netz zu zerreißen drohten und das Land in Gefahr brächten. Sein Wahlslogan hieß *La France unie*, das ›geeinte Frankreich‹. »Frankreich ist nicht geeint, wenn der Geist der Intoleranz es übernimmt, es die Privilegien nicht beseitigt, die Ausgrenzungen nicht ablehnt und gegen die Ungerechtigkeit nicht vorgeht.« Er sprach, in deutlicher Anspielung auf Chirac und die gaullistische Partei von »Clans, Banden, Cliquen«. Frankreich dürfe nicht in die Hände von intoleranten Politkern und Parteien fallen.

Anstelle eines Programms, das Sache der Parteien sei, unterbreite er ein Gesamtvorhaben (*un projet*), über das sich Frankreich – er sprach nicht von Wählern – auszusprechen habe. Sein »Brief an alle Franzosen« vom 7. April 1988, in zwei Millionen Exemplaren gedruckt und in über 20 Zeitungen als Werbebeilage erschienen, schlug in die gleiche Kerbe. Die PS hatte einiges in den Entwurf hineinschreiben können, spielte aber im Wahlkampf eine deutlich geringere Rolle als 1981. Als Prioritäten einer eventuellen zweiten Präsidentschaft nannte der Brief Europa, Erziehung und Forschung. Mitterrands Auftritte im Wahlkampf waren gemäßigt und wurden in sehr präsidialer Form inszeniert, während ausgeprägt sozialistische Bekenntnisse von ihm kaum vernehmbar waren. War er 1981 als Kandidat des ›Bruchs‹ mit der bis dahin betriebenen Politik angetreten, so gab er sich nun als ein die Unterschiede und Gegensätze vereinender Kandidat. Sein Wahlslogan hieß: Das geeinte Frankreich.

Da wegen der Schwäche der PCF eine Mehrheit ungewiss war, ließ er mitunter eine Bereitschaft erkennen, seine Basis zur Mitte hin zu verbreitern. Vertraute kontaktierten Politiker dieser politischen ›Familie‹. Er präsentierte sich als derjenige, der am ehesten gegnerische politische Gruppierungen einigen konnte. Um in der politischen Mitte die für die Wiederwahl nötigen Stimmen zu gewinnen, wurde dem noch immer populären Rocard, der am glaubhaftesten für eine Öffnung zur Mitte stand, im Wahlkampf ein bevorzugter Platz eingeräumt.

Die zweite Präsidentschaft 1988–1995

Wiederwahl und Regierungsbildung

Im ersten Wahlgang am 24. April der Präsidentenwahl übertraf Mitterrand sein Ergebnis von 1981 deutlich. Erwartungsgemäß kam Chirac auf den zweiten Platz. Die Überraschung war das gute Abschneiden von Jean-Marie Le Pen der Partei *Front National* (FN), einer Partei auf der äußersten Rechten, mit 14,4 %. Zu diesem Aufschwung hatten auch Mitterrand und die Sozialisten beigetragen, indem sie durch die Einführung der Verhältniswahl 1986 dem FN zu einer parlamentarischen Bühne verholfen hatten. Im Fernsehduell mit Chirac vor der Stichwahl, bei dem es vor allem um die Arbeitslosigkeit, den Terrorismus und die Situation in Neukaledonien[1] ging, schnitt Mitterrand mit seinem präsidialen Habitus besser ab. Einen Tag vor der Stichwahl fuhr er nach Den Haag zum 40. Jahrestag des ersten Europakongresses, an dem er als junger Abgeordneter teilgenommen hatte. Seine Anwesenheit neben den Gründervätern der europäischen Einigungsbewegung hob sein europäisches Profil hervor und unterstrich sein Ansehen unter europäischen Politikern.

In der Stichwahl am 8. Mai blieb er mit 54 % nur knapp unter de Gaulles Ergebnis von 1965 (55,2 %). Seine Wiederwahl ist in den europäischen Ländern überwiegend positiv aufgenommen worden. Auch nichtsozialistische Politiker, insbesondere Bundeskanzler Kohl, verhehlten nicht ihre Zufriedenheit. War die Wahl 1981 Ergebnis einer kollektiven Anstrengung der Linksparteien, gesellschaftlicher Gruppen und Mitterrands selbst gewesen, so war seine Wiederwahl in höherem Maße seiner Persönlichkeit und seiner besonders während der Kohabitation gezeigten politischen Begabung zuzuschreiben. Mit der Wiederwahl wurde die Niederlage der Linken bei den Wahlen zur Nationalversammlung 1986 ausgebügelt. Anders als 1981 repräsentierte Mitterrand nicht mehr nur die Linksunion, sondern eine breitere Strömung, die die linke Mitte einschloss. Allerdings rief seine Wiederwahl in Frankreich keine ähnliche Begeisterung hervor wie 1981. Die Hoffnungen und Illusionen waren verflogen. Die ökonomische Wende von 1983 hatte schmerzlich deutlich gemacht, dass mancher Traum an der rauen Wirklichkeit gescheitert war. Die vorherrschende Stimmung unter seinen Anhängern war Erleichterung, dass er und mit ihm die Linke es noch einmal geschafft hatten.

Nach der Wahl ernannte Mitterrand seinen ›besten Feind‹, den langjährigen innerparteilichen Kontrahenten Michel Rocard zum neuen Premierminister. Zwar hatten die Linksparteien seit 1986 nicht mehr die Mehrheit, aber eine Auflösung der Nationalversammlung und Neuwahlen standen bevor, sodass die Rechtsparteien auf einen Misstrauensantrag verzichteten. Rocard selbst gesteht, dass die Beziehungen zwischen ihm und Mitterrand seit mehr als 20 Jahren »scheußlich« waren.[2] Die Spannungen zwischen beiden reichten bis in die IV. Republik zurück, als Rocard Mitterrand wegen seiner Politik als Justizminister während des Algerienkrieges einen Mörder genannt hatte.[3] Mitterrand war zwar weiterhin überzeugt, dass Rocard weder die Fähigkeiten noch den Charakter für die Aufgabe des Regierungschefs habe, aber er musste einer verbreiteten Stimmung in der Öffentlichkeit und in Teilen der PS Rechnung tragen.[4] Mitterrand war von Rocards Persönlichkeit, die mit seiner eigenen kaum Gemeinsamkeiten hatte, irritiert. Manche Beobachter sprachen von einer »pathologischen Feindschaft«.[5] Rocard wiederum fühlte sich von Mitterrand geradezu abgestoßen. Er war über seinen geringen ökonomischen Sachverstand ebenso entsetzt wie über seine mangelnde Ethik; sein Zynismus war ihm zuwider.[6] Aber Rocard war in der Situation die passende Wahl, denn er stand überzeugender als jeder andere sozialistische Politiker für einen gemäßigten Sozialismus und eine Öffnung zur Mitte, die für die bevorstehende Neuwahl der Nationalversammlung nützlich war.

Mitterrand schränkte Rocards Handlungsfreiheit von vornherein ein, indem er ihn im Kabinett durch einige Getreue ›einmauerte‹, die

Mitterrand selbst ausgewählt hatte: Ob auch Rocard sie haben wollte, spielte offenbar keine Rolle.[7] Der Premier habe nur sieben Minister selbst aussuchen dürfen und auch nicht verhindern können, dass das Kabinett 48 Mitglieder zählte.[8] Ein Vertrauter Rocards spricht sogar von einem Politbüro, in dem die *mitterrandistes* wieder die Plätze einnahmen, die sie schon bis 1986 besetzt hatten.[9] Eine Öffnung zur Mitte hat Mitterrand nicht angestrebt, obwohl eine Mehrheit der Sozialisten sie wünschte.[10] Die Ernennung einiger Politiker aus ihren Reihen bedeutete keine politische Grundsatzentscheidung. Er glaubte nicht an eine autonome Mitte, sah sie mit einem ›Rechtsdrall‹. Ob Avancen bei den Zentristen auf eine Bereitschaft, eine Koalition mit der PS zu bilden, gestoßen wären, ist zweifelhaft.

Mitterrands erste Entscheidung, die Auflösung der Nationalversammlung, die er am 14. Mai verfügte, machte eine Öffnung unmöglich. Das von der Rechten 1988 wiedereingeführte absolute Mehrheitswahlsystem, das Mitterrand beibehielt, verstärkte die Bipolarisierung des Parteiensystems und zwang die Mitte zu einem Bündnis mit der Rechten. Ausschlaggebend für Mitterrands Entscheidung dürfte die Hoffnung gewesen sein, im Sog seiner Wahl auch in der Nationalversammlung wenn keine absolute, so zumindest eine relative linke Mehrheit mit sozialistischer Dominanz zu erreichen. Mit der bisherigen Nationalversammlung wäre er auf eine unsichere Unterstützung durch die Mitte angewiesen gewesen.

Mitterrand und seine Premierminister

Aus dem Wahlkampf hielt Mitterrand sich heraus. Seine Äußerung beim jährlichen Pfingst-Aufstieg auf den Solutré-Felsen in Burgund, es sei nicht gut, wenn eine Partei allein regiere, verärgerte Rocard, denn sie musste geradezu als Empfehlung einer Stimmabgabe für eine andere Partei als die PS verstanden werden.[11] Es drängt sich der Verdacht auf, er wollte seinen Intimfeind das Leben so schwer wie möglich machen – und sei es auf Kosten der sozialistischen Partei. Bei der Neuwahl der Nationalversammlung am 5. und 12. Juni erreichte die PS mit ihrem Bündnispartner MRG mit 276 Sitzen nicht die absolute Mehrheit der Mandate (288). Mitterrand versuchte die enttäuschten Minister aufzurichten, indem er darauf hinwies, dass eine absolute Mehrheit für nur eine Partei nicht normal und auch nicht gut sei. Wenn die Sozialisten das republikanische Verfahren der Koalitionsbildung ausschlössen, würden sie schlimme Enttäuschungen erleben.[12] Zwar verfügte die Linke mit den 27 kommunistischen Abgeordneten zusammen über die absolute Mehrheit, doch die Kommunisten kehrten nicht in die Regierungskoalition zurück. Sie erklärten aber, Maßnahmen ›zugunsten des Volkes‹ zu unterstützen. Da es keine alternative Mehrheit gab, wurde eine sozialistische Minderheitsregierung gebildet. Schließlich hatte de Gaulle einmal erklärt, die Verfassung der V. Republik sei gemacht, um auch ohne parlamentarische Mehrheit regieren zu können.[13] Voraussetzung war allerdings, dass die Kommunisten die Regierung tolerierten, also nicht für eingebrachte Misstrauensanträge stimmten. Dies war umso nötiger, da die Regierung in den folgenden Jahren ihre Gesetzesvorlagen 27-mal mit der Vertrauensfrage verbinden musste, um sie erfolgreich durch das Parlament zu bringen.

Rocard blieb nach der Parlamentswahl Premierminister. Die Regierung wurde umgebildet und mit 49 Mitgliedern zur größten Regierung in der V. Republik aufgebläht. Zwar gehörten ihr einige Politiker der UDF an und mehrere repräsentierten die so genannte Zivilgesellschaft, aber es war gleichwohl keine Koalitionsregierung, denn die Minister aus der politischen Mitte waren aufgrund einer individuellen Entscheidung in der Regierung; sie vertraten nicht ihre Parteien. Wie schon bei der Bildung des ersten Kabinetts hatte Rocard auch diesmal keine freie Hand. Er musste mehrere Wünsche Mitterrands berücksichtigen und konnte nicht alle eigenen Vorstellungen durchsetzen. Die Vertrauten Mitterrands in der Regierung erörterten Probleme ihrer Ressorts oft unter Umgehung des Premierministers direkt mit dem Präsidenten.[14] Rocard fragte sich noch Jahre später, ob mit ihm nicht die Kohabitation in einer schwierigeren, weil verschleierten Form fortgesetzt wurde.[15] Da sich die Generalsekretäre im Elysée und Matignon als wichtigste Mitarbeiter aber gut verstanden und Rocard selbst an einer möglichst reibungslosen Zusammenarbeit gelegen war, blieben ernste Konflikte zunächst aus.

Das Geschick und das Engagement, mit dem Rocard in wenigen Wochen die schwierige Situation in Neukaledonien befriedete,[16] hat das Verhältnis zu Mitterrand vorübergehend verbessert. Auch die Art und Weise, wie Rocard Streiks im öffentlichen Dienst (u. a. in der Metro) im Winter 1988 beendete sowie die guten Ergebnisse der PS bei den Kommunalwahlen im März und der Europawahl im Juni 1989, bei denen sich Rocard engagiert hatte, kamen den Beziehungen der beiden Politiker an der Staatsspitze zugute. Trotz dieser Erfolge verstummte Mitterrands Kritik nicht. Obwohl sich Rocard entgegenkommend, im Urteil einiger Beteiligter fast unterwürfig zeigte, wurde die Zusammenarbeit mit dem Präsidenten nie so eng wie sie es mit Mauroy oder Fabius gewesen war. In den Kreis von Mitterrands Vertrauten wurde Rocard nicht aufgenommen. Neben ihren unterschiedlichen Charakteren unterschieden sie sich, nach Meinung Rocards, auch in ihrer grundsätzlichen Einstellung zur Politik. Anders als bei ihm selbst, seien bei Mitterrand Zwang und List wichtige Faktoren; sie beide seien nicht aus dem gleichen Holz geschnitzt.[17] Hinzu kamen Differenzen über verschiedene politische Probleme. Wiederholt kritisierte Mitterrand, Rocard sei zu sehr auf »das Ökonomische« konzentriert, kümmere sich zu wenig um die sozialen Ungleichheiten, die korrigiert werden müssten.[18] Die von seiner Regierung beschlossene Vermögenssteuer sowie eine Art Eingliederungsgeld (*Revenu d'insertion minimum*), um Arbeitslosen den Zugang zum Arbeitsmarkt zu erleichtern, lassen diesen Vorwurf als unbegründet erkennen. Die Einleitung eines Ermittlungsverfahrens durch den Justizminister gegen René Bousquet, Mitterrands Freund, der sich im Vichy-Regime kompromittiert hatte, rief den Unwillen Mitterrands gegen Rocard hervor, obwohl der Premierminister gar nicht befugt war, ein solches Verfahren zu verhindern.

Die zunehmende Einwanderung aus muslimischen Ländern galt den Franzosen nach der weiterhin hohen Arbeitslosigkeit als wichtigstes Problem. Ins Zentrum der öffentlichen Diskussionen geriet sie, als muslimische Schülerinnen in einer Schule in Creil im Oktober 1989 mit Kopftuch erschienen.[19] Es gab lebhafte öffentliche Debatten, ob dies gegen die Laizität, ein Grundprinzip der französischen Republik, verstieß. Premierminister Rocard verteidigte das Prinzip der Laizität, wenn auch nicht so kompromisslos wie andere sozialistische Minister. Erziehungsminister Jospin vertrat eine offene Position. Er plädierte für eine tolerante Laizität. Eine Mehrheit der Franzosen sprach sich gegen diese Position aus. Im November 1989 erklärte der Staatsrat, das Tragen des Kopftuchs sei mit dem Grundsatz der Laizität vereinbar. Während Danielle Mitterrand das Tragen des Kopftuchs erlauben wollte, hielt sich Mitterrand selbst aus dieser Debatte zunächst heraus. Erst in einem Gespräch mit Schülern im Januar 1990 äußerte er sich. Man müsse die Laizität respektieren, aber sich auch Zeit nehmen für den Dialog. Man müsse mit den Eltern reden und sie zu überzeugen versuchen, die religiösen Überzeugungen nicht zu auffällig zur Schau zu stellen. Am Ende müsse das republikanische Gesetz angewendet werden.[20]

Eine willkommene Ablenkung von den Auseinandersetzungen mit Rocard war für Mitterrand die prunkvoll inszenierte 200-Jahr-Feier der Französischen Revolution 1989. Staats- und Regierungschefs westlicher Demokratien und aus Staaten der nichtkommunistischen Dritten Welt waren dazu eingeladen und wurden vom Präsidenten empfangen. In seiner Rede im *Jeu de Paume* in Versailles, auf die er so stolz war wie auf keine andere, schlug Mitterrand einen Bogen zur Gegenwart. Er zog aus der Geschichte die Lehre, dass nichts vollendet ist, dass der Kampf seine Form ändert, aber nicht seinen Sinn. Er stellte die Republik, aber vor allem die Linke, also seine sozialistische Partei, in diese Tradition. Die Republik »muss sich vor allem um die Ausgeschlossenen kümmern: ausgeschlossen von der Arbeit, vom Wissen, vom Wohlergehen, von der Würde, der Gesundheit, von der Wohnung, der Kultur.« Gleichheit und Freiheit müssten vollendet werden.[21]

Ein Problem, das Mitterrand schon bald nach seiner Wiederwahl beschäftigte, war die Wahl eines PS-Vorsitzenden, denn der bisherige Vorsitzende Jospin war zurückgetreten, nachdem er Erziehungsminister geworden war. Der neue Vorsitzende wäre gewissermaßen der natürliche Kandidat für die nächste Präsidentenwahl. Die Ernennung Rocards zum Premier bedeutete natürlich nicht, dass er Mitterrands eventueller Nachfolger im Präsidentenamt werden sollte. In einem Gespräch mit den Chronisten seiner Präsidentschaft hatte Mitterrand einmal – auf Delors bezogen, aber auch für Rocard zutreffend – gesagt, man könne nicht Christdemokrat sein und die französischen Sozialisten führen. Sie liebäugelten mit einem Bündnis der Parteien der Mitte, das im Widerspruch stand zur Strategie, mit der er zum Präsidenten gewählt wurde.[22] Vielmehr hatte Mitterrand Fabius für den Parteivorsitz auserkoren, den aber sowohl Rocard wie die Mehrheit der Parteiführung verhindern wollten. Obwohl der wütende Mitterrand androhte, bei einer Nichtwahl von Fabius würde er die Nabelschnur zur Partei durchschneiden, scheiterte Fabius. Gewählt wurde Mauroy, den Mitterrand als Präsidenten der Nationalversammlung vorgesehen hatte (was Mauroy abgelehnt hatte). Mitterrands offen bekundete Missachtung demokratischer Spielregeln, seine ›monarchische‹ Attitüde riefen erheblichen Unwillen hervor.[23] Offenbar besaß Mitterrand nicht mehr die treue Gefolgschaft der PS, die regelmäßigen Kontakte mit der Parteiführung ließ er einschlafen. Mitterrand verdächtigte Rocard, nicht zu Unrecht, die Niederlage seines Favoriten Fabius mitorganisiert zu haben.[24] Seine Tage im Amt des Premierministers waren offenkundig gezählt. Am Ende seines Lebens meinte Mitterrand, es sei ein Fehler gewesen, Rocard zum Regierungschef zu ernennen. Nur die sonst drohende Spaltung der PS habe ihn zu seiner Ernennung gezwungen.[25]

Der Rücktritt Rocards, faktisch seine Entlassung, wurde durch den Golfkrieg hinausgezögert. Nach dessen Ende entließ Mitterrand ihn, obwohl er weiterhin beliebt war. Nach dem Experiment Rocard wollte Mitterrand eine Person seines Vertrauens an der Spitze der Regierung haben. Aber nicht einer der erwarteten Favoriten wurde am 15. Mai 1991 ernannt, sondern Edith Cresson, die erste Premierministerin Frankreichs. Kaum jemand hatte mit ihr gerechnet und Vertraute und Freunde hatten Mitterrand von ihr abgeraten. Für ihre Aufgabe schien sie nicht hinreichend vorbereitet und führende sozialistische Politiker wollten von ihr nichts wissen.[26] In Mitterrands Augen hatte die Entscheidung eine ähnliche Bedeutung wie die Einführung des Frauenwahlrechts durch de Gaulle 1944[27] – die erstmalige Ernennung einer Frau zur Premierministerin hat bei Mitterrands Entscheidung sicher eine wichtige Rolle gespielt. Diese war auch dadurch bestimmt, dass Cresson seit vielen Jahren seine entschiedene Anhängerin war und er sie sehr sympathisch fand. Er habe jemanden gewollt, so verteidigte

Mitterrand später seine Entscheidung, der nicht an das Präsidentenamt denkt, sondern an die nächste, 1993 bevorstehende Wahl zur Nationalversammlung, jemand, der die drohende Niederlage der PS abwenden könnte.[28]

Cressons anfänglich gute Umfragewerte gingen rasch zurück und führten auch zu einem Rückgang der Beliebtheit des Präsidenten. Soziale Unruhen trugen dazu ebenso bei wie Cressons gelegentlich allzu freimütige Äußerungen.[29] In der PS hatte sie nicht viele Anhänger. Sie wurde rasch so unpopulär, dass Mitterrand sich nach nicht einmal einem Jahr von ihr trennte, das sehr schlechte Abschneiden der PS bei den Kantonalwahlen 1992 gab den Anlass. In ihrem Brief an Mitterrand beklagte sie sich darüber, dass sie weder eine schlanke Regierung habe bilden können noch sich auf die Unterstützung der PS verlassen konnte.[30] Der Präsident hatte, wie üblich, erheblichen Einfluss auf die Zusammensetzung des Kabinetts genommen und durchgesetzt, dass die ›PS-Barone‹, die die Premierministerin nicht haben wollte, in der Regierung blieben oder neu hinzukamen. Selbst ihren engsten Mitarbeiterstab konnte sie nicht ohne Eingriffe des Präsidenten bilden.

Neuer Regierungschef wurde, nachdem Jacques Delors, Kommissionspräsident in Brüssel, abgewinkt hatte, Pierre Bérégovoy, der eine langjährige Regierungserfahrung hatte und als Vertrauter Mitterrands galt. Da in einem Jahr die Wahlen zur Nationalversammlung anstanden und ein Sieg der Opposition nach den Ergebnissen der Kantonalwahlen fast sicher erschien, konnte die neue Regierung nur als eine Übergangsregierung betrachtet werden.

Verschiedene Affären trübten das in weiten Kreisen der Öffentlichkeit ohnehin nicht besonders positive Bild Mitterrands. Besonders kritisiert wurde die Aufdeckung einer von ihm schon 1982 eingerichteten antiterroristischen Zelle, deren ursprüngliche Aufgabe die Aufdeckung möglicher Attentate war. Das umfangreiche Abhören von Telefongesprächen, vor allem zwischen 1983 und 1986 diente jedoch weniger dem Aufspüren möglicher Gefahren für den Präsidenten, sondern dem Verbergen seines Privatlebens, seiner Geliebten und der gemeinsamen Tochter Mazarine. Erst 2005 kam es zu einem Gerichtsverfahren und zu Verurteilungen. Die Richter betonten, dass es im Wesentlichen Mitterrand selbst gewesen war, der das Abhören geschehen ließ oder sogar veranlasst hatte. Medien und Öffentlichkeit interessierten sich weniger für die neue Regierung und weit mehr für die Einlieferung des Präsidenten ins Krankenhaus im September 1992, wo er wegen Prostatakrebs operiert wurde.

Außenpolitik in einem weltpolitischen Umbruch

In seiner zweiten Amtszeit hat sich Mitterrand stark, während der Kohabitation (1993–1995) ausschließlich auf die Außenpolitik konzentriert. Seine fortschreitende Krankheit ermöglichte ihm auch nicht, sich gleichermaßen mit innenpolitischen Problemen zu befassen. Da es zwischen ihm und dem gaullistischen Premier- wie dem Außenminister kaum Differenzen gab, verlief die zweite Kohabitation außenpolitisch weitgehend konfliktfrei.

Deutsche Wiedervereinigung

Mitterrands zweite Amtszeit war außenpolitisch geprägt durch das Ende des Ost-West-Konflikts und seine Folgen: deutsche Wiedervereinigung, kriegerische Konflikte im ehemaligen Jugoslawien, Entwicklung der europäischen Integration. Das Ende des Ost-West-Konflikts bedeutete das Ende des Europas von Jalta und seiner Blockbildung. Es entstand eine neue Machtverteilung in Europa. Mitterrand war in seiner Einstellung zur ›Ordnung von Jalta‹ unsicher. Einerseits meinte er, die nach der Aufhebung der Teilung Europas möglicherweise kommende »Unordnung ist für uns wahrscheinlich nicht besser als die bislang herrschende Ordnung«. Das friedenssichernde, bestehende Gleichgewicht drohe aufgehoben zu werden, man gehe das Risiko eines neuen Krieges ein.[31] Doch erklärte er auch mehrfach, »Jalta zu überwinden«, d. h. die Teilung Europas am ›Eisernen Vorhang‹ aufzuheben, sei gut. Das Ende von Jalta kam für ihn schließlich ebenso unerwartet wie für die meisten Politiker. Noch 1985 meinte er, es werde noch lange dauern, vielleicht ein halbes Jahrhundert, bis die Teilung Europas überwunden wäre.³²

Die deutsche Teilung hatte Frankreich eine ›doppelte Sicherheit‹ gegeben: gegenüber der Sowjetunion durch die Westbindung der Bundesrepublik, gegenüber Deutschland durch die Teilung und damit seine Schwächung.³³ Eine Wiedervereinigung Deutschlands drohte diese für Frankreich günstige Konstellation in Frage zu stellen. Für Mitterrand wie für andere französische Politiker dieser Zeit gilt wohl das François Mauriac zugeschriebene Wort, er liebe Deutschland so sehr, dass er froh sei, dass es davon zwei gebe.

Mitterrands Äußerungen zu einer eventuellen Wiedervereinigung sind widersprüchlich. 1979 hielt er sie im Hinblick auf das europäische Gleichgewicht – ein zentrales Prinzip seines außenpolitischen Denkens –, die französische Sicherheit und den Frieden »weder [für] wünschenswert noch möglich«.³⁴ Bei einem Treffen mit Bundeskanzler Schmidt 1981 in Latche erklärte Schmidt, er glaube nicht, dass die Wiedervereinigung noch zu seinen Lebzeiten kommen werde, aber nach dem Jahr 2000. Mitterrand widersprach: Die Wiedervereinigung entspreche objektiven und subjektiven Realitäten, sie sei »in die Geschichte eingeschrieben«.³⁵ Das sowjetische Imperium müsse nur geschwächt sein. Das werde in den nächsten 15 Jahren der Fall sein.

Im Mai 1989 stellte Mitterrand im französischen Kabinett fest, dass es normal sei, dass die Deutschen die Wiedervereinigung wollten. Die französische Politik müsse »diesem nicht zu unterdrückenden Bedürfnis Rechnung tragen«.³⁶ Wenige Tage später meinte er jedoch gegenüber US-Präsident Bush, die Wiedervereinigung werde nicht vor dem Zerfall der Sowjetunion kommen, denn Moskau werde sich ihr mit Gewalt widersetzen, solange es stark genug sei. In etwa zehn Jahren könne die Wiedervereinigung auf friedlichem und demokratischem Weg zustande kommen, das sowjetische Imperium in Europa könne noch vor dem Ende des Jahrhunderts verschwinden.³⁷ Am *Quai d'Orsay* meinte man noch im Sommer 1989, der euphorische Empfang Gorbatschows in der Bundesrepublik 1989 wecke in der Bundesrepublik übertriebene Hoffnungen.³⁸ Das Streben der Deutschen nach Einheit sei zwar legitim, erklärte Mitterrand in einer Pressekonferenz mit

Gorbatschow am 5. Juli 1989, aber sie stehe nicht zwangsläufig bevor. Im Ministerrat meinte er noch am 6. September 1989, die Sowjetunion werde noch lange die Wiedervereinigung verweigern, aber – wohl schon mit Blick auf die Bewegung in der DDR – man müsse die Möglichkeit »kühl ins Auge fassen«.³⁹ Noch am 18. Oktober 1989 zeigte sich Mitterrand im Ministerrat gelassen. Er wies darauf hin, dass die beiden deutschen Staaten unterschiedliche politische, wirtschaftliche und soziale Systeme hätten und verschiedenen Bündnissen angehörten. »Die Wiedervereinigung ist nicht für morgen«, denn »sie würde das Ausscheiden der DDR aus dem Warschauer Pakt bedeuten.« Das sei für die Sowjetunion »ein Tabu«. Da die USA den Austritt eines vereinten Deutschland aus der NATO nicht akzeptieren würde, brauche man nicht beunruhigt zu sein. Die ›zwei Großen‹ beschützten Frankreich.⁴⁰ Sollte die Vereinigung doch kommen, müsse sie »friedlich und demokratisch« verlaufen. Er ließ bereits erkennen, was ihm wichtig war: »Deutschland hat kein Interesse, seine Bündnisse umzukehren oder seine Europapolitik zu opfern.«⁴¹

Abb. 10: Erich Honecker zu Besuch in Paris, 8. Januar 1988.

Die Folgen der Öffnung der ungarischen Grenze nach Österreich am 11. September 1989 hat Mitterrand zunächst nicht erkannt. Trotz mancher Sorge schien eine Wiedervereinigung für ihn im Oktober noch keine Aktualität zu haben.[42] Die Entwicklung ging rascher voran als Mitterrand, sein Außenminister und viele andere französische Politiker dachten. Premierminister Fabius hatte als erster Regierungschef einer der drei westlichen Siegermächte im Juni 1985 die DDR besucht. Mitterrand selbst hatte im Januar 1988 als erster Staatschef einer westlichen Siegermacht Erich Honecker empfangen und diesem damit »den bis dahin größten Prestigeerfolg« beschert.[43] Wenige Tage vor Öffnung der Mauer, antwortete Mitterrand bei einer Pressekonferenz des deutsch-französischen Gipfels auf die Frage, ob er Angst vor der Wiedervereinigung habe: »Nein, ich habe keine Angst.« Was zähle, seien »der Wille und die Entschlossenheit des [deutschen] Volkes [...] [N]iemand hat sich an die Stelle dieses Willens zu setzen [...] Ich nehme sie [die Geschichte], wie sie ist.« Frankreich werde seine Politik so anpassen, dass sie den Interessen Europas und seinen eigenen am besten entspreche. Er wäre erstaunt, wenn es in den nächsten zehn Jahren keine neuen Strukturen in Europa geben würde.[44] An seinem bevorstehenden Besuch in der DDR und in osteuropäischen Staaten wollte er festhalten. Er besuche nicht diese oder jene Person, sondern ein Volk. Was wollen jene, die regiert werden? Ist in diesen Milieus überhaupt von Wiedervereinigung die Rede? Die Entwicklung werde nicht so rasch vorangehen, wie es jene wünschen, die von Wiedervereinigung sprechen. Frankreich werde seine Politik so anpassen, dass sie den Interessen Europas und seinen eigenen am besten entspreche. Es sei ›natürlich‹, dass die Deutschen und die Franzosen eine unterschiedliche Sichtweise hätten. Kohl sah in Mitterrands Worten eine »Distanzierung«, verdächtigte ihn des »Doppelspiels«, das ihre Freundschaft gefährdete, Mitterrand wolle »keinerlei Bewegung in der deutschen Frage sehen«. Zurückhaltend formuliert er, er habe den Eindruck gehabt, dass der französische Präsident »sich zunächst nicht leicht getan [habe] mit der deutschen Frage«.[45] Den Vorwurf, er habe die Wiedervereinigung ›bremsen‹ wollen, bestritt Mitterrand noch wenige Wochen vor seinem Tod.[46]

Die Öffnung der Mauer überraschte die französische Regierung ebenso wie jede andere. Zwar erklärte Mitterrand im November 1989 in Kopenhagen, sie sei »ein glückliches Ereignis, das ansteckend sein würde«. Aber:

»Die Wiedervereinigung der beiden Teile Deutschlands ist nicht die einzige Modalität ihrer Beziehungen zueinander. Sie wird noch auf manches Hindernis stoßen, denn die Karte Europas hat sich nicht so weit verändert [...] Der Wille des deutschen Volkes, der hier zum Ausdruck kommt, muss unser oberstes Gesetz sein.«[47]

Doch spätestens mit dem Zehn-Punkte-Plan, den Kohl am 28. November 1989 im Bundestag vortrug und über den er Mitterrand vorher nicht informiert hatte, wurde dem französischen Präsidenten klar, dass die Entwicklung schneller voranging, als er gedacht hatte. Er fürchtete, sie könne außer Kontrolle geraten. Die Wiedervereinigung sei ein Problem für das europäische Gleichgewicht, doch es wäre ›absurd‹, sie verhindern zu wollen. Mehrfach erklärte er, die deutsche Vereinigung müsse »friedlich und demokratisch« verlaufen und dürfe den Fortgang der europäischen Einigung nicht behindern.[48] Verärgert und beunruhigt war Mitterrand darüber, dass in Kohls zehn Punkten keine Rede von der Anerkennung der Oder-Neiße-Grenze war.

Am 6. Dezember 1989 reiste Mitterrand zu einem von ihm initiierten Treffen mit Gorbatschow in die Sowjetunion. Da das Gesprächsprotokoll nicht auffindbar ist, kann nur spekuliert werden, was bei diesem Treffen besprochen wurde. Selbst wenn Mitterrand mit seinem Besuch Gorbatschow nur innenpolitisch helfen wollte, konnte unter deutschen Politikern der Eindruck entstehen, der französische Präsident bemühe sich um ein Wiederbeleben der französisch-russischen Allianz, die – ähnlich wie vor 1914 – das zu mächtige Deutschland einhegen sollte. In der Einleitung seiner 1986 erschienen *Réflexions sur la politique extérieure de la France* hatte er noch geschrieben, Russland sei in der französischen Geschichte immer »ein nützliches Gegengewicht gewesen und kann es immer noch sein«.[49] Als Gorbatschow später erklärte, es sei das Recht des deutschen Volkes, über sein Schicksal selbst zu entscheiden und die Sowjetunion werde diese Entscheidung respektieren, wurde Mitterrand wütend: »Er hat mir gesagt, er werde fest bleiben, und er gibt überall nach!«[50] In seinem posthum erschienen Buch *De l'Allemagne, de la France* schreibt er knapp: »Alles hat in Moskau begonnen«, und bringt damit zum Ausdruck, dass die Änderung der sowjetischen Politik unter Gorbatschow der entscheidende Faktor für die Entwicklung der ›deutschen Frage‹ war. Mitterrand sah bald ein,

dass Gorbatschow seine Divisionen nicht vorrücken lassen konnte oder wollte. Auch wenn die überlieferten Aussagen – so sie authentisch wiedergegeben sind – widersprüchlich sind, lassen sie erkennen, dass Mitterrand über den Fall der Mauer nicht erfreut war, ihm die Wiedervereinigung zu schnell voranging und Frankreich keine Kontrolle mehr über sie hatte. Seine resignierend klingende Äußerung bei einem Treffen mit US-Präsident Bush am 16. Dezember 1989 kann so verstanden werden: »Wenn es einen nicht zu unterdrückenden Drang der deutschen Bevölkerung gibt, muss man das akzeptieren.«[51]
Mitterrands mit Kohl nicht abgesprochener Besuch in der DDR vom 20. bis 22. Dezember 1989 wurde als eine seit längerem geplante Erwiderung des Besuchs Erich Honeckers in Paris 1988 dargestellt. Seine Berater Védrine und Guigou hatten abgeraten, doch er hielt an seiner beabsichtigten Reise fest. Am Ende seines Besuchs erklärte Mitterrand vor der Presse, Frankreich wolle denen, die eine Veränderung des DDR-Regimes wollten, seine Wertschätzung zeigen.[52] Vor Studierenden der Universität Leipzig erklärte er zwar, »die Einheit der Deutschen betreffe zuallererst die Deutschen selbst [...] Wenn das deutsche Volk sich für die Einheit ausspricht, wird sich Frankreich nicht widersetzen.«[53] Aber:

> »Man kann die europäische Realität, die sich nach dem Zweiten Weltkrieg gebildet hat, nicht mit einem Federstrich rückgängig machen. Das deutsche Volk muss bei seiner Entscheidung das europäische Gleichgewicht berücksichtigen.«[54]

Er hatte jedoch mehrfach zu verstehen gegeben, dass ein vereinigtes Deutschland dieses Gleichgewicht per se stören würde. Einen realistischen Eindruck der Schwäche der DDR scheint er nicht gewonnen zu haben, bei den Demonstrierenden gegen das Regime will er eine geringe Neigung für die Wiedervereinigung festgestellt haben.[55] Bei der Öffnung des Brandenburger Tors am 22. Dezember wollte Mitterrand, der noch in Berlin war, nicht dabei sein. Auch den Vorschlag Kohls, im deutschen Fernsehen »seine Sympathie für die deutsche Sache und den Gang zur Einheit zu bekunden«, lehnte er ab.[56]
Mitterrand nannte wiederholt zwei Probleme, die für ihn im Vereinigungsprozess besonders wichtig waren: die künftige Ostgrenze Deutsch-

lands und der europäische Einigungsprozess. Sie mussten vor der Vollendung der deutschen Einheit entschieden werden. Er habe ernste Zweifel gehabt, dass Kohl die Grenze habe anerkennen wollen. Kohls rechtliche Begründung, nur ein vereintes Deutschland könne die Grenze anerkennen, scheint er ebenso wenig ernst genommen zu haben wie das Hinauszögern im Hinblick auf die bevorstehende Bundestagswahl und Kohls Sorge um die Stimmen der Heimatvertriebenen. Bei einem Gespräch mit Mitterrand in Paris im Februar 1990 bekannte Kohl offen: »Wenn wir jetzt schon die Oder-Neiße-Grenze bestätigen, stärken wir die extreme Rechte.«[57] Beim Besuch des polnischen Staatspräsidenten in Paris im März 1990 unterstrich Mitterrand, Frankreich betrachte die Oder-Neiße-Grenze als »unantastbar«. Damit gehe Frankreich weiter als die Erklärung des Deutschen Bundestags, die dahingehend noch zu präzisieren sei, dass die Grenzfrage vor der Vereinigung völkerrechtlich verbindlich entschieden werden müsse.[58] Für Kohl musste sie mit der Vereinigung einhergehen und durfte keine Vorleistung sein. Erst der Beschluss des Bundestages am 8. März gab Mitterrand und Frankreich in dieser Frage Gewissheit.

In Latche konnten am 4. Januar 1990 nach einem intensiven Gespräch die noch bestehenden »Missverständnisse und Verstimmungen« zwischen Kohl und Mitterrand ausgeräumt werden, und die eingetrübten Beziehungen zwischen beiden verbesserten sich.[59] Als die Grenzfrage geregelt, die Einbindung Deutschlands in die europäische Wirtschafts- und Währungsunion nach dem EG-Gipfel in Dublin erreicht war und die Volkskammerwahlen am 18. März 1990 einen klaren Sieg der »Allianz für Deutschland« brachten, fand sich Mitterrand mit der unvermeidlichen Wiedervereinigung ab. Er hatte begriffen, dass Frankreich nicht in der Lage war, den Prozess anzuhalten.

Anlässlich seines Besuchs in London im Januar 1990, als die Wiederherstellung der deutschen Einheit so gut wie entschieden war, äußerte Mitterrand gegenüber Thatcher, die hoffte, er würde sie bei ihrem Widerstand unterstützen:

»Ich sage nicht nein zur Wiedervereinigung, das wäre dumm und nicht realistisch. Ich sehe nicht, welche Macht in Europa sie verhindern kann [...] Es ist besser, man akzeptiert sie und verbindet sie mit dem Aufbau Europas und der Garantie der Grenzen.«[60]

Wie auch immer seine geheimsten Gedanken gewesen sein mögen: Das Recht der Deutschen auf Wiedervereinigung hat Mitterrand, jedenfalls öffentlich, nie bestritten. Er hat der Wiedervereinigung grünes Licht gegeben, als er seine Ziele erreicht hatte, vor allem einen gewissen Ausgleich zwischen dem legitimen Streben der Deutschen nach Selbstbestimmung einerseits und der Fortführung der europäischen Integration mit der Einbindung des größeren Deutschland andererseits. Mitterrands Politik war stark von der Geschichte, von der Vorstellung eines europäischen Gleichgewichts geprägt. Dieses Gleichgewicht drohte, durch ein vereinigtes Deutschland gestört zu werden. Wiederholt verwies er auf den Anfang des Jahrhunderts, als das mächtige Deutschland Frankreich bedrohte und bekriegte.

Es war Mitterrand wie jedem französischen Politiker klar, dass sich mit einem vereinten Deutschland das Kräfteverhältnis in Europa und die zwischenstaatlichen Beziehungen erheblich verändern würden – zugunsten Deutschlands. Frankreich würde seine bisherige Rolle als Führungsmacht im nichtkommunistischen Teil Europas verlieren, sie bestenfalls mit dem stärker gewordenen Nachbarn teilen müssen. Insofern ist seine Zurückhaltung während des Vereinigungsprozesses nicht verwunderlich. Schon beim ersten Treffen mit Gorbatschow am 5. Oktober 1985 hatte er seinen Zwiespalt offen eingestanden: Er wünsche zwar, sich »mit den Deutschen brüderlich zu verständigen«, aber er könne nicht »die Wiederherstellung eines beherrschenden Pols in der Mitte Europas wünschen«.[61] Aus dem Entwurf eines Kommuniqués von Außenminister Dumas nach der Unterzeichnung des Zwei-plus-Vier-Vertrages am 12. September 1990 strich Mitterrand den Satz, dass Frankreich dieses Übereinkommen »als einen glücklichen Akt für alle Europäer betrachtet«.[62] Gegenüber dem Bundeskanzler bekannte Mitterrand offen: Wäre er Deutscher, dann wäre er für die Wiedervereinigung – das ist Patriotismus –, als Franzose entwickle er dafür nicht die gleiche Leidenschaft.[63]

Doch das vereinte Deutschland war für ihn bald kein Grund mehr zur Beunruhigung. Auch das vorübergehend getrübte Verhältnis zu Kohl besserte sich und wurde wieder eine enge, vertrauensvolle Beziehung. Bei einem Gespräch mit dem Kanzler im Februar 1990, als die Spannungen zwischen ihnen überwunden waren, meinte Mitterrand, er wolle alles, was getan werden müsse, mit ihm, Kohl, tun und fügte hinzu: »Mit wem denn sonst. Vielleicht sind wir schon so etwas geworden wie ein altes Ehepaar!«[64] Präsident und Kanzler haben sich zwar nicht so häufig getroffen, wie es bei Ehepaaren üblich ist, aber Mitterrand traf Kohl doch häufiger als irgendeinen Politiker aus einem anderen Staat: 68-mal, sagte Kohl einem sprachlosen Gorbatschow einmal. Nach Mitterrand waren es »an die achtzig, ein einsamer Weltrekord«.[65] Beim 55. deutsch-französischen Gipfel in Paris am 25. und 26. April 1990 wurde deutlich, dass das politische Paar seine Auseinandersetzungen und Verstimmungen hinter sich gelassen hatte. Mitterrand hielt eine »sehr gefühlsbetonte Rede«, in der er das deutsche Volk ein großes Volk nannte. Kohl war »sichtlich bewegt«.[66]

Europapolitik

Statt des von Mitterrand bald als aussichtslos erkannten Versuchs einer Blockade der Wiedervereinigung gab es eine andere Politik: »Das Europa der Zwölf attraktiver machen, damit ein eventuell wiedervereinigtes Deutschland die Gemeinschaft einer Schaukelpolitik zwischen Ost und West vorzieht.«[67] Ein deutscher Nationalneutralismus musste verhindert werden. Die Einbindung des vereinten Deutschland in eine durch die angestrebte Währungs- und Wirtschaftsunion gestärkte Europäische Gemeinschaft war für Mitterrand noch wichtiger als die Grenzfrage. Sie war auch das Kernelement seiner Deutschlandpolitik. »Die deutsche Frage ist eine europäische Frage«, steht auf seinem handgeschriebenen Notizzettel für das Sondertreffen der Staats- und Regierungschefs der EG am 18. November 1989.[68] Eine Störung des bestehenden europäischen Gleichgewichts durch ein vereintes Deutschland wollten weder Mitterrand noch die politische Klasse Frankreichs. Die beiden Prozesse, deutsche und europäische Einigung, müssten harmonisch verlaufen, sonst passiere ein »Unfall«.[69]

Zwar drohte Frankreich seine bisherige Führungsrolle in der EG durch das vereinte Deutschland zu verlieren, außerhalb der EG wäre Deutschland aber noch bedrohlicher. Seine wirtschaftliche und finanzielle Überlegenheit würde nach Überwindung der einigungsbedingten

Probleme noch größer werden. Die deutsche Größe und Stärke müsse durch festere Strukturen der EG neutralisiert werden.[70] Die Dominanz der D-Mark in Europa zu verhindern, war das Ziel der Wirtschafts- und Währungsunion. Über eine Währungsunion hatten der Präsident und der Kanzler als Ziel erstmals schon 1985 gesprochen. Kohl hatte sein Zögern erkennen lassen: »Die DM ist für uns Deutsche unsere Fahne«,[71] in den Augen Mitterrands war sie die deutsche Atombombe.[72] Mit dem Genscher-Memorandum vom Februar 1988 über die Schaffung eines europäischen Währungsraumes und einer europäischen Zentralbank wurden die Vorschläge konkretisiert. Kohl sah durch Verhandlungen über die Währungsunion seinen erhofften Erfolg bei der ersten gesamtdeutschen Wahl gefährdet. Er fürchtete, ihm würde die Aufgabe der Mark verübelt werden. Daher wollte er Gespräche zur Währungsunion hinausschieben, was zu einem »argen Wortstreit« zwischen Präsident und Kanzler bei einem Abendessen führte.[73] Durch Vermittlung Delors' einigte man sich schließlich darauf, die Verhandlungen erst nach der Bundestagswahl festzulegen. Erst beim Treffen in Latche am 4. Januar 1990 erhielt Mitterrand endgültig Gewissheit, dass Kohl grünes Licht für die Gespräche über die Währungsunion gab. So konnte auf dem Dublin-Gipfel im Juni 1990 der Beginn der ersten Stufe der Wirtschafts- und Währungsunion auf den 1. Juli 1990 festgelegt werden.

Mitterrand entschied, über den Vertrag durch ein Referendum abstimmen und ihn so auch direktdemokratisch absichern zu lassen.[74] Die Bundesbank half auf Drängen Kohls, den durch Spekulation bedrohten Franc durch eine gemeinsame Erklärung mit der *Banque de France* zu stützen. Dies trug vermutlich zur knappen Zustimmung zum Vertrag (51 %) beim Referendum 1992 bei. Die Bildung der schon vorher diskutierten Währungsunion und die Einführung des Euro wurden durch den Einigungsprozess beschleunigt, vor allem durch das Insistieren Frankreichs. Auch Mitterrand zeigte Entgegenkommen: Er akzeptierte, dass die zu gründende Europäische Zentralbank nach dem Modell der von der Politik unabhängigen Bundesbank erfolgen, in erster Linie der Preisstabilität verpflichtet sein und ihren Sitz in Frankfurt haben sollte.

Bei der dritten Säule des Maastricht-Vertrages, der Gemeinsamen Außen- und Sicherheitspolitik, achtete Mitterrand darauf, dass die Beratungen und Beschlüsse zwischen den Regierungen getroffen wurden, die Entscheidung also beim Ministerrat lag, dass keine Vergemeinschaftung erfolgte. Das wäre der Fall gewesen, wenn das deutsche Konzept mit einer Stärkung der Kommission und des Parlaments angenommen worden wäre. Zu Souveränitätsverzichten war Mitterrand nur bereit, wenn sie ihm absolut nötig erschienen. Die Idee eines europäischen Bundesstaats lehnte er ab. Als Delors von einer europäischen Exekutive, verantwortlich vor dem Europäischen Parlament und den nationalen Parlamenten sprach, reagierte er verärgert: »Niemand in Europa will das!«[75] In Maastricht hatte Mitterrand das Wesentliche seiner europapolitischen Ziele erreicht.

Die Süderweiterung der EG durch den Beitritt Spaniens und Portugals 1986 hatte Mitterrand, gegen die Opposition der Gaullisten und ihrer Verbündeten, ermöglicht. Dagegen stand er einer Osterweiterung der EG verdeckt ablehnend gegenüber. Für ihn hatte die Vertiefung der Gemeinschaft zur Einbindung des geeinten Deutschland Vorrang. Durch den Beitritt mehrerer Staaten, die noch nicht in der Lage waren, die Anforderungen des Vertrags zu erfüllen, sah er die Gemeinschaft gefährdet. Vor allem fürchtete er durch eine Osterweiterung eine Verschiebung des Gewichts innerhalb der EG zugunsten Deutschlands.

Jugoslawienkonflikt

Der Erhalt und die Festigung der Europäischen Gemeinschaft waren auch ein wichtiges Motiv für Mitterrands Politik während des im Sommer 1991 beginnenden Krieges in Jugoslawien und dessen Auflösung in mehrere unabhängige Staaten. Zunehmende ethnische Spannungen und eine sich verschärfende ökonomische Krise bedrohten den Vielvölkerstaat. Slowenen und Kroaten forderten ihre Unabhängigkeit. Mitterrand erkannte früh die Gefahr einer Explosion der Nationalitäten, weshalb er den Fortbestand Jugoslawiens befürwortete. Reformen seien nötig, aber es gebe keine gute Ersatzlösung für Jugoslawien. »Es ist nicht wünschenswert, dass bestehende Länder in mehrere Teile auseinanderbrechen.« Zwar sei »der Fall der Reiche« ein Fortschritt gewesen, aber wenn man nichts Neues schaffe, werden die Freiheiten in zahlreichen Konflikten verloren gehen. Er wandte sich gegen ein in ›Stämme‹ zerfallendes Europa.[76] Ein militärisches Eingreifen lehnte er jedoch ab, denn es helfe nicht weiter, dem Bürgerkrieg einen Interventionskrieg hinzuzufügen.

Dieser Konflikt stellte die Beziehungen zwischen Frankreich und Präsident Mitterrand auf der einen, Deutschland und Bundeskanzler Kohl auf der anderen Seite auf eine harte Probe. Beide vertraten entgegengesetzte Positionen: Kohl unterstützte von Anfang an die kroatische und slowenische Forderung nach Unabhängigkeit. Mitterrand befürwortete die serbische Position zur Beibehaltung des bestehenden multinationalen Staates, in dem die Serben als stärkste Nation die dominierende Rolle spielten. Dem Kanzler warf er vor, sich mit seinem Insistieren auf der frühen Anerkennung der Unabhängigkeit von Kroatien und Slowenien über die EG-Partner hinwegzusetzen und eine nationale Interessenpolitik zu treiben.[77] Mitterrand sah in der antiserbischen Politik Deutschlands eine Wiederbelebung der Ressentiments der Habsburger Monarchie gegen die Serben und ein Indiz für die Wiedererstehung des von Deutschland und Österreich-Ungarn beherrschten alten Mitteleuropa, mit dem Segen des Vatikan.

Mitterrands einseitig proserbische Haltung war historisch und politisch begründet. Serbien war im Ersten Weltkrieg Verbündeter Frankreichs. Mitterrand erinnerte daran, dass Kroatien, der frühere Ustascha-Staat, zum Nazi-Block gehört hatte. Die Serben seien die einzigen gewesen, die den Nazis widerstanden hatten.[78] Die Rolle der serbischen Führung gegenüber nicht-serbischen Minderheiten in Bosnien und im Kosovo sah er unkritisch, ihre Unterdrückungspolitik schien er nicht zur Kenntnis zu nehmen. Sein spektakulärer Flug ins von Serben belagerte und beschossene Sarajewo Ende Juni 1992 und sein Gang durch die Stadt mit dem bosnischen Präsidenten Izetbegovic können nicht darüber hinwegtäuschen.[79] Mitterrand wurde in der französischen Öffentlichkeit, von Intellektuellen, von der Opposition und auch von Sozialisten kritisiert.[80] In der deutsch-französischen Erklärung beim Bonner Gipfel 1992 heißt es dann jedoch, »die serbischen Führer der Territorien in Bosnien-Herzegowina [...], die ex-jugoslawische Armee und die politischen Führer der Republik Serbien« seien »Hauptverantwortliche für diese Praktiken« der ethnischen Säuberungen.[81] Im Rahmen einer Erklärung der zwölf EG-Mitgliedstaaten vom Juni 1993 verurteilte schließlich auch Frankreich die serbische Politik. Mitterrand hatte das Dilemma erkannt: Nahm man die einseitige Anerkennung der Unabhängigkeit Kroatiens und Sloweniens durch Deutschland hin, dann drohte eine Ausweitung der Kämpfe auf andere Gebiete Jugoslawiens, insbesondere auf das multiethnische Bosnien-Herzegowina. Widersetzte man sich, dann würden die deutsch-französischen Beziehungen und die EG auf eine Zerreißprobe gestellt, würden die Verhandlungen über die Währungsunion gefährdet. Außenminister Dumas brachte das Dilemma auf den Punkt: »Der Zerfall Jugoslawiens ist ein Drama; der Zerfall der Gemeinschaft wäre eine Katastrophe.«[82]

Abb. 11: Das Ausmaß der Zerstörung in Grbavica, einem Ortsteil von Sarajevo, Bosnien und Herzegowina, dokumentiert am 9. März 1996.

Irakkrieg

Am 2. August 1990 marschierten Truppen des Irak in Kuwait ein und annektierten den ölreichen Golfstaat. Die Verurteilung dieses einseitigen Vorgehens, der ersten Annexion eines Mitgliedstaates der UNO durch ein anderes, erfolgte in den westlichen Hauptstädten rasch und einmütig. Präsident Bush erklärte, die USA würden alles unternehmen, um einen bedingungslosen Rückzug der irakischen Truppen zu erreichen. Er wollte eine möglichst breite internationale Koalition bilden, um den irakischen Staatspräsidenten Saddam Hussein zum Rückzug zu zwingen. Der UN-Sicherheitsrat forderte den sofortigen und bedingungslosen Rückzug der irakischen Truppen. Falls Hussein die Resolution nicht akzeptieren sollte, würden die USA eine internationale Koalition schmieden, um ihn unter Einsatz militärischer Mittel zum Rückzug zu zwingen. Da Hussein trotz der Bemühungen Mitterrands um eine Verhandlungslösung nicht einlenkte, startete eine Koalition unter Führung der USA am 17. Januar 1991 die ›Operation Wüstensturm‹ gegen den Irak.

Dass alle Entscheidungen in diesem Konflikt nach Beratungen in einem kleinen Kreis von Politikern und Militärs von Mitterrand allein getroffen wurden, überrascht nicht. Das Außenministerium wurde mehrfach übergangen. Frankreich hatte bis dahin eine irakfreundliche Politik betrieben, es hatte dem Irak Waffen geliefert und dafür Erdöl bezogen. Insofern war es verständlich, dass Mitterrand Vermittlungsbemühungen in der UNO unternahm, die aber an der Unnachgiebigkeit Saddam Husseins scheiterten. Ein Krieg erschien immer wahrscheinlicher, auch wegen des Drucks der USA. Man müsse hart bleiben, erklärte Mitterrand, denn »wir müssen das Recht und die internationale Solidarität verteidigen«.[83]

Mitterrand war bereit, sich mit einem französischen Truppenkontingent zu beteiligen, obwohl die öffentliche Meinung mehrheitlich gegen den Krieg war und einige Minister Bedenken äußerten. Er bemühte sich dabei, den Krieg gegen Saddam Hussein nicht als Feldzug gegen die arabische Welt erscheinen zu lassen. Frankreich müsse alles tun, um die Rolle des Vermittlers zu spielen und so schickte Mitterrand den Generalsekretär des Elysée in mehrere arabische Länder, um die französische Politik zu erklären. Insgesamt blieb das militärische Gewicht Frankreichs im Konflikt aber gering, sowohl hinsichtlich des Truppenkontingents als auch der eingesetzten Waffen. Das französische Kontingent unter das amerikanische Kommando zu stellen, kam für Mitterrand nicht in Frage. Den Eindruck, Frankreich sei Befehlsempfänger der USA, wollte er unbedingt vermeiden. Frankreich sei im Bündnis solidarisch, befinde sich aber nicht in Gefolgschaft der USA. Eine gewisse Kooperation mit den NATO-Verbänden war allerdings nötig und es war klar, dass die Operation insgesamt unter amerikanischer Führung stand. In den Medien war Mitterrand sehr präsent und er versuchte in 15 Pressekonferenzen – laut seinem Generalsekretär –, die öffentliche Meinung von seinen Entscheidungen zu überzeugen. Anfangs skeptisch, stand sie bald hinter ihm. Innerhalb der sozialistischen Partei gab es jedoch abweichende Auffassungen. Verteidigungsminister Chevènement war der prominenteste Kritiker von Mitterrands Vorgehen und trat bald zurück.

Mitterrands Motive für ein Eingreifen Frankreichs waren die durch einen Sieg Saddam Husseins stark gefährdete Sicherheit Israels, die Versorgung mit Erdöl sowie die Befürchtung, Saddam Hussein könne, wenn man nicht reagiere, weitere ähnliche Aggressionen unternehmen und damit ein Beispiel für andere werden. Auch der einem bedrohten Volk verweigerte Beistand war für Mitterrand ein wichtiges Argument. Das Recht auf Intervention müsse anerkannt werden.[84] Der wichtigste Grund für Frankreichs Beteiligung war für Mitterrand jedoch die Verteidigung des ›Ranges‹ Frankreichs (*tenir son rôle et son rang*), seine Stellung als Weltmacht sowie seine Führungsrolle in Europa. Deutschland sei noch »ein politischer Zwerg«.[85] Mitterrands letzte Begründung für seine Beteiligung am Golfkrieg mutet geschichtsphilosophisch-fatalistisch an:

> »Krieg führen ist ein Gebot der Geschichte. Ich bin im Frieden mit mir. Ich übernehme die Verantwortung ohne Gewissensbisse, auch wenn ich weit davon entfernt bin, sie mit Vergnügen zu übernehmen.«[86]

Er unternahm aber keinen Versuch, seiner Politik eine europäische Dimension zu geben. Wenn sich Frankreich an einem »Konflikt, der das Gewissen und das Gleichgewicht in der Welt berührt«, nicht beteilige, werde es bald »in der Lage Deutschlands sein, ohne die Mark«.[87] Nach der deutschen Wiedervereinigung ging es Mitterrand ganz besonders um den durch das vergrößerte Deutschland gefährdeten ›Rang‹ Frankreichs in Europa. Allerdings zeigten sich im Verlaufe des Konflikts die politischen wie die militärischen Grenzen Frankreichs.

Afrikapolitik

Das Ende des Ost-West-Konflikts bot neue Möglichkeiten für Frankreichs Afrikapolitik. Bisher sei die französische Politik »klientelistisch, immobil und ohne Vision einer wirtschaftlichen Entwicklung« gewesen,[88] nun wäre es möglich, meinte ein Berater des Präsidenten, Druck auf autoritäre und korrupte afrikanische Potentaten auszuüben, ohne befürchten zu müssen, sie würden ins sowjetische Lager wechseln. Es stand zu hoffen, dass die demokratische Bewegung in Osteuropa auf afrikanische Staaten übergreifen würde.[89]

In einer Besprechung mit mehreren Ministern, in der vor allem Chevènement harsche Kritik an der bisherigen Politik übte, reagierte der Präsident gereizt: »Sollen wir in Afrika bleiben oder nicht? Sich zurückziehen ist eine denkbare Politik; meine ist es nicht.«[90] Damit ließ er erkennen, dass er nicht an einen Kurswechsel dachte, der sich an der Beachtung der Menschenrechte in den afrikanischen Staaten orientierte und damit die Beziehung zu afrikanischen Potentaten belasten würde. Die afrikanischen Kolonien galten auch unter Mitterrand als ein wichtiger Faktor der französischen weltpolitischen Ambitionen.

Mitterrands Rede auf dem afrikanisch-französischen Gipfel in La Baule am 20. Juni 1990 war eine Reaktion auf die neue Situation nach dem Ende des Ost-West-Konflikts und schien eine neue Politik anzukündigen. Er wolle Afrika nicht anklagen, man müsse aber auch von Demokratie reden; sie sei ein »universelles Prinzip«. Er regte an, Wahlen abzuhalten. Frankreich werde aber nicht in die inneren Angelegenheiten eingreifen; das wäre eine subtile Form des Kolonialismus. Jedoch werde Frankreich seine Unterstützung an Fortschritte auf dem Weg zur Freiheit knüpfen.[91] In der Praxis wurde die Etablierung eines demokratischen Systems jedoch nicht Voraussetzung für Unterstützung. Sogar die Veröffentlichung eines kritischen Berichts über die Politik in frankophonen Staaten, von Premierminister Rocard in Auftrag gegeben, wurde vom Elysée untersagt. In Togo beispielsweise hielt sich der autoritär-diktatorische Herrscher Eyadéma dank französischer Hilfe an der Macht. Selbst Massaker an der Zivilbevölkerung wurden toleriert.[92] Die durch die La Baule-Rede geweckte Erwartung wurde enttäuscht. Es kam zu keiner Änderung der Afrikapolitik. Es wurde deutlich, dass die Rede Mitterrand von seinen Beratern geradezu ›abgepresst‹ worden war, er aber nicht dahinterstand.[93]

Besonders umstritten ist Frankreichs Rolle beim Konflikt zwischen den Ethnien der Tutsi und der Hutu in Ruanda im April 1994.[94] Während die Regierung gespalten war – Premierminister Balladur zögerte, Außenminister Juppé war für und Verteidigungsminister Léotard gegen eine Intervention –, entschied sich Mitterrand, autorisiert durch eine UN-Resolution, für ein Eingreifen (*Opération Turquoise*). Es gehe um die Ehre Frankreichs und er sei bereit, die Verantwortung zu übernehmen; auch Balladur erklärte sich schließlich mit einem Eingreifen einverstanden. Frankreich unterstützte den Präsidenten Habyarimana – einen Hutu – bei seinem Kampf gegen die Tutsi-Minderheit, der mit etwa 800.000 Toten Züge eines Völkermords annahm. Ein erst im März 2021 veröffentlichter, von Präsident Macron in Auftrag gegebener Bericht einer Historikerkommission kommt zu dem Schluss, dass die Verantwortung Frankreichs »schwer und niederschmetternd« ist.[95] Die persönliche Beziehung Mitterrands zum ruandischen Präsidenten habe dazu geführt, dass dessen Wünsche ohne genauere Prüfung erfüllt wurden. Die *Opération Turquoise* sollte dem Massaker eigentlich Einhalt gebieten, doch wurden unter ihrem Deckmantel auch Waffen geliefert. Sie gewährte den Mördern Schutz und verhalf ihnen zur Flucht. So trug Mitterrand durch seine Entscheidungen dazu bei, dass der Konflikt derart eskalierte.

Für die Rolle Frankreichs und Mitterrands in diesem Konflikt spielte die Rivalität mit Großbritannien eine wichtige Rolle. Die Tutsi operierten vom benachbarten, ehemals britischen Uganda aus. Die Führung des französischen Militärkontingents fürchtete eine angelsächsische Bedrohung für Frankreichs Rolle in Afrika.[96] Es galt, die Frankophonie zu verteidigen. Auf einem Frankophonie-Gipfel in Paris im November 1991 plädierte Mitterrand zwar weiterhin für die Entwicklung der Demokratie in Afrika, aber nicht mehr so entschieden wie in La Baule. Man müsse jeden Staat nach seinem Rhythmus vorgehen lassen, solange die Richtung stimme.[97] Die französische Afrikapolitik änderte sich kaum: Sie blieb klientelistisch. Eine Neuorientierung, eine ›zweite Phase‹ von Mitterrands Afrikapolitik in seiner zweiten Amtszeit hat es nicht gegeben. Vielmehr scheint Mitterrands frühere, pathetisch formulierte Überzeugung, auch noch während seiner zweiten Amtszeit das vielleicht wichtigste Motiv seiner Afrikapolitik gewesen zu sein: »Das Frankreich des 21. Jahrhunderts wird afrikanisch oder es wird nicht sein.«[98] Er selbst war ein Hindernis für eine neue Afrikapolitik, die »einen tragischen Schatten auf seine Außenpolitik« warf.[99]

Zweite Kohabitation

Bei den turnusmäßigen Wahlen zur Nationalversammlung 1993 drohte den Sozialisten ein Debakel. Die Bilanz der Regierung und damit auch der Präsidentschaft Mitterrands fiel eindeutig negativ aus. Die wirtschaftliche Lage hatte sich verschlechtert, die Arbeitslosigkeit war gestiegen und Sozialkonflikte machten der Regierung zu schaffen. Der Skandal um die Transfusion von infiziertem Blut belastete die Regierungspartei erheblich. Fabius wurde nach einem jahrelangen Verfahren 1999 freigesprochen, aber in den Augen vieler Franzosen wurde zwar nicht Mitterrand persönlich, aber doch die Politik während seiner Präsidentschaft für den Skandal verantwortlich gemacht.

Mitterrands Image war deutlich eingetrübt: Neben seinen politischen Entscheidungen wie z. B. der Ernennung Cressons kamen zweifelhafte Freundschaften – mit seinem engen Freund Pelat aus der Zeit seiner Kriegsgefangenschaft –, fragwürdige Beziehungen (z. B. zu Bernard Tapie) sowie einige ›Affären‹ ans Tageslicht.[100] Um die erwartete Niederlage in Grenzen zu halten, dachte Mitterrand wieder an die Einführung der Verhältniswahl, aber die PS hielt diese Maßnahme für ein opportunistisches Manöver. Sie befürchtete den Einzug einer starken FN-Fraktion in die Nationalversammlung. Sie widersetzte sich und Mitterrand gab sein Vorhaben auf. Da er bis 1995, dem regulären Ende seines Septennats, im Amt bleiben wollte, engagierte er sich im Wahlkampf nicht in ähnlicher Weise wie früher. Auch sein Gesundheitszustand ließ das nicht zu. Die vorauszusehende erneute Kohabitation wäre durch sein Auftreten im Wahlkampf belastet und für ihn dann noch unerfreulicher geworden als ohnehin zu befürchten war. Allerdings hatte er im Hinblick auf das zu erwartende Wahlergebnis und seine Folgen eine Reihe von – teils umstrittenen – Ernennungen vorgenommen. Zentrale Verwaltungsposten wurden mit Vertrauten besetzt, die ihn davor schützen sollten, im Elysée von wichtigen Informationen abgeschnitten zu sein.

Die von Mitterrand 1971 mitbegründete PS, deren Geschichte er wie kein anderer geprägt hatte, erlitt bei den Wahlen schwere Verluste. Neben dem Skandal um die Transfusion von mit HIV infiziertem Blut an Hämophiliekranke, in den Fabius verwickelt war,[101] der gestiegenen Arbeitslosigkeit, für die die Regierung verantwortlich gemacht wurde, war eine weitere Ursache die illegale Parteienfinanzierung durch gefälschte Rechnungen eines öffentlichen Unternehmens, auch zugunsten der Sozialisten und ein Amnestiegesetz, das sie reinwusch, und dem Mitterrand zugestimmt hatte, was er nachträglich bedauerte.[102] Während sich die PS (mit ihren Verbündeten) mit 67 Sitzen begnügen musste, gewannen die bisherigen Oppositionsparteien RPR und UDF zusammen mit 472 der 577 Sitze eine erdrückende Mehrheit.

Mitterrand stand also eine neuerliche Kohabitation bevor – falls er sich angesichts des Wahldebakels nicht zu einem Rücktritt entschließen sollte. Im Hinblick auf sein Alter (er war 77 Jahre alt) und vor allem seinen Gesundheitszustand wäre eine solche Entscheidung verständlich gewesen. Auch erreichten seine Umfragewerte einen Tiefpunkt. Dennoch meinten drei Viertel der Befragten, der Präsident solle im Amt bleiben und mit der neuen parlamentarischen Mehrheit zusammenarbeiten.[103] Er selbst nannte sein Verbleiben im Amt eine persönliche, eine politische und eine institutionelle Pflicht.

Die zweite Kohabitation unterschied sich erheblich von der ersten. Den von der neuen Mehrheit als Premierminister vorgeschlagenen Edouard Balladur von der gaullistischen Partei RPR ernannte Mitterrand ohne Zögern. Die Gespräche zwischen dem Mitterrand-Vertrauten Védrine und Balladur sowie dessen engstem Mitarbeiter verliefen zur Zufriedenheit Mitterrands. Balladur ließ erklären, er werde das Präsidentenamt respektieren und nichts tun, was es beschädigen könnte. Er werde die sozialen Errungenschaften nicht in Frage stellen und die präsidentiellen Prärogativen in der Außen- und Verteidigungspolitik achten, vor allem im Hinblick auf das Inkrafttreten des Vertrages von Maastricht.[104] Es werde insbesondere bei den Gipfeltreffen keine Konflikte geben – eine Anspielung auf die Scharmützel, die Mitterrand während der ersten Präsidentschaft mit Chirac hatte. Er wolle eine vertrauensvolle Beziehung zum Präsidenten; es solle eine ruhige Kohabitation und ein von Spannungen freies Ende des Septennats werden. Balladur sei, so schildert Mitterrand das Gespräch vor seiner Ernennung, sehr höflich gewesen. Er habe kein schriftliches Engagement von ihm verlangt wie Chirac 1986. Über die Zusammensetzung der Regierung gab es keine Auseinandersetzung. Balladur achtete darauf, niemanden vorzuschlagen, der beim Präsidenten auf Ablehnung stoßen könnte. Mitterrand akzeptierte die Liste, trotz gewisser Bedenken gegen den neuen Innenministers Pasqua. Eine kleine Machtdemonstration freilich unterließ er nicht: Bevor er den Namen des neuen Premierministers bekannt gab, informierte Mitterrand die neue parlamentarische Mehrheit nicht. So gab er zu verstehen, dass der Präsident eine souveräne Entscheidung treffe, die nicht zu verhandeln sei.

Da Mitterrand die liberale Wirtschaftspolitik Balladurs nicht zu konterkarieren versuchte und sich aus der Innenpolitik weitgehend heraushielt, verlief die zweite Kohabitation tatsächlich weitestgehend konfliktfrei. Vor allem wurde sie nicht durch die Konfrontation zwischen dem Präsidenten und Premierminister als wahrscheinliche Kontrahenten bei der nächsten Präsidentenwahl belastet. Balladur war als Premierminister sehr viel umgänglicher, als es Chirac gewesen war. Er suchte alles zu vermeiden, was den Präsidenten verstimmen könnte. Er hatte aus der konfliktreichen ersten Kohabitation, die mit der Niederlage Chiracs bei der Präsidentenwahl 1988 endete, den Schluss gezogen, eine eher friedliche Amtszeit als Premier verbessere seine Chancen bei der nächsten Präsidentenwahl, bei der er kandidieren wollte. Ein wichtiger Grund für die Zurückhaltung Mitterrands war sein sich weiter verschlechternder Gesundheitszustand. Seine zunehmende physische Schwäche erlaubte ihm nur noch eine sehr eingeschränkte politische Aktivität.

In der Innenpolitik hatte die Regierung freie Hand. Balladur sagte selbst, er habe mit so großer Freiheit regiert wie kein Premierminister vor ihm. Den Wunsch sozialistischer Politiker, der Präsident möge wie bei der ersten Kohabitation seine abweichende Meinung offenlegen, erfüllte Mitterrand nicht. Es war ihm sicher bewusst, dass er dadurch auch der PS die Kritik an der Regierung erschwerte. Eine Vorgabe hatte er schon vor der Wahl formuliert: In seinem ›Brief an alle Franzosen‹ hatte er geschrieben, »das Hin und Her: Verstaatlichungen – Reprivatisierungen« (*ni-ni*) solle beendet werden, es schade nur. Zwar wurden einige Reprivatisierungen durchgeführt, aber es entstanden darüber keine Kontroversen.

Auf dem Feld der Außen- und Sicherheitspolitik wurden die Entscheidungen nach Beratungen zwischen dem Präsidenten und dem Premierminister meist im Einvernehmen getroffen. Balladur war, nicht zuletzt im Hinblick auf seine Kandidatur bei der kommenden Präsidentenwahl, nicht geneigt, den Präsidenten allein entscheiden zu lassen. Es gab aber nur wenige ernsthafte Differenzen, so beispielsweise die Verlängerung des Moratoriums für die Atomwaffenversuche. Balladur wie auch Chirac waren für eine Verlängerung; Mitterrand wollte keine neuen Versuche. Experten hielten neue Versuche für nötig, um das französische Kernwaffenarsenal zu modernisieren. Rechtlich war die Lage nicht klar: Sowohl die Verfassung wie eine Verordnung wiesen Präsident und Premierminister die Zuständigkeit zu. Die gaullistische Tradition hatte sie aber eindeutig beim Präsidenten etabliert, was Balladur nicht ändern wollte. Folglich riskierte er nicht den *casus belli* mit dem Präsidenten. Auch bei der Reform der NATO insistierte Balladur angesichts des Beharrens Mitterrands nicht auf einer gaullistischen Position.

Schwieriger als das Verhältnis zur Regierung der Gaullisten und ihrer Verbündeten war Mitterrands Beziehung zur sozialistischen Partei. Sein Protegé Fabius hatte in der PS immer noch mehr Gegner als Anhänger. Sein Versuch, die Parteiführung zu übernehmen – das Sprungbrett für eine Präsidentenkandidatur –, scheiterte abermals. Gegen Mitterrands Widerstand übernahm Rocard den Vorsitz einer vorläufigen kollegialen Parteiführung. Bei der Wahl des Europaparlaments 1994 unterstützte Mitterrand unter der Hand die Liste von Linksliberalen und PS-Dissidenten des von ihm bewunderten Geschäftsmannes Bernard Tapie (der später wegen Korruption zu einer Gefängnisstrafe verurteilt wurde). Als die PS nur 14,5 % erreichte, waren Rocards Hoffnungen für die Präsidentenwahl 1995 erloschen – sicher zur Zufriedenheit Mitterrands. Auch die Beziehungen zwischen ihm und Lionel Jospin, der sich in der Folge als PS-Kandidat der bevorstehenden Präsidentenwahl durchsetzte, waren schwierig. Trotz fortschreitender Krankheit – im Juli 1994 wurde eine neuerliche Operation erforderlich – konnte Mitterrand nach Auskunft des Premierministers seine Amtspflichten bis zum Ende seiner zweiten Amtszeit wahrnehmen, wenn auch nur mit großer Mühe.[105] Der Generalsekretär des Präsidentenamtes, Hubert Védrine, konnte Mitterrand dank seiner langjährigen Erfahrung als Mitarbeiter einen Großteil der Arbeit abnehmen. Ungeachtet aller Anstrengungen, die das Amt weiterhin mit sich brachte, dachte Mitterrand, intellektuell nicht beeinträchtigt, nicht an einen Rücktritt. Sein Auftreten im Fernsehen im September 1994 vermittelte den Zuschauern aber einen realistischen Eindruck seines Gesundheitszustandes, die Chemotherapie hatte sichtlich Spuren hinterlassen. Die folgenden Monate waren für ihn ein Leidensweg:[106] Schmerzmittel lehnte Mitterrand lange ab, erst spät ließ er sich von seinem Arzt Morphium spritzen. Er unternahm noch einige offizielle Reisen in Europa und in der französischen Provinz, auch öffentliche Reden hielt er noch. Unter einem Vorwand hielt er sich während des PS-Parteitages in Liévin in der Nähe auf und fand so Gelegenheit, sich von führenden Sozialisten zu verabschieden.[107]

Kontroversen um Mitterrand

Es waren nicht so sehr politische Entscheidungen Mitterrands, über die zu dieser Zeit Debatten entbrannten, sondern – nach dem Erscheinen des Buches von Pierre Péan im August 1994 – besonders über seine Vichy-Vergangenheit.[108] Mitterrand hatte Péan in mehreren Gesprächen Fragen beantwortet und nach einem langen Fernsehinterview mit Jean-Pierre Elkabbach, dem Präsidenten von *France 2* und *France 3* am 12. September 1994 wurde Mitterrands Verhalten während der Vichy-Jahre erstmals in der Öffentlichkeit intensiv diskutiert.[109] Trotz seiner Versicherung, er sei in Vichy nur ein kleines Licht gewesen, waren frühere Anhänger und Verteidiger seiner Politik und selbst enge Mitarbeiter – etwa Fabius, der selbst Jude war – schockiert über seine nun genau dargestellte Rolle in Vichy. Mitterrand erklärte, von einem Judenstatut nichts gewusst zu haben. Er lehnte es ab, sich als Präsident für die Judenverfolgungen zu entschuldigen: Frankreich und die Republik hätten sich nichts vorzuwerfen. Zum 50. Jahrestag der Razzia, bei der im Juli 1942 über 8.000 Juden, die Hälfte davon Kinder, verhaftet und unter unmenschlichen Bedingungen mehrere Tage in der Pariser Radrennbahn *Vélodrome d'Hiver* zusammengepfercht wurden, bevor man sie nach Auschwitz-Birkenau transportierte und ermordete (*le rafle du Vél' d'Hiv'*), gab es am 16. Juli 1992 ein feierliches Gedenken. Doch als Mitterrand ein Blumengebinde niederlegen wollte, erhob sich ein Pfeifkonzert. Robert Badinter, damals Präsident des Verfassungsrates, nahm ebenfalls teil und hielt eine kurze Rede, in der er – wie Mitterrand – unterstrich, die Republik trage für das damalige Geschehen keine Verantwortung. Das Komitee für das Gedenken war damit nicht zufrieden und forderte eine ähnliche Geste vom Präsidenten selbst.[110] Immerhin ließ Mitterrand am 3. Februar 1993 einen Gedenktag einführen. Willy Brandts Kniefall in Warschau beschäftigte ihn, aber er dachte nicht daran, es ihm gleichzutun.[111] Nach wie vor war eine deutliche Kritik am Vichy-Regime durch Mitterrand nicht zu hören. Jüngere sozialistische Politiker wie die Minister Jospin, Valls oder Emmanuelli und selbst Mauroy gingen zu ihm auf Distanz.

Auch Mitterrands Ehrung des Staatschefs des Vichy-Regimes, Marschall Pétain, wurde kontrovers diskutiert. Zwar hatten auch die Präsidenten de Gaulle, Pompidou und Giscard einen Kranz auf Pétains Grab auf der *Ile d'Yeu* legen lassen, aber jeweils nur einmal, aus Anlass des Jahrestags der Schlacht von Verdun. Mitterrand nahm diese Ehrung neunmal vor, nicht immer zu einem besonderen Anlass. Es regte ihn offenbar nicht zum Nachdenken an, als 1992 neben seinem Kranz zwei weitere lagen: einer vom FN-Vorsitzenden Jean-Marie Le Pen und einer von den italienischen Neo-Faschisten.[112] Nach heftiger werdender Kritik aus der sozialistischen Partei beendete er die Kranzniederlegung.

Im Fernsehinterview mit Jean-Pierre Elkabbach wurde auch Mitterrands Beziehung zu René Bousquet diskutiert, der als damaliger Generalsekretär der Vichy-Polizei maßgeblich bei Judendeportationen mitgewirkt hatte. Auch für das *rafle du Vél' d'Hiv'* trug er die Verantwortung. Später half Bousquet der *Résistance* und wurde wegen seiner Widerstandstätigkeit begnadigt. Mitterrand war zwar seit 1942 mit ihm bekannt und hatte dauerhaft Kontakt zu ihm, da jedoch selbst führende PS-Politiker davon nicht wussten, behauptete Mitterrand, er habe ihn erst nach dem Krieg kennengelernt. Bousquet sei sein Freund, so Mitterrand, und er bedauere nicht, zwischen 1950 und 1986 eine Beziehung zu ihm gehabt zu haben. Mitterrand wurde nicht nur von Bousquet, der nach dem Krieg wirtschaftlich erfolgreich war, bei seinen politischen Aktivitäten in der IV. und V. Republik finanziell unterstützt, sondern auch durch die politisch wichtige, in Südwestfrankreich verbreitete Zeitung *La Dépêche de Toulouse*, zu deren Leitung Bousquet gehörte. Zu Attali sagte Mitterrand nach einem Essen einmal: »Bousquet hat allen, die heute am Tisch saßen, das Leben gerettet.«[113] 1993 wurde Bousquet gegen Mitterrands Willen wegen Verbrechen gegen die Menschlichkeit angeklagt. Der Präsident gab dem Justizminister die Schuld, versuchte das Verfahren zu verschleppen[114] und ernannte wenige Wochen später einen neuen Justizminister. Dass es zu einem Verfahren kam – in dem Bousquet schließlich freigesprochen wurde –, schrieb Mitterrand dem »mächtigen und schädlichen Einfluss der jüdischen Lobby« in Frankreich zu.[115] Erst nachdem der jüdische Anwalt Serge Klarsfeld neue Beweise für die Beteiligung Bousquets an den Judenverfolgungen vorgelegt hatte, brach Mitterrand die Beziehungen zu ihm ab.

Noch im selben Jahr wurde Bousquet ermordet und Mitterrand trauerte. Den großen Zerwürfnissen unserer Geschichte, erklärte er einmal, seien immer Vergessen und Amnestie gefolgt, denn eine Nation könne nicht auf Dauer ihren Groll aufrechterhalten. Man müsse die »französischen Bürgerkriege« (*les guerres franco-françaises*) beenden. Auch für die Kommunarden von 1871 und gegen die Putschgeneräle von 1961 habe es eine Amnestie gegeben. Nur wer die Zeit erlebt habe, könne sie verstehen.[116] Auf die Frage von Elkabbach im erwähnten Fernsehinterview erwiderte er, er sei mit sich im Reinen, die

Geschichte werde nicht streng mit ihm sein: »Insgesamt war das, was Du gemacht hast, stärker positiv als negativ. Du hast versucht, den Anderen zu helfen und sie zu lieben. Es ist Dir nicht immer gelungen. Du hättest ihnen vielleicht mehr helfen und sie mehr lieben müssen«, lautete seine Selbsteinschätzung.[117]

Am 14. Juli 1994, dem französischen Nationalfeiertag, nahm Mitterrand die Truppenparade auf den *Champs Elysées* ab, bei der erstmals auch deutsche Soldaten dabei waren. Wenige Tage später musste er wieder für eine Operation ins Krankenhaus. Am 31. Dezember 1994 sprach er im Fernsehen seine letzten Neujahrswünsche. Einen seiner letzten öffentlichen Auftritte hatte er am 30. März 1995, als er die neue Nationalbibliothek einweihte, die seinen Namen tragen würde.

Abb. 12: Mitterrands letzter öffentlicher Auftritt: Die Einweihung der neuen Nationalbibliothek am 30. März 1995.

Für die bevorstehende Präsidentenwahl hatte sich in einem Mitgliederentscheid der ehemalige PS-Vorsitzende Jospin als Kandidat durchgesetzt: Weder suchte er die Unterstützung Mitterrands, noch sprach sich dieser offen für Jospin aus. Mitterrand begnügte sich damit, die Sozialisten zur Einheit aufzurufen. Nachdem Jospin in der Stichwahl gegen Chirac unterlag, erfolgte die Amtsübergabe in großer Harmonie – aus seiner Zufriedenheit über die Wahl seines alten Widersachers Chirac im Mai 1995 machte Mitterrand kein Geheimnis.

Nach dem Amt

Direkt nach dem Abschied aus dem Elysée-Palast fuhr Mitterrand in die Parteizentrale der Sozialisten. Er ermunterte sie und sprach von der Rückkehr an die Macht, denn »die sozialistische Partei ist künftig die Partei des Machtwechsels«.[118] Ob er für möglich hielt, dass es bis zum nächsten Machtwechsel 17 Jahre dauern sollte und sich von der Amtszeit des nächsten Sozialisten – François Hollande – kaum etwas in den Geschichtsbüchern finden wird? Seine Urteile über viele sozialistische Politiker waren sehr kritisch.

Seinen ehemaligen Generalsekretär Bianco bat er, ihm für ein – noch nicht existierendes – Statut für die ehemaligen Präsidenten Vorschläge zu machen. Für sich wünschte er zwei Verbesserungen der bestehenden Regelungen: eine Dauerkarte für Inlandsflüge und eine Dienstwohnung. Die früheren Präsidenten lebten nach dem Ausscheiden aus dem Amt in ihren Privatwohnungen. Bei den ihm zur Verfügung stehenden Mitarbeitern wollte er sich, vor allem zur Erledigung der Korrespondenz, mit sechs begnügen. Außerdem wünschte er, dass ehemaligen Präsidenten bei offiziellen Anlässen die gleichen Ehrenbezeigungen erwiesen würden wie dem Amtsinhaber.

Am Tag nach der Wahl Chiracs nahm Mitterrand in Berlin an der 50-Jahr-Feier anlässlich des Endes des zweiten Weltkrieges teil. Am Tag darauf besuchte er Moskau, wo er gegenüber dem russischen Präsidenten Boris Jelzin erklärte, die Deutschen nie als Feinde betrachtet zu haben.

Auch nach seinem Ausscheiden aus dem Amt bekam er noch häufig Besuch von Politikern. Kohl sei einer der Getreuesten gewesen. Er rief ihn oft an, aber, meinte Mitterrand lachend, nicht so oft wie Arafat. Trotz seiner Krankheit unternahm er noch mehrere Reisen. Anfang Oktober flog er in die USA. In Denver hielt er einen Vortrag, den Bush für ihn organisiert hatte, um Geld für die neue Nationalbibliothek in Paris zu sammeln. ›Sein‹ Departement Nièvre besuchte er ein letztes Mal zur Kommunalwahl. Die jährliche Besteigung des Solutré-Felsens an Pfingsten versuchte er noch einmal, musste aber abbrechen, weil er zu schwach war. Wie seit mehreren Jahren verbrachte er Weihnachten in Assuan, in Ägypten, einem Land, das er sehr mochte. Er reiste mit seiner ›Zweitfamilie‹ Anne und Mazarine Pingeot, dem befreundeten Ehepaar Rousselet und seinem Arzt.[119] Silvester verbrachte er mit seiner Frau, seinen Söhnen und einigen Freunden in Latche.

Nicht zuletzt beschäftigte Mitterrand das Bild, das er der Nachwelt hinterlassen wollte. Er unterstützte, nach einigem Zögern, Jean Lacouture bei seiner umfangreichen Biographie. Da für das Schreiben von Memoiren seine Kraft nicht mehr reichte, konzentrierte er sich auf die Gesprächsbücher mit Elie Wiesel und Georges-Marc Benamou. Auch verbrachte er viel Zeit mit Pierre Favier und Michel Martin-Roland, den Chronisten seiner zwei Präsidentschaften. Sein letztes selbst geschriebenes Werk *De l'Allemagne, de la France* erschien erst nach seinem Tod.

Mitterrand starb am Morgen des 8. Januar 1996. Ein Staatsbegräbnis und offizielle Reden hatte er abgelehnt. In einer für ihn typischen, für verschiedene Deutungen offenen Formulierung heißt es in seinem Testament: »Eine Messe in der Kirche von Jarnac ist möglich«. Seine katholische Erziehung war nicht völlig verschwunden, er ist ihr, wie er selbst sagte, im Tiefsten treu geblieben.[120] Beerdigt wurde er, wie er gewünscht hatte, im Familiengrab auf dem Friedhof von Jarnac, im engen Familien- und Freundeskreis. Am Grab standen seine beiden Frauen, die sich vorher nie begegnet waren, mit ihren Kindern. An der Trauerfeier in Notre-Dame in Paris nahmen 61 Staats- und Regierungschefs teil. Der Pariser Kardinal Lustiger betonte in seiner Predigt Mitterrands Religiosität. Lacouture meint, der Kardinal habe den von den Religionen faszinierten Agnostiker recht rasch im Paradies gesehen.[121] Den Fernsehzuschauern bleibt das Bild des die Trauergäste überragenden Bundeskanzlers in Erinnerung, dem Tränen über das Gesicht rollten.

Abb. 13: Mitterrands letzte Ruhestätte in seiner Heimatstadt Jarnac.

Was bleibt?

»Die Deutschen haben Adenauer und Brandt, die Franzosen de Gaulle und die Briten Churchill.« Sie seien »Leuchttürme [...] für ihre Nation«, schreibt Timothy Garton Ash.[1] Auch unter Jean Garrigues' »Männern der Vorsehung«[2] sucht man Mitterrand, der sich selbst einmal den »letzten der großen Präsidenten« nannte,[3] vergeblich. Nach Auffassung dieser beiden Historiker zählt er also nicht zu den Ausnahmepolitikern moderner Demokratien. Zählt man zu seinen beiden Präsidentschaften die Parlamentarier- und Ministerjahre der IV. und die Oppositionsjahre der V. Republik dazu, so spielte Mitterrand ein halbes Jahrhundert lang eine wichtige und zeitweise prägende Rolle in der französischen Politik. Kein demokratisch gewählter Politiker war in Frankreich so lange an der Macht. Ist die Nicht-Aufnahme unter die ›Leuchttürme‹ gerechtfertigt?

Der Vergleich mit dem ›Leuchtturm‹ de Gaulle bietet sich an. De Gaulle hat im Zweiten Weltkrieg unmittelbar nach der Niederlage Frankreichs von London aus zum Widerstand gegen das nationalsozialistische Deutschland aufgerufen und ihn gemeinsam mit der innerfranzösischen *Résistance* organisiert. Er hat damit einen militärisch zwar nur marginalen, aber für das Selbstverständnis und die Rolle Frankreichs in Europa und der Weltpolitik nach 1945 entscheidenden Beitrag geleistet. Mitterrand hat den Einschnitt von 1940 in seiner Tragweite nicht sofort erkannt. Bevor er sich im Widerstand engagierte, arbeitete er im Vichy-Regime Pétains mit.

De Gaulle begründete mit der V. Republik erstmals in Frankreich eine stabile Demokratie. Inzwischen besteht sie über 60 Jahre und hat gute Aussichten, die Lebensdauer der III. Republik (1870–1940) zu übertreffen. Während die III. wie auch die nach dem Zweiten Weltkrieg begründete IV. Republik durch eine hohe gouvernementale Instabilität gekennzeichnet waren, hebt sich die V. Republik infolge der vom Präsidenten dominierten Verfassungspraxis von ihnen durch eine Stabilität ab, die mit anderen europäischen Demokratien vergleichbar ist. Als Oppositionspolitiker kritisierte Mitterrand diese Praxis scharf. An der Verfassungsgrundlage hielt er als Präsident weitgehend auch deshalb fest, weil er für eine Revision den Widerstand des Senats einkalkulierte. Aber eine die dominierende Stellung des Präsidenten schwächende Veränderung wollte er ohnehin nicht. Die von ihm einst als monarchisch kritisierte Praxis setzte er mit seinem eigenen Stil fort, sofern die Wähler ihm die dazu erforderliche parlamentarische Mehrheit gaben. So ist er denn auch häufig als ein linker republikanischer Monarch bezeichnet worden.

Es ist zu einem erheblichen Teil Mitterrand zu verdanken, dass es nach einer langen Regierungszeit der Rechtsparteien zur *alternance*, einem für die Demokratie unerlässlichen Machtwechsel kam. Erstmals seit Gründung der kommunistischen Partei 1920 war eine Koalition der beiden Linksparteien während einer ganzen Legislaturperiode an der Macht (1981–1986 und 1988–1993). Voraussetzung dafür war die Schwächung des französischen Kommunismus, denn dessen Dominanz innerhalb der Linken hatte einen Machtwechsel bis dahin verhindert. Mitterrand hat diesen Niedergang zwar nicht eingeleitet, ihn aber als geschickter politischer Taktiker beschleunigt. Er »nutzte sie zur Eroberung der Macht, dann ruinierte er sie – ein strategisches Meisterstück«.[4] Die beiden Regierungszeiten haben gezeigt, dass eine linke Mehrheit nicht zu einem unkalkulierbaren Abenteuer führen muss. Insofern hat Mitterrand auch den Weg für spätere Machtwechsel zur Linken bereitet, wenn diese auch nur selten eintraten (Nationalversammlung 1997–2002; Präsidentschaft 2012–2017). Seine beiden Präsidentschaften haben dazu geführt, dass keine politische Kraft seither das Regime der V. Republik grundsätzlich ablehnt.

Anders als de Gaulle hat Mitterrand zwar keine neue Partei ins Leben gerufen, gegründet auf einer neuen politischen Philosophie. Unbestreitbar hat Mitterrand aber zum Aufschwung des demokratischen Sozialismus in Frankreich erheblich beigetragen. Dieser hat sich allerdings nicht als dauerhaft erwiesen. Eine grundlegende Erneuerung konnte Mitterrand auch deshalb nicht leisten, weil er im Grunde ein linker Republikaner und kein Sozialist war.[5] Die Ideologie und die Partei haben für ihn nie die Bedeutung gehabt wie für Mollet oder Mauroy. Seine Frau Danielle hat ihn und seine politische Überzeugung wohl am besten erkannt: »Er ist Mitterrandist, ich bin Sozialistin.«[6] Die Gaullisten und ihr liberal-konservativer Partner regierten ununterbrochen von 1958 bis 1981, während Mitterrands Präsidentschaften von mehreren Machtwechseln gezeichnet waren: 1986, 1988, 1993 und 1995. Mitterrand hat das Verdikt der Wähler selbstverständlich akzeptiert, auch wenn es zu Ungunsten für ihn bzw. für die sozialistische Partei ausfiel. Mit der Praktizierung der Kohabitation hat er eine gouvernemental-parlamentarische Lesart der Verfassung begründet, die der gaullistische Präsident Chirac fortgesetzt hat, als er sich von 1997 bis 2002 mit einer linken, mehrheitlich sozialistischen Mehrheit in der Nationalversammlung arrangierte. Dadurch wurde der Beweis erbracht, dass die Verfassung eine vorher bezweifelte Flexibilität für unterschiedliche politische Szenarien besitzt. So hat Mitterrand – und sei es ungewollt – dazu beigetragen, dass das Regierungssystem der V. Republik breitere Zustimmung gefunden und sich konsolidiert hat.

Die Dezentralisierung hat zur Stärkung der Demokratie ebenso beigetragen wie die gegen die Mehrheit der PS durchgesetzte Abschaffung des staatlichen Monopols in Rundfunk und Fernsehen. Der Rechtsstaat wurde während der Amtszeit Mitterrands durch verschiedene Entscheidungen gestärkt. Der Verfassungsrat erhielt zusätzliche Kompetenzen. Besonders repressive Bestimmungen des wenige Monate vor den Wahlsiegen der Linken beschlossenen Gesetzes »Sicherheit–Freiheit« (*loi Peyrefitte*) wurden gestrichen. Die Beendigung von Sondergerichten, besonders des *Cour de sûreté de l'État* und der Militärgerichte, die Reform von Hochsicherheitszonen in Gefängnissen sowie weitere Entscheidungen haben den Rechtsstaat gefestigt. Erwähnung verdient nicht zuletzt als bleibende Entscheidung die Abschaffung der Todesstrafe. Damit stellte sich Frankreich auf die gleiche Stufe mit den anderen westeuropäischen Staaten.

Den angekündigten Bruch mit dem Kapitalismus, also mit der bestehenden französischen Wirtschafts- und Sozialverfassung, hat es während Mitterrands Präsidentschaft nicht gegeben. Sein wichtigstes Vorhaben, eine ›sozialistische Marktwirtschaft‹ zu begründen – was immer er genau darunter verstanden hat –, ist gescheitert. In einem seiner letzten Interviews gesteht er, dass er die Strukturen der Gesellschaft, den Abstand zwischen den Mächtigen und den weniger Mächtigen wie zwischen den Vermögenden und weniger Vermögenden nicht in dem Maß verändert hat, wie er wollte.[7] Die Ausweitung des staatlichen Sektors begründete keine neue Wirtschaftsordnung. Die von den Rechtsparteien während der ersten Kohabitation vorgenommenen Reprivatisierungen hat Mitterrand mit der linken Parlamentsmehrheit ab 1988 nicht wieder rückgängig machen lassen. Bei einer Befragung erinnern sich die meisten Befragten als bleibende Entscheidungen neben der Abschaffung der Todesstrafe an die von einem Präsidenten der Linken erwarteten sozialpolitischen Entscheidungen (u. a. Verkürzung der Wochenarbeitszeit bei vollem Lohnausgleich, Erhöhung des Mindestlohns, Senkung des Renteneintrittsalters, Einrichtung von Betriebsräten). Diese haben die Lage der arbeitenden Bevölkerung verbessert und die französische Gesellschaft gerechter gemacht, sie aber nicht grundlegend verändert. Dagegen ist es nicht gelungen, die Arbeitslosigkeit zu reduzieren. Sie hat sich während Mitterrands Amtszeit sogar verdoppelt und wirft einen großen Schatten auf seine Sozialpolitik. Auch die Marginalisierung bestimmter Gruppen – Langzeitarbeitslose und Einwanderer aus ehemals französischen afrikanischen Kolonien – sowie das Problem der benachteiligten Randgebiete der französischen Großstädte, der *Banlieues*, hat er nicht lösen können. In seinen letzten Neujahrswünschen 1995 gab er die Empfehlung, die Freiheit nicht von der Gleichheit zu trennen. Beide gleichermaßen zu verwirklichen, sei schwer. Ihm selbst sei es nur in Ansätzen gelungen.[8]

De Gaulle hat der französischen Außen- und Sicherheitspolitik zwar keine völlig neue Richtung gegeben, aber mit seiner Betonung der nationalen Unabhängigkeit im Vergleich zur IV. Republik erkennbar neue Akzente gesetzt: Ausscheiden aus der militärischen Organisation der NATO und Widerstand gegen eine Vertiefung der europäischen Integration. Die deutsch-französische Aussöhnung und Zusammenarbeit hatte zwar schon vor de Gaulle begonnen, aber er hat sie mit dem 1963 abgeschlossenen Elysée-Vertrag intensiviert und institutionalisiert. Mitterrand hat, ungeachtet der Kontroversen mit den Gaullisten, als ›gaullistischer Sozialist‹ die grundlegenden außenpolitischen Vorstellungen und Ziele de Gaulles geteilt und dessen Politik im Wesentlichen fortgeführt: nationale Unabhängigkeit; Gleichgewicht der Blöcke; Zusammenarbeit der europäischen Staaten, ohne sie in einer supranationalen Union aufzulösen; Vertiefung der deutsch-französischen Beziehungen, in enger Zusammenarbeit mit dem persönlich so unterschiedlichen und einer anderen politischen ›Familie‹ angehörenden Bundeskanzler Kohl. Mit dem Händedruck über den Gräbern von Verdun vor dem Beinhaus von Douaumont hat er sie mit einer symbolischen Geste verbunden, die stärker in der Erinnerung der beiden Völker haften bleiben wird als das Hochamt mit de Gaulle und Adenauer in der im Ersten Weltkrieg beschädigten Kathedrale von Reims.

Am nachhaltigsten war Mitterrands außenpolitische Wirkung in der Europapolitik. In seiner schon zitierten Rede zum Jahreswechsel am 31. Dezember 1994 gibt er die Empfehlung: »Trennt nicht die Größe Frankreichs vom Aufbau Europas.« Denn: »Die Zukunft Frankreichs hängt von der Europas ab.«[9] Seine Rede im Europaparlament am 17. Januar 1995 ist sein europapolitisches Vermächtnis.[10] Einer ihrer letzten Sätze formuliert knapp und klar sein wichtigstes Motiv: »Nationalismus, das ist Krieg.« Mitterrand hat nicht versucht, die europäische Integration auf eine neue, eine föderalistische Stufe zu heben. Sein Ziel blieb ein Europa der Nationalstaaten, die in den europäischen Institutionen eng zusammenarbeiten sollten. In seiner Erklärung im Wahlkampf für die Wahl zum Europaparlament 1995 fasste er seine Überzeugung präzise zusammen: »Frankreich ist unser Vaterland, Europa unsere Zukunft.« In Abstimmung mit Bundeskanzler Kohl, den er schon 1986 als den »besten Kanzler, um Europa zu bauen«,[11] bezeichnet hatte, hat er zur Stärkung dieses Europa viel beigetragen. Frankreich war nicht mehr der Bremser, wie zu Zeiten de Gaulles, sondern ein aktiver Partner. Das Zustandekommen der Währungsunion gegen Zaudern und Widerstände ist in einem erheblichem Maß Mitterrand zu verdanken. Europa stand im Zentrum seines außenpolitischen Wirkens; die Notwendigkeit seiner Einigung war eine seiner tiefsten und dauerhaftesten Überzeugungen. Die Ehrung mit dem Karlspreis in Aachen 1988, gemeinsam mit Helmut Kohl, ist eine Anerkennung seiner Verdienste in der Europapolitik. Das traditionelle französische Dilemma, das auch von ihm nicht aufgegebene Streben nach nationaler Grandeur mit dem Engagement für Europa zu verbinden, hat er nicht auflösen können.[12]

Dauerhaft fortleben wird Mitterrand in mehreren Bauten, die er beschlossen, deren Entstehen er aufmerksam verfolgt und mit denen er sich im Stadtbild von Paris Denkmäler gesetzt hat: die gläserne Pyramide im Hof des *Louvre* und die Erweiterung des Museums durch den von ihm durchgesetzten Auszug des Finanzministeriums; die *Grande Arche* im Stadtviertel *La Défense*, die die Sichtachse vom ›kleinen‹ *Arc de Triomphe* vom *Caroussel du Louvre* über den ›großen‹ *Arc de Triomphe* verlängert; die neue *Bibothèque Nationale de France – site François-Mitterrand*; die *Opéra Bastille*; die *Cité de la Musique*. Auch wenn manche dieser Bauten umstritten sind, hat Mitterrand mit Zustimmung des damaligen Bürgermeisters Chirac Paris so eingreifend und kostspielig umgestalten lassen wie niemand seit dem Baron Haussmann während des Zweiten Kaiserreichs (1852–1870). In dieser Rolle erinnert er besonders an einen selbstherrlichen republikanischen Monarchen.

Stärker in der Erinnerung als das Politische bleibt seine nur schwer greifbare Persönlichkeit. Anlässlich seines Todes nennt ihn ein deutsches Nachrichtenmagazin »den kompliziertesten, widersprüchlichsten, mysteriösesten europäischen Politiker der Nachkriegszeit«, einen »Mann der hundert Masken und der tausend Facetten.«[13] André Rousselet, einer seiner Vertrauten, der auch sein Testamentsvollstrecker war, unterstreicht Mitterrands »Widersprüche und Rätsel«. Als Rousselet Mitterrand einmal fragte, wer am besten sein Leben und seine Geheimnisse kenne, entgegnete er, ohne die Person beim Namen zu nennen: »Er kennt 30 oder 40 %. Mehr nicht. Und das ist schon viel.«[14]

Als selbstverständlich geltende Regeln und Verhaltensweisen häufig missachtend, gewann er ein hohes Maß an persönlicher Unabhängigkeit, die ihm besonders wichtig war. Bereits 1942 schrieb er, er sehe für sein künftiges Schicksal nur Unsicherheiten. Eines wisse er aber: Er werde »außerhalb der Gewohnheiten leben, so intensiv wie möglich«.[15] In seinem späteren Leben hat er sich an diese Aussage gehalten. Er folgte seinen eigenen Maßstäben, nahm kaum Rücksicht auf andere. Nur ein kleiner Kreis sehr enger Freunde konnte sich vorbehaltlos auf ihn verlassen, konnte vor Intrigen oder Lügen sicher sein. Mitterrand war keine majestätische, unbeugsame, nach den Maßstäben der öffentlichen Moral nicht zu tadelnde politische Gestalt wie de Gaulle, kein charismatischer Führer wie es der Republikgründer zumindest zeitweise war. Die Spur, die Mitterrand im Frankreich der zweiten Hälfte des 20. Jahrhunderts hinterlassen hat, ist nicht so tief wie diejenige de Gaulles. Mitterrands Politik verfolgte natürlich die politischen Interessen Frankreichs, aber ebenso wichtig war ihm die Befriedigung seines persönlichen Ehrgeizes. Obwohl er de Gaulles Machtausübung gegeißelt hat, hat Mitterrand vergleichbar mit dem Republikgründer seine Macht als eine Art Monarch ausgeübt.

Mitterrand besaß keine politische Ideologie, die Fundament seiner Politik hätte sein können, denn die Bekundung allzu fester Überzeugungen konnte für die Verfolgung seiner Ziele hinderlich sein. Der Übergang von einer hoch entwickelten politischen Wendigkeit zu einem »prinzipienlosen Opportunismus«[16] ist fließend. Es wäre falsch, »Mitterrand für irgendwelche Überzeugungen haftbar machen zu wollen«. Es gibt kaum einen Politiker, dem mit ähnlicher Vichy-Vergangenheit in der IV. Republik eine so erfolgreiche politische Karriere gelungen ist. Und es gibt keinen aus dem politischen Personal der IV. Republik, der es in der V. Republik über einen langen Zeitraum bis in die höchste politische Position geschafft hat. Mitterrand war ein Karrierist par excellence, ein »genialer Überlebenskünstler«, der umstrittenste französische Politiker, ein »Prinz der Zweideutigkeit«. Er zitierte gerne den – mal Kardinal de Retz, mal Kardinal de Bernis zugeschriebenen – Satz: »Man entkommt der Zweideutigkeit nur zum eigenen Nachteil.«

Kaum bestreitbar ist, dass er eine außergewöhnliche politische Begabung hatte, ein »Artist der Politik« war.[17] Zu dieser Begabung gehörten neben einem großen rhetorischen Talent und ebenso großem Ehrgeiz Hartnäckigkeit, taktisches Geschick und die Beherrschung aller Finten des politischen Kampfes. Bei der Verfolgung seines Ziels, möglichst schnell und möglichst weit nach oben zu kommen und oben zu bleiben, war ihm nahezu jedes Mittel recht: Ambivalenz – seine

Gegner sprechen lieber von Doppelzüngigkeit –, die Bereitschaft zu lügen, Rücksichtslosigkeit gegenüber politischen Konkurrenten und Gegnern, ein Hang zur Intrige sowie ein ausgeprägtes, den Rückgriff auf zweifelhafte und selbst illegale Aktionen (z. B. Abhören von missliebigen Journalisten) nicht scheuendes Machtstreben. Aufrichtigkeit ist dagegen das am seltensten in Bezug auf seine Person gebrauchte Wort.[18] Es ist nicht verwunderlich, dass zu seiner Charakterisierung häufig der Bezug zu Machiavelli hergestellt wird. Nicht nur für Rocard verkörperte Mitterrand den ›Zynismus in Reinzustand‹. Selbst seine Frau versteht nicht, wie er in »einer Atmosphäre von Schmeicheleien und Intrigen« leben konnte.[19]

Zum Erbe der Mitterrand-Präsidentschaft gehören auch ihre Schattenseiten. In seinem Umfeld, mit seiner Duldung, auch mit seinem Wissen, hat es Skandale unterschiedlicher Art gegeben, die oft von seiner Person nicht zu trennen sind: Insidergeschäfte, in die enge Freunde verwickelt waren; Korruption; illegale Finanzierung der sozialistischen Partei; Nepotismus, auch zugunsten seiner eigenen Familie. Mitterrand selbst und seine Aktivitäten stehen nicht beispielhaft für eine in einer rechtsstaatlichen Demokratie geforderten öffentlichen Moral. Für Alain Duhamel, der Mitterrand nach eigener Aussage mehr als 200 Mal, oft auch privat, getroffen und etwa 60 Interviews mit ihm geführt hat, aber nicht zu seinen Vertrauten gehörte, ist er »die subtilste, widersprüchlichste, undurchschaubarste [...], sicher faszinierendste und romanhafteste Persönlichkeit«, die er je gekannt hat.[20] Für Mitterrand trifft Schillers Wort (über Wallenstein) zweifellos zu: »Von der Parteien Gunst und Hass verwirrt, schwankt sein Charakterbild in der Geschichte.«

Abkürzungsverzeichnis

CFLN *Comité français de libération nationale* (Komitee für die nationale Befreiung)
CGT *Confédération générale du travail* (Allgemeiner Gewerkschaftsbund); stand nach dem 2. Weltkrieg der KPF nahe
CIR *Convention des Institutions républicaines* (Konvent der republikanischen Institutionen); 1964 gebildeter Zusammenschluss mehrerer linksorientierter politischer Clubs; Vorsitzender Mitterrand; schloss sich 1971 der neu gegründeten PS an
EG Europäische Gemeinschaft
EGKS Europäische Gemeinschaft für Kohle und Stahl
ENA *École nationale d'administration* (Nationale Hochschule für Verwaltung)
EWS Europäisches Währungssystem
FGDS *Fédération de la gauche démocrate et socialiste* (Föderation der Demokratischen und Sozialistischen Linken); 1965 gegründet; von Mitterrand initiiertes Bündnis mehrerer linker, nichtkommunistischer Parteien und Clubs
FLN *Front de Libération Nationale* (Nationale Befreiungsfront); gegründet von Ben Bella 1954 mit dem Ziel der Befreiung Algeriens von französischer Herrschaft; wurde zur sozialistisch orientierten Einheitspartei des unabhängigen Algerien; regierte allein bis 1991; erlitt dann eine Niederlage bei ersten freien Wahlen; seit 1999 wieder alleinige Regierungspartei; seit 2013 Mitglied der Sozialistischen Internationale (SI)
FN *Front National* (Nationale Front); rechtsextreme Partei; 2018 umbenannt in *Rassemblement National*

FNPG	*Fédération Nationale des Prisonniers de Guerre* (Nationale Föderation der Kriegsgefangenen)
JEC	*Jeunesse Etudiante Chretienne* (Studentenorganisation)
MNPGD	*Mouvement national des prisonniers de guerre et déportés* (Organisation der Kriegsgefangenen und Deportierten)
MRG	*Mouvement des radicaux de gauche* (Bewegung der linken Radikalen); 1972 von der linksliberalen radikalsozialistischen Partei abgespalten
MRP	*Mouvement républicain populaire* (Volksrepublikanische Bewegung); christdemokratische Partei; 1944 gegründet; 1966 umorganisiert in *Centre démocrate*, 1976 in *Centre des démocrates sociaux* (CDS); 1978 aufgenommen in die *Union des démocrates sociaux* (UDF); 1995 aufgelöst
MUR	*Mouvements unis de la Résistance* (Vereinigte Résistance-Bewegungen)
NPS	*Nouveau Parti socialiste* (Neue sozialistische Partei); ging 1969 aus der SFIO und einem Zusammenschluss mit der linksliberalen radikalsozialistischen Partei hervor; wird 1971 zur PS
PCF	*Parti communiste français* (Französische Kommunistische Partei)
PLO	*Palestine Liberation Organization* (palästinensische Befreiungsorganisation)
PS	*Parti socialiste* (Sozialistische Partei); seit 1971 Nachfolgerin der sozialdemokratischen Partei SFIO
PSA	*Parti socialiste autonome* (Autonome sozialistische Partei); 1958 gegründete linke Abspaltung der SFIO; wird 1969 zur PSU
PSU	*Parti socialiste unifié* (Vereinigte Sozialistische Partei); linke Abspaltung der SFIO; mit Mendes France; Rocard Vorsitzender 1967 bis 1973
RDA	*Rassemblement Démocratique Africain* (Afrikanische Demokratische Sammlung); 1946 gegründete Partei in den französischen Kolonien West- und Subsahara-Afrikas
RGR	*Rassemblement des Gauches républicaines* (Zusammenschluss der linken Republikaner); ging aus der früheren ra-

	dikalsozialistischen Partei hervor; mit Mitterrand als Mitglied; zerbrach 1958
RNPG	*Rassemblement national des prisonniers de guerre* (Zusammenschluss französischer Kriegsgefangener)
RPF	*Rassemblement du peuple français* (Sammlungsbewegung des französischen Volkes); 1947 von de Gaulle gegründete Partei; 1958 Neugründung und Umbenennung in UNR
RPR	*Rassemblement pour la République* (Zusammenschluss für die Republik); 1976 gegründete gaullistische Partei; ging aus UNR hervor
SAC	*Service d'action civique* (inoffizieller Geheimdienst); gaullistisch orientiert; 1982 auf Veranlassung Mitterrands aufgelöst
SDI	*Strategic Defense Initiative* (Strategische Verteidigungsinitiative)
SFIO	*Section française de l'Internationale ouvrière* (Französische Sektion der Arbeiter-Internationale); 1905 gegründete sozialdemokratische Partei; wurde 1969 zur NPS und 1971 zur PS
SOL	*Service d'ordre légionnaire* (Legionärsordnungsdienst); paramilitärischer Ordnungsdienst in Vichy-Frankreich
UDF	*Union pour la démocratie française* (Union für die französische Demokratie); 1978 aus Veranlassung des damaligen Staatspräsidenten Giscard d'Estaing gegründetes Bündnis liberaler und christdemokratischer Parteien; zerfiel nach der Niederlage Giscard d'Estaings bei der Präsidentenwahl 1981
UDSR	*Union démocratique et socialiste de la Résistance* (Demokratische und sozialistische Union des Widerstands); aus dem innerfranzösischen Widerstand während der deutschen Besatzung gegründete Partei; heterogen, Mitte-links orientiert; Mitterrand war ab 1953 Vorsitzender; 1964 aufgelöst
UFD	*Union des forces démocratiques* (Union der demokratischen Kräfte); 1958 gegen de Gaulle gegründetes Bündnis mehrerer linker, nichtkommunistischer Parteien; mit Pierre Mendès France; erfolglos; ging in der PSU auf

Anmerkungen

Die Jahre vor der Politik: 1916–1946

1 So Mitterrand selbst in: Mitterrand 1969, S. 16.
2 Im Interview mit Priouret 1972, S. 117, 119, spricht er von »guter Provinzbourgeoisie«, von *notables*. Siehe auch bei seinem Bruder Robert Mitterrand 1988, S. 11–46.
3 Dargestellt bei: Péan 1994, S. 76, auch S. 19.
4 Vgl. Schneider 2012, S. 25.
5 Mitterrand/Wiesel 1995, S. 39.
6 Vgl. Schneider 2012, S. 112. Im Interview mit Priouret 1972, S. 119 nennt Mitterrand ihn »ausgesprochen misanthropisch«.
7 Mitterrand/Wiesel 1995, S. 11 f.
8 Sein Mitschüler und Freund Pierre de Bénouville erinnert sich an ihn als einen »Grübler«, zit. in: Giesbert 2011, S. 8.
9 Mitterrand 1969, S. 16 und R. Mitterrand 1988, S. 103.
10 So Mitterrands Bruder Robert in einem Interview, zit. in: Nay 1984, S. 28.
11 Interview mit Priouret 1972, S. 21.
12 Nach Péan 1994, S. 94.
13 Vgl. Péan 1994, S. 56; Mitterrands Widerspruch gegen einen Vorwurf Debrés, in: Mitterrand 1969, S. 22.
14 Interview mit Priouret 1972, S. 119.
15 François Dalle, in: Lacouture/Rotman 2000, S. 22. Kapitel »Sous le signe de la Cagoule«, in: Giesbert 2011, S. 48–52; bes. Péan 1994, S. 13 ff. und S. 101–110.
16 Péan 1994, S. 33. Gespräch mit Mitterrand am 3.8.1994.
17 Bericht der *Revue Montalembert* über zwei Vorträge, die Mitterrand 1935 gehalten hat. Péan 1994, S. 35.
18 Vgl. Winock 2016, S. 34.
19 Fotos bei Péan zwischen S. 328 und 329. Später bedauert Mitterrand seine Teilnahme. Vgl. Daniel 2016, S. 288.
20 Artikel vom 10.4.1937, abgedruckt in: Péan 1994, S. 74 f.
21 Nach der detaillierten Darstellung Péans 1994, S. 43–59.

22 TV-Interview mit Elkabbach am 12.9.1994, vgl. Péan 1994, S. 179.
23 Zeugnis eines Freundes, zit. in: Winock 2016, S. 33.
24 Hinweise in: Roussel 2015, S. 44 f.
25 Zit. in: Péan 1994, S. 59.
26 Wiederabgedruckt in: Mitterrand 1977, S. 3–6. Daraus die folgenden Zitate.
27 So Mitterrand nachträglich in: Péan 1994, S. 100.
28 Zeugnis eines guten Freundes. Péan 1994, S. 58 f.
29 Mitterrand 1969, S. 23. Robert Mitterrand, S. 156. Sein Freund François Dalle, zit. in Giesbert 2011, S. 37.
30 Vgl. Péan 1994, S. 113. Artikel vom 22.6.1945 in der Zeitung *Libres*, zit. in: Péan 1994, S. 96 f.
31 Brief an die Verlobte seines Bruders Robert, zit. in: Giesbert 2011, S. 30.
32 Sein negatives Urteil noch nachträglich in: Mitterrand 1975, S. 21.
33 Brief vom 5.11.1939, zit. in: Péan 1994, S. 113.
34 Die Stellung war bereits im Ersten Weltkrieg 1916, dem Geburtsjahr Mitterrands, besonders hart umkämpft. Mitterrands Schilderung: Mitterrand 1996 b, S. 9 ff. Auch Péan 1994, S. 117 f.
35 Faksimile in: Nay 1984, Anhang.
36 Schilderung Mitterrands 1942 in der Vichy-Zeitschrift *Pèlerinage en Thuringe*, in: Mitterrand 1977, S. 11–14. Zur Gefangenschaft Péan 1994, S. 119–157. Er stützt sich auf Zeugnisse von Mitgefangenen.
37 Durch die Tätigkeit der sog. Scapini-Kommission. Dazu Lappenküper 2011, S. 29 f.; auch Péan 1994, S. 149. Mitterrands Darstellung in der Gefangenenzeitung *L'Ephémère* vom 1.11.1941, in: Mitterrand 1977, S. 10.
38 Vgl. in Mitterrand/Wiesel 1995, S. 143.
39 Vgl. Péan 1994, S. 151 f.
40 Vgl. Péan 1994, im Bildteil (ohne Seitennummerierung).
41 Védrine 1996, S. 13. Védrine, später ein Mitarbeiter Mitterrands, stützt sich auf Aussagen seines Vaters, der mit Mitterrand in der Gefangenschaft war.
42 Ein Mitgefangener zu Péan: »Sagen Sie ihm, dass wir ihn sehr mögen.« (1994, S. 150).
43 Péan 1994, S. 153. Eingehend Short 2013, S. 86 ff. Vgl. auch Mitterrand 1996 b, S. 39–54.
44 Knapp in: Mitterrand 1996 b, S. 49 f. Seine ausführliche, recht lyrische Schilderung noch von 1943 in: Péan 1994, S. 160–168.
45 Aussagen von Beteiligten in: Nay 1984, S. 375–381.
46 Mitterrand 1996 b, S. 23 f.
47 So später in: Mitterrand 1996 b, S. 84.
48 R. Mitterrand 1988, S. 186.
49 Interview mit Priouret 1972, S.121 und mit Wiewiorka 1994, S.327. Auch Mitterrand 1980, S.11f.
50 Mitterrand 1996 b, S. 13 ff.

51 Mitterrand 1969, S. 24. Ausführlicher zur Gefangenschaft Mitterrand 1996 b, S. 13 ff.
52 Zitate in: Péan 1994, S. 144. Auch Mitterrand/Wiesel 1995, S. 72.
53 Henri Madelin in: *La Croix*, 27.1.1996, zit. in: Lacouture 1998 a, S. 53.
54 Mitterrand 1996 b, S. 17 f.
55 In einem Brief, zit. in: Nay 1984, S. 97. Ähnlich sein Freund Dalle, zit. in: Giesbert 2011, S. 55.
56 Mitterrand 1969, S. 25: »je devins résistant, sans problème déchirant.«
57 Interview mit Wieviorka 1994, S. 328.
58 Péan 1994, S. 171.
59 Mitterrand 1996 b, S. 66.
60 Mitterrand 1996 b, S. 68.
61 Benamou 2011, S. 101 ff.
62 Zit. in: Péan 1994, S. 179.
63 Brief vom 16.6.1942, zit. in: Péan 1994, S. 197.
64 Mitterrand 1996 b, S. 74 f. Ähnlich in: Mitterrand/Wiesel 1995, S. 105 f. (ohne Zeitangabe).
65 Mitterrand 1996 b, S. 66 f.
66 Péan 1994, S. 210 f.
67 Zit. in: Roussel 2015, S. 96. Hier weitere Hinweise.
68 Roussel 2015, S. 103–105.
69 Nach Péan 1994, S. 187, stellt dieser Brief »den Gipfelpunkt seines *pétainisme*« dar.
70 Benamou 2011, S. 97 f.
71 Briefpassagen in: Roussel 2015, S. 170, 175 und 177.
72 Text in Péan 1994, S. 204.
73 Schilderung mit Zitaten Mitterrands in: Péan 1994, S. 220 ff.
74 Vgl. Péan 1994, S. 287–295.
75 Hinweis bei Péan 1994, S. 289–291.
76 Interview mit Priouret 1972, S. 121; Mitterrand 1996 b, S. 82. Gespräch mit Péan 1994, S. 295.
77 Bes. Mitterrand 1996 b, S. 76 ff.
78 Mitterrand 1996 b, S. 125 f.
79 Mitterrand 1996 b; Interview mit Priouret 1972, S. 121.
80 Vgl. einen in Giesbert 2011, S. 58, zitierten Text Mitterrands.
81 Interview mit Wieviorka 1994, S. 351; auch Benamou 2011, S. 30–36. Favier/Martin-Roland 1999, S. 557 ff.
82 Vgl. ein Indiz im April 1961 in: Favier/Martin-Roland 1990, S. 542. Sein Urteil in: Benamou 2011, S. 101.
83 Mitterrand 1996 b, S. 82 ff.
84 Zit. in Péan 1994, S. 195.
85 So Roussel 2015, S. 121. Er zitiert (ohne Seitenangabe) aus Mitterrands 1945 erschienenem Buch *Les prisonniers de guerre devant la politique*.
86 Vgl. Péan 1994, S. 234.

87 Lacouture 1998 a, S. 74.
88 Péan 1994, S. 306.
89 Lacouture 1998 a, S. 75.
90 Mitterrand 1996 b, S. 97.
91 Schilderung Dechartres in: Lacouture/Rotman 2000, S. 33–38.
92 Péan 1994, S. 278 ff.
93 Mitterrand 1996 b, S. 80: »J'ai donc très vite viré ma cuti.« Ohne zeitliche Angabe.
94 Als positives Beispiel nennt er die »berufsständischen Organisationen«. In: E. Duhamel 1998, S. 16.
95 Sein wirklicher Name war André Dewavrin. Er baute den Militärgeheimdienst des ›Freien Frankreich‹ auf und leitete ihn. 1981 rief er zur Wahl Mitterrands auf und verteidigte seine Widerstandstätigkeit.
96 So die Aussage de Gaulles, nach Alain Peyrefitte 1999, S. 579.
97 Auszüge in: Péan 1994, S. 337 f.
98 De Gaulle erwähnt das Treffen in seinen Kriegserinnerungen nicht. Knapp in Peyrefitte 1999, S. 578 f. In den Memoiren Henri Frenays (»La nuit finira«) findet sich nichts. Ein Bericht von ihm in: Péan 1994, S. 364 f. Von Mitterrand: ebd., S. 362 f.; auch Mitterrand 1975, S. 8–15; Mitterrand 1996 b, S. 130 f.; Benamou 2011, S. 118–133.
99 So Peyrefitte 1999, S. 579.
100 Dazu ein Brief Frenays an de Gaulles Neffen vom 18.3.1944, Faksimile in Péan 1994, Anhang.
101 Vgl. Giesbert 2011, S. 89.
102 Mitterrand 1996 b, S. 151.
103 Vgl. Frenay 1974, Bd. 2, S. 202 und 315.
104 So der Soziologe Edgar Morin im Gespräch mit Péan 1994, S. 214. Zu Mitterrand als Paradebeispiel eines »vychisto-résistant« Azéma 2001.
105 Gespräch mit Lacouture 1998 b, S. 561 f.
106 Danielle Mitterrand 2007, S. 155; näher S. 13-124.

Parlamentarier und Minister in der IV. Republik 1946–1958

1 Mitterrand 1996 b, S. 116.
2 Mitterrand 1996 b, S. 152.
3 Einige Artikel daraus in: Mitterrand 1977, S. 20–44. Der Name der Zeitung war zunächst *Libres*.
4 De Gaulle 2000, S. 831. Ohne Namensnennung. Gespräch mit Alain Peyrefitte, in: Ders. 1999, S. 579 f. Péan 1994, S. 512 f.

5 Auszüge in Péan 1994, S. 484 ff.
6 Auszüge des Artikels in: Giesbert 2011, S. 98.
7 Zit. in: Péan, S. 494.
8 So in einem Brief an Dayan, in: Roussel 2015, S. 193 f.
9 Mitterrand 1996 b, S. 78 und S. 152.
10 Mitterrand 1996 b, S. 153 f.
11 Brief an eine Cousine: »Je me sens capable de diriger les hommes.« Zit. in: Nay 1984, S. 97.
12 Näher dazu Péan 1994, S. 533 ff.
13 Nach Williams 1964, S. 287–293.
14 Mitterrand 1969, S. 34. Empfehlungsschreiben Barrachins in: Roussel 2015, S. 197.
15 Dazu Charmont 2002, S. 35 ff.
16 Als ein Gaullist bei Kirchenmännern um Unterstützung der Kandidaten seiner Partei bat, antwortete man ihm: »Aber wir haben François Mitterrand, das ist ein junger, sehr gläubiger Mann.« Zit. in Nay 1984, S. 148.
17 Zit. Nay 1984, S. 18.
18 Nach Nay 1984 (S. 178 f.) etwa 14.000. Williams schreibt (1964, S. 287), sie habe »praktisch keine Mitglieder«.
19 Mitterrand 1996 b, S. 171.
20 E. Duhamel 1996, S. 81–96.
21 Näher dazu die Bücher von Charmont 2002 und Battut 2011.
22 Vgl. E. Duhamel 1996, S. 90.
23 E. Duhamel 1998, Mitterrand, S. 29 (nach Auriols »Journal du septennat«).
24 Ausführlich E. Duhamel 1998, S. 48–59: »À l'assaut de l'U.D.S.R.«
25 E. Duhamel 1998, S. 47.
26 Lacouture 1998 a, S. 146.
27 So die Berechnung von E. Duhamel 1996, S. 90. Mitterrand nennt knapp sieben bzw. sechs Jahre. Mitterrand 1969, S. 35 und 232.
28 Mitterrand 1996 b, S. 177.
29 So Mitterrand 1969, S. 57 ff. Hier auch die Anprangerung der »rois fainéants«.
30 *Aux frontières de l'Union française* 1953 und *Présence française et abandon* 1957.
31 Mitterrand 1969, S. 35 ff. (Zitat S. 45); auch Mitterrand 1996 b, S. 173 ff.
32 Abgedruckt in: Mitterrand 1977, S. 52 f.
33 Zit. in: E. Duhamel 1998, S. 63.
34 Insgesamt dazu R. Mitterrand 1988, bes. das Kapitel »François Mitterrand et l'Afrique«, S. 284–294.
35 So Mitterrand auf dem UDSR-Kongress 1953, zit. in: E. Duhamel 1998, S. 72. Dazu ebd., S. 61–95. Auch Cayrol 1967, bes. S. 28–42.
36 Zit. in: Fauvet 1959, S. 255.
37 Mitterrand 1953, S. 178 (Text vom 7.10.1952).

38 Mitterrand 1953, S. 208 f.
39 Der erste Teil seines Buches *Aux frontières de l'Union française* (1953) ist überschrieben: »L'Afrique d'abord«, S. 15–37.
40 Mitterrand 1969, S. 35 ff.
41 Mitterrand 1953, S. 21.
42 Mitterrand 1953, S. 29.
43 Äußerung von 1951, zit. in: E. Duhamel 1998, S. 63. Auch Mitterrand 1957, S. 237.
44 Mitterrand 1953, S. 34. Negatives Urteil in: Mitterrand 1996 b, S. 174 f.; Interview mit Wieviorka 1994, S. 333.
45 Rede in der Nationalversammlung am 4.6.1953, wieder in: Mitterrand 1977, S. 83–90. Zitat S. 84.
46 Das RDA wurde 1946 gegründet. Zunächst stand es der PCF nahe, später bildete es eine Fraktionsgemeinschaft mit der UDSR.
47 Elgey 1965, S. 502. Auch R. Mitterrand 1988, S. 289 f.
48 Zit. in: E. Duhamel 1998, S. 88 und S. 63 (aus dem UDSR-Archiv).
49 E. Duhamel 1998, S. 92 f.
50 Zit. in: Lacouture 1998 a, S. 138.
51 Mitterrand 1957, S. 178. Zum *Comité* E. Duhamel 1998, S. 89 f.
52 Nach Short 2013, S. 230.
53 Zit. in E. Duhamel 1998, S. 78 f.
54 In *L'Express* vom 5.9.1953, zit. in: Cayrol 1967, S. 29 f.
55 Rede in der Nationalversammlung am 4.6.1953, in: Mitterrand 1977, S. 85 f.
56 Rede in der Nationalversammlung, Auszug in: Cayrol 1967, S. 36.
57 Vgl. E. Duhamel 1998, S. 152–173. Insgesamt bes. Malye/Stora 2010, mit der Auswertung neuer Quellen.
58 Vgl. Lacouture 1998 a, S. 153.
59 Vgl. Giesbert 2011, S. 137.
60 Dokument in: Roussel 2015, S. 221.
61 Roussel, S. 219 f.
62 Mitterrands Intervention in: AN JO, 12.11.1954, S. 4966–4969.
63 Näher dazu AN JO, 12.11.1954, S. 29 ff. Nach Winock (2016, S. 116) stimmte er in 80 % der Fälle für die Todesstrafe.
64 Zit. in Malye/Stora 2010, S. 223 ff. Das Buch von Simon ist 1957 erschienen.
65 Vgl. Winock 2016, S. 128.
66 Neben Mendès France trat auch Alain Savary zurück.
67 Mitterrand 1996 b, S. 185.
68 Vgl. Malye/Stora 2010, S. 85.
69 In einem Artikel in *Le Courrier de la Nièvre*, zit. in: Malye/Stora 2010, S. 248.
70 Zitat aus einem Brief an den Regierungschef, zit. ebd., S. 223 ff.
71 Interview in Wieviorka 1994, S. 335.

72 Zahlen der IFOP-Umfrage vom Januar 1955 in: Winock 2016, S. 106.
73 Selbst sein späterer Außenminister und Freund Roland Dumas ist dieser Meinung. Dumas 2011, S. 67.
74 Mitterrand 1998, S. 185.

Die Oppositionsjahre in der V. Republik 1958–1981

1 Mitterrand 1996 b, S. 132, anlässlich seines ersten Treffens mit ihm Dezember 1943.
2 Mitterrand 1996 b, S. 124.
3 Mitterrand 1969, S. 31.
4 Rede in der Nationalversammlung bei der Investitur de Gaulles AN JO 1.6.1958, S. 2585–2587.
5 So Mitterrand 1996 b, S. 197, wobei er auf seine religiöse Erziehung hinweist.
6 Rede in der Assemblée Nationale, 1. Juni 1958, Journal Officiel S. 2585.
7 So der UDSR-Fraktionsvorsitzende Duveau in: Giesbert 2011, S. 179. Mitterrand 1996 b, S. 188 ff.
8 Mitterrand 1996 b, S. 192. Schon 1944 meinte er, de Gaulle sei für die Demokratie gefährlich. Zit. in: Giesbert 2011, S. 73.
9 Zit. in: Roussel 2015, S. 258.
10 Seine Rede im Journal Officiel, 1.6.1968, S. 2585–2587.
11 Mitterrand 1964, zur Kampfschrift: S. 272, zur Diktatur: passim, bes. S. 84, 96 f. und 128, trotz de Gaulle: S. 85, zum ›Fetzen Papier‹: S. 123 ff., zum Verfassungsrat: S. 140, zur ›Wahlmonarchie‹: S. 202 und 249 f., zum ›Polizeistaat‹: S. 249 f.
12 Mitterrand 1996 b, S. 224.
13 So gegenüber Dumas am Abend der Investitur de Gaulles in: Lacouture/ Rotman 2000, S. 63. Auch Mitterrand 1969, S. 66.
14 Mitterrand 1996 b, S. 202 f.
15 Zur Affäre: Lacouture 1998 a, S. 222–232, Giesbert 2011, S. 187–197, Nay 1984, S. 252–264. Lacouture/Rotman 2000, S. 64–74 (mit Aussagen von Martinet, Dumas, Estier, Rousselet).
16 Mitterrand 1981, S. 9.
17 Bereits 1958 soll er gesagt haben, er werde sie auf 10 % zurückstutzen. Zit. in: Lacouture 1998 a, S. 208.
18 Dazu »L'image de François Mittarrand«, in: Cayrol 1967, S. 75–83.
19 Dazu gehörten die SFIO, die *Radicaux de gauche* und die *Convention des institutions républicaines*.

20 Abgedruckt im Sammelband CEVIPOF 1970, S. 80.
21 Vgl. Viannsson-Ponté 1971, S. 157 ff.
22 Auszüge aus Sartres *Le Monde*-Artikel vom 4.12.1965, zit. in: Cayrol 1967, S. 102.
23 Mitterrand 1969, S. 81.
24 Vgl. Nay 1984, S. 287.
25 Mitterrand im Fernsehen am 22.11.1965, zit. in: O. Duhamel 1992, S. 254.
26 Ausführlich zum Wahlkampf, mit Auszügen aus Mitterrands Reden, Cayrol 1967, S. 103–149.
27 Nach Cayrol 1967, S. 106; Rousselet 2015, S. 245 ff.
28 Hubert Védrine im Nachruf auf Péan im Juli 1981, im *Institut François Mitterrand*, in: https://www.mitterrand.org/deces-de-pierre-pean.html [letzter Zugriff: 27.09.2021].
29 Giesbert 2011, S. 211.
30 So Lacouture 1998 a, S. 269, der sich auf eine frühe Selbstaussage Mitterrands bezieht.
31 Vgl. Bergounioux/Grunberg 2007, S. 246.
32 Mitterrand 1969, S. 81.
33 Zitiert in Winock 2016, S. 177.
34 Mitterrand 1969, S. 97.
35 Dazu im Einzelnen Mitterrand 1969, S. 99–119.
36 Z. B. das Zeugnis von Pierre Joxe 2006, S. 206.
37 Roussel 2015 (S. 315), der sich auf das Archiv von Mendès France stützt.
38 Mitterrands Ansichten dazu in: Mitterrand 1977, S. 478–506. Seine Sicht aus dem Jahre 1969 in: Mitterrand 1969, S. 125–177; daraus auch die Zitate. Sein Rückblick in Mitterrand 1996 b, S. 238 ff.
39 Mitterrand 1969, S. 135. Short 2013 zitiert (S. 369) einen Satz von ihm: »Je ne sens pas ce mouvement.«
40 Sein einführender Text in: Mitterrand 1977, S. 493–495. Seine Rechtfertigung: Mitterrand 1969, S. 153–160.
41 Er war nach Baden-Baden geflogen, dem Hauptquartier der französischen Truppen in Deutschland. Möglicherweise wollte er sich für alle Eventualitäten des Rückhalts ihres Kommandanten, General Massu, versichern.
42 So Couve de Murville mit seiner Regierung nach dem Rücktritt de Gaulles am 28.4.1969 bis zur Wahl Pompidous am 20.6.1969.
43 Sein Brief vom 2.10.1969 in: Roussel 2015, S. 334 f.
44 Zit. in: Lacouture 1998 a, S. 304.
45 Mitterrand 1969, S. 251 ff.
46 Das Folgende nach seinem Interview in: Mitterrand 1970, S. 9–40. Auch Mitterrand 1969, S. 280–297.
47 Zit. in: Mitterrand 1970, S. 15 f.
48 Interview in *L'Express*, 14.–21.10.1978, zit. in: Mitterrand 1981, S. 172.
49 Mitterrand 1977, S. 531–542, Passage über das Geld S. 536.
50 Nach Winock 2016, S. 197.

51 Lacouture 1998 a, S. 293. Er nennt ihn (S. 342) den »fabelhaften Manipulator von Epinay«.
52 Zit. in: Nay 1984, S. 158. Vgl. bes. das Kapitel: »François Mitterrand, L'Anti-Communiste«, S. 152–159.
53 Mitterrand 1969, S. 108.
54 So Mitterrand zu Giesbert am 23. und 25.4.1976, zit. in: ders. 2011, S. 300.
55 Text mit einer Einleitung von Georges Marchais: Programme commun de gouvernement 1972.
56 Auf der *Convention nationale* der PS am 5.11.1977, zit. in: Mitterrand 1981, S. 179.
57 Vgl. Winock 2016, S. 208.
58 Zit. in: Lazar 2002, S. 56.
59 Interview in: *Le Monde* vom 2.5.1974.
60 Auszüge in: Lacouture 1998 a, S. 325 f.
61 Zit. in: O. Duhamel 2008, S. 113.
62 Zit. in: Daniel 2016, S. 57.
63 Vgl. Peyrefitte 1977, S. 433.
64 Mitterrand 1980, S. 35.
65 Projet socialiste 1980.
66 In: Mitterrand 1981, S. 313–324.
67 Zit. in Benamou 2011, S. 181.
68 Zit. in Giesbert 2011, S.329.
69 Bericht von Alain Peyrefitte 2002, S. 483. Vgl. auch Lazar 2002, S. 42 f.
70 Vgl. Le Monde 1981 b, S. 116.
71 Nach Short 2013 (S. 449), der sich auf Treffen mit Chirac beruft. Ebenso Barre 2007, S. 140 und 188.
72 Nach plausiblen Schätzungen 16 %, vgl. Gras/1991, S. 25.
73 Winock 2016, S. 261. Seine Frau in: Favier 2011, S. 19.
74 Zit. in: Bianco 2015, S. 39.

Die erste Präsidentschaft 1981–1988

1 Im Gespräch mit Jean Lacouture 1998 b, S. 10.
2 Attali 2005, S. 64.
3 Daniel 2016, S. 94.
4 Joxe 2006, S. 95.
5 Zit. in: Favier/Martin-Roland 1990, S. 82.
6 So Parteichef Jospin, in: Jospin 2010, S. 86.
7 Text in: Le Monde 1981 a, S. 136.

8 Mitterrand 1996 b, S. 227 f.
9 Dazu Winock 2016, Kapitel »Le souverain«, S. 295 ff. und Védrine 1996, Kap. »Le système Mitterrand«, S. 19–77.
10 Védrine 1996, S. 69; Giesbert 2011, S. 567; u.a. Vergleich mit dem Sonnenkönig: Orsenna 1993, S. 192 f.
11 Dumas 2011, S. 120. Auch Bianco 2015, S. 46.
12 Berichtet vom Zeugen Attali, zit. in Winock 2016, S. 321.
13 Interview in POUVOIRS Nr. 45 (1988), S. 131–139. Zitat S. 132.
14 Mitterrand 1996 c. Dazu auch Anne Pingeot 2018.
15 Winock 2016, S. 295.
16 Viele Beispiele in: Alexandre 2016. Ähnlich Justizminister Badinter 2011, bes. S. 59.
17 Art. 20: »Die Regierung bestimmt und leitet die Politik der Nation.« Art. 21: »Der Premierminister leitet die Politik der Regierung.«
18 Vgl. Maus 1998, S. 128 f. Daraus auch die folgenden beiden Zitate.
19 Aufzählung bei Kimmel 1983 b, S. 291. Zu Mitterrands Entscheidungspraxis Attali 2005, S. 108 ff.
20 Mitterrand 1996 b, S. 227 f.
21 Jospin, damals Parteichef, 2010, S. 91 f. Auch ders. 2002, S. 38 ff.
22 So z.B. in: Chapsal 1984, S. 265 ff.
23 Vgl. Favier/Martin-Roland 1990, S. 66.
24 Noch am Tag nach dem Beschluss sprachen sich 63 % für die Beibehaltung aus. Vgl. Winock 2016, S. 266.
25 Mitterrand 1980, S. 174.
26 Als Minister für die Überseegebiete war er 1956 verantwortlich für ein Gesetz gewesen, das den Kolonien ein gewisses Maß an innerer Autonomie gewährte.
27 *Un grand service public, unifié et laïque de l'Education nationale sera constitué*. Abgekürzt: GSPULEN.
28 Zit. in: Attali 2005, S. 123.
29 Zit. in: Favier/Martin-Roland 1991, S. 156. Auch Dumas 2011, S. 114 ff.
30 Vgl. Favier/Martin-Roland 1991, S. 141 und 177.
31 Vgl. Favier/Martin-Roland 1991, S. 160.
32 Äußerungen vom 22.12.1984 und vom 14.7.1985, zit. in: Colombani/Portelli 1995, S. 73.
33 So seine Aussage gegenüber Bacqué 2008, S. 80 f.; Fabius 1995, S. 108; in: Lacouture/Rotman 2000, S. 172.
34 Bei Fabius 1995, S. 106, heißt es nur: »François Mitterrand accepta mes propositions.«
35 Vgl. Lacouture 1998 b, S. 202.
36 Vgl. Nay 1988, S. 28. Die Äußerung von Mauroy in: Pfister 1986 b, S. 28.
37 In Mitterrand 1981 finden sich mehrere Belege, z.B. S. 22, 199, 219 und 223.
38 Bericht von Jean Daniel nach einem Gespräch mit Mitterrand im April 1984, zit. in: Becker 1998, S. 250.

39 Zit. in: A. Duhamel 1997, S. 159.
40 Zit. in: O. Duhamel 1992, S. 516.
41 Ausführlich Favier/Martin-Roland 1990, S. 121 ff.
42 Vgl. Favier/Martin-Roland 1990, S. 112.
43 So im Ministerrat am 17.3.1982, zit. ebd., S. 394.
44 Pressekonferenz vom 24.9.1981, zit. in: Lacouture 1998 b, S. 67.
45 Vgl. Favier/Martin-Roland 1990, S. 404.
46 Vgl. Lacouture 1998 b, S. 27 f.
47 Nach Favier/Martin-Roland 1990, S. 427 ff. Die Autoren stützen sich auf »documents d'archives«.
48 Zit. in: July 1986, S. 111.
49 Vgl. Nay 1988, S. 121. Dazu auch ebd., S. 113 ff., Kapitel »François-Ronald Reagan«.
50 Lacouture/Rotman 2000, S. 153–165.
51 Vgl. Bacqué 2008, S. 116–119. Zu Einzelheiten Favier/Martin-Roland 1990, S. 465–493.
52 So z. B. Jospin, in: Favier/Martin-Roland 1990, S. 488.
53 Vgl. Favier/Martin-Roland 1991, S. 61.
54 Vgl. Hoffmann/Ross 1988, S. 254.
55 In seiner ersten Amtszeit besuchte er über 60 Länder; Giscard 39. Nach Nay 1988, S. 176.
56 Zit. in: Favier/Martin-Roland 1990, S. 69.
57 Am 16.11.1983, zit. in: Vaïsse 2009, S. 83.
58 Zahlen in Vaïsse 2009, S. 67.
59 Sein Vater Jean Védrine, den Mitterrand seit Vichy-Zeiten kannte, gehörte zu seinen Freunden.
60 So Mitterrand selbst, zit. in: Frankreich-Jahrbuch 1992, S. 151.
61 Zit. in: Bozo 2005, S. 387; auch Vaïsse 2009, S. 25 f.
62 Hoffmann 1998.
63 Mitterrand 1986, S. 7–35, Zitat S. 7.
64 Neujahrswünsche im Fernsehen am 31.12.1981. https://www.vie-publique.fr/discours/135613-allocution-de-m-francois-mitterrand-president-de-la-republique-loc (Letzter Zugriff 20.10.2020).
65 So Mitterrand 1996 a, S. 157, auch S. 155–184.
66 So Schmidt 1987, S. 293.
67 Vgl. Giesbert 2011, in seiner Schilderung, S. 388.
68 Mitterrand 1986, S. 183–208. Deutsch: Deutscher Bundestag, 9. Wahlperiode, 142. Sitzung, S. 8985–8992. Mit wenigen Kürzungen in: Kimmel/Jardin 2002, S. 432–436.
69 Attali 2005, S. 238 f., auch Védrine 1996, S. 234–237, Bianco 2015, S. 64–68, Lacouture/Rotman 2000, S. 156–159.
70 Aus seinem Brief im Nachlass in der Ronald Reagan Library, zit. in: Roussel 2015, S. 451.
71 So Védrine 1996, S. 163.

72 Vgl. Favier/Martin-Roland 1990, S. 232 f.; Védrine 1996, S. 370 ff.
73 Zit. in: Giesbert 2011, S. 691.
74 Vgl. Lappenküper 2011, S. 58.
75 Vgl. das Zeugnis Biancos in: Lacouture/Rotman 2000, S. 154 ff.
76 So Jospin, zit in: Védrine 1996, S. 285 f. Ähnlich Chevènement, ebd.
77 So besonders in seiner Rede vor dem Europaparlament am 24.5.1981, in: Mitterrand 1986, S. 282–297, bes. S. 282.
78 Mitterrand 1996 b, S. 186.
79 Zit in: Védrine 1996, S. 128.
80 Dazu bes. Lappenküper 2011, auf den sich dieses Kapitel stützt. Auch die betreffenden Kapitel in Favier/Martin-Roland 1991 und 1996 sowie Védrine 1996, (bes. S. 120–130) und Bianco 2015. Dokumente: Kimmel/Jardin 2002.
81 Bei Favier/Martin-Roland 1990, S. 227 heißt es, Mitterrand kenne die Vorbehalte des Bundeskanzlers.
82 Vgl. Lappenküper 2011, S. 45.
83 Vgl. Lappenküper 2011, S. 70, S. 76 und S. 79 f. Mitterrand 1969, S. 302.
84 Zit. in: Lappenküper 2011, S. 76.
85 Zit. in: Lappenküper 2011, S. 90.
86 Vgl. Védrine 1996, S. 126; Lappenküper 2011, S. 100 f.
87 Vgl. Mitterrand 1996 b, S. 58 f.
88 Mitterrand/Wiesel 1995, S. 118.
89 Zit. in Lappenküper 2011, S. 111.
90 Zit. in: Schmidt 1990, S. 244.
91 Mitterrand 1996 a, S. 167 ff.
92 Schmidt 1990, S. 255–260 und S. 267–269; auch Védrine 1996, S. 288 f.
93 Vgl. Lappenküper 2011, S. 174.
94 Bianco 2015, S. 239. Er arbeitete mit dem französischsprechenden Kanzlerberater Joachim Bitterlich eng zusammen.
95 Kohl 2005, S. 599.
96 Kohl 2005, S. 104.
97 Dazu näher Favier/Martin-Roland 1991, S. 255–261. Auch Schabert 2002, S. 245–275.
98 Mitterrand 1980, S. 275.
99 So Joxe 2006, S. 178 ff.
100 So Védrine 1996, S. 22 f.
101 Vgl. Favier/Martin-Roland 1996, S. 417.
102 Noch im Auto auf der Fahrt zum Fernsehstudio übte er mit ihm das französische Wort »caduc« für überholt. Dumas 1996, S. 313 f.
103 Am 5.11.1981 in Paris; in: Mitterrand 1986, S. 366–379, Zitat S. 372 f.
104 Vgl. Brüne 1995, S. 291–309.
105 Text in: Mitterrand 1986, S. 313–320. Vgl. Brüne 1995, S. 107 ff.
106 Ausführlich Cot selbst: Cot 1984. Ferner Brüne 1995, S. 107–151; Favier/Martin-Roland 1990, S. 327–361.

107 So Védrine 1996, S. 694.
108 Vgl. Cot 1984, S. 211.
109 Vgl. Cot 1984, S. 211 ff.
110 Zit. in: Favier/Martin-Roland 1990, S. 339.
111 Hoffmann/Ross (Hg.) 1987, S. 18 ff.
112 Mitterrand 1986, S. 7. Auch Barre 2007, S. 261 betont diesen außenpolitischen ›Gaullismus‹ Mitterrands.
113 Text in: Favier/Martin-Roland 1991, S. 328.
114 Dazu Favier/Martin-Roland 1991, S. 361–371. Fabius 1995, S. 139–141.
115 So Chaban-Delmas in einem Gespräch mit Favier/Martin-Roland 1991, S. 305. »La crise de confiance«, in: SOFRES 1984, S. 35 ff. SOFRES 1985, S. 129–147.
116 Rede in Verdun-sur-le-Doubs am 27.1.1978, in: Chagnollaud/Quermonne 2000, S. 352 f.
117 Zit. in: Giesbert 2011, S. 461.
118 Zit. in: Favier/Martin-Roland 1991, S. 329.
119 Favier/Martin-Roland 1991, S. 420.
120 Dazu die Kap. 62 und 63 in: Giesbert 2011, S. 483 ff. Auch Favier/Martin-Roland 1991, S. 487 ff.
121 Zit. In: Chapsal 1987, S. 525.
122 Zit. in: Favier/Martin-Roland 1991, S. 386.
123 Zit. in: Jospin 2010, S. 119.
124 Vgl. Favier/Martin-Roland 1991, S. 619 f.
125 Vgl. Favier/Martin-Roland 1991, S. 464. Chiracs Dementi in: Giesbert 2011, S. 497.
126 Vgl. Favier/Martin-Roland 1991, S. 471.
127 Favier/Martin-Roland 1991, S. 420. Art. 20: »Die Regierung bestimmt und leitet die Politik der Nation.«
128 Vgl. Roussel 2015, S. 469. Berichte mehrerer Minister in: Lacouture/Rotman 2000, S. 186–189.
129 Zit. in: Bianco 2015, S. 174.
130 Vgl. Favier/Martin-Roland 1991, S. 591 ff. Auch Becker 1985, S. 384–388.
131 Guigou 2000, S. 62.
132 Näher dazu Favier/Martin-Roland 1991, S. 531 ff. Auch Bianco 2015, S. 188 ff.
133 Fernsehinterview am 8.10.1986, zit. in: Nay 1988, S. 250.
134 Zeugnis von Robert Badinter, zit. bei Short 2013, S. 670.
135 Zit. in Favier/Martin-Roland 1991, S. 610 und S. 624.
136 Umfragedaten bei Favier/Martin-Roland 1991, S. 615.
137 Das folgende Zitat in: Lacouture 1998, S. 268.

Die zweite Präsidentschaft 1988–1995

1 Mitglieder der Unabhängigkeitsbewegung (Kanaken) hatten bei einem Überfall am 22.4.1988 vier Polizisten getötet und Geiseln genommen. Chirac war für ein hartes Durchgreifen, Mitterrand plädierte für eine Verhandlungslösung. Bei der von der Regierung beschlossenen Intervention wurden zwei Gendarmen und 19 Mitglieder der Unabhängigkeitsbewegung getötet.
2 Rocard 2010, S. 181 ff.; Rocard 2001, S. 131–135.
3 Zu Bacqué 2008, S. 82 f.
4 Vgl. Favier/Martin-Roland 1991, S. 750. Auch Attali 1995, S. 18 (Eintrag 10.5.1988).
5 Roussel 2015, S. 500.
6 Rocard 2007, S. 331.
7 Vgl. Lacouture 1998 b, S. 291 f. Rocard nennt Beispiele in: Bacqué 2008, S. 54 f., über Ernennungen S. 84 f.
8 Vgl. Rocard 2010, S. 183 f.
9 Vgl. Huchon 1993, S. 37. Huchon war von 1988 bis 1991 als *directeur de cabinet* Rocards engster Mitarbeiter.
10 So eine SOFRES-Umfrage, zit. in: Winock 2016, S. 281.
11 Zit. in Colombani/Portelli 1995, S. 75.
12 Vgl. Favier/Martin-Roland 1996, S. 38.
13 Zit. in Peyrefitte 2000, S. 88.
14 Vgl. Favier/Martin-Roland 1996, S. 45, in einem Gespräch mit Bianco.
15 In: Lacouture 1998 b, S. 292.
16 Dazu Rocard 2001, S. 140–157; Favier/Martin-Roland 1996, S. 51 ff.; Huchon 1993, S. 87–94.
17 Vgl. Favier/Martin-Roland 1996, S. 49 f.
18 Vgl. Favier/Martin-Roland 1996, S. 265 ff. und S. 354.
19 Vgl. Favier/Martin-Rocard 1996, S. 292–296.
20 Dazu Favier/Martin-Rocard 1996, S. 298 f.
21 Text: https://www.elysee.fr/francois-mitterrand/1989/06/20/discours-de-m-francois-mitterrand-president-de-la-republique-sur-le-serment-du-jeu-de-paume-et-sur-lhistoire-et-les-ideaux-de-la-revolution-francaise-versailles-le-mardi-20-juin-1989 [letzter Zugriff: 19.03.2019.]
22 Vgl. Favier/Martin-Roland 1999, S. 627.
23 Vgl. Attali 1995, S. 19 f. Auch Favier/Martin-Roland 1996, S. 22 ff.
24 So Huchon 1993, S. 216.
25 Vgl. Favier/Martin-Roland 1996, Bd. 3, S. 577.
26 Näher dazu Favier/Martin-Roland 1999, Bd. 4, S. 13 ff.
27 So Dumas 2011, S. 410 ff.
28 Im Gespräch mit Favier/Martin Roland 1999, Bd. 4, S. 18.
29 So meinte sie etwa, die britische Tradition sei der Homosexualität förderlicher als die kontinentaleuropäische. Vgl. Roussel 2015, S. 551.

30 In: Favier/Martin-Roland 1999, S. 151.
31 Äußerungen von 1983 und 1988, zit. in: Schabert 2002, S. 33.
32 Vgl. Du Roy 2000, S. 117.
33 Nach Soutou 2018, S. 457, 472.
34 Interview in *Le Monde* vom 1.6.1979, zit. in: Lappenküper 2011, S. 134.
35 Mitterrand 1996 a, S. 13.
36 Zit. in Favier/Martin-Roland 1996, S. 176.
37 Ebd.; auch Soutou 2018, S. 486.
38 Vgl. Bozo 2005, S. 89 f.
39 Zit. in: Favier/Martin-Roland 1996, S. 177. Das Folgende stützt sich vor allem auf diese Darstellung, die auf unveröffentlichten Dokumenten und Gesprächen mit Mitterrand und anderen Beteiligten beruht.
40 Am 18.10.1989 im Kabinett, zit. in: Favier/Martin-Roland 1996, S. 175 f.; Bozo 2005, S. 111.
41 Schon im Interview in *Le Novel Observateur* vom 27.7.1989, zit. in: Favier/Martin-Roland 1996, S. 176 f.
42 Vgl. Mitterrand 1996 a, S. 52; Bozo 2005, S. 121.
43 So Kohl 2005, S. 581.
44 Frankreich-Info Nr. 28/89 (10.11.1989). Französischer Text: Mitterrand 1996 b, S.199–204. Auch Mitterrand 1996 a, S. 201 ff. Lind 1998, S. 164 ff.
45 Kohl 1996, S. 197.
46 Vgl. Favier/Martin-Roland 1996, S. 625.
47 Favier/Martin-Roland 1996, S. 181; auch Bozo 2005, S. 130 f.
48 Zit. in: Favier/Martin-Roland 1996, S. 189 ff. (Gespräche mit Kohl und Mitterrand); Bozo 2005, S. 145 ff.
49 Mitterrand 1986, S. 47.
50 Zit. in: Védrine 1996, S. 490. Attali 1995, S. 465
51 Zit. aus den Archiven in: Bozo 2005, S. 156.
52 Vgl. Dumas 1996, S. 387.
53 Zit. in: Favier/Martin-Roland 1996, S. 218.
54 In Leipzig am 21.12.1989, Mitterrand 1996 b, S. 210. Attalis Eintrag 1995, S. 479.
55 So Mitterrand 1996 b, S. 121.
56 Zit. in: Schabert 2002, S. 459.
57 Zit. in: Attali 2005, S. 335 f.
58 Mitterrand 1996 b, S. 213 ff.
59 Kohl 1996, S. 232–238. Teltschik 1993, S. 100.
60 Mitterrand 1996 b, S. 43.
61 Zit. in: Schabert 2002, S. 102; auch Attali 2005, S. 304.
62 Zit. in: Favier/Martin-Roland 1996, S. 260 f.
63 Zit. in: Favier/Martin-Roland 1996, S. 227.
64 Kohl 1996, S. 302.

65 Aus den Akten des Bundeskanzleramts, zit. in: Kimmel/Jardin 2002, S. 28, Anm. 21. Teltschik 1993, S. 367.
66 Zeugnis von Teltschik 1993, S. 207 f.
67 So Mitterrand im Ministerrat schon am 18.10.1989, zit. in: Favier/Martin Roland 1996, S. 175.
68 Faksimile in: Schabert 2002, S. 415.
69 Zit. in: Teltschik 1993, S. 86.
70 So Mitterrand zu Delors, zit. in: Lacouture/Rotman 2000, S. 218.
71 Zit. in: Guigou 2000, S. 73.
72 Im Ministerrat am 17.8.1988, zit. in: Bozo 2005, S. 84 (mit Verweis auf *archives privées*).
73 So Schabert 2002, S. 403.
74 Vgl. Attali 2005, S. 354 f.
75 Zit. in: Attali 2005, S. 331.
76 In: Favier/Martin-Roland 1999, S. 184. Rede vom 29.2.1992 über »Les tribus et l'Europe« https://www.vie-publique.fr/discours/128847-allocution-de-m-francois-mitterrand-president-de-la-republique-sur-la [letzter Zugriff: 20.10.2020]. Auszüge: Frankreich-Info, Nr. 8 (6.3.1992).
77 Bei einem Besuch im Kanzleramt am 18.9.1991. Favier/Martin-Roland 1999, S. 198.
78 Interview in der FAZ vom 29.11.1991, zit. in: Favier/Martin-Roland 1999, S. 241 und S. 300.
79 Dazu Dumas 2011, S. 421–435.
80 Kritik von Guigou 2000, S. 109.
81 Vgl. Kimmel/Jardin 2002, S. 327.
82 Brief an Mitterrand vom 14.12.1991, zit. in: Bozo 2005, S. 322; auch Védrine 1996, S. 620.
83 Zit. in: Favier/Martin-Roland 1996, S. 443 ff., Vergleich mit Hitler S. 449.
84 Rede in Cancún in: Mitterrand 1986, S. 317 f. Mitterrand im Kabinett, zit. in: Védrine 1996, S. 543.
85 Im Gespräch mit seinen wichtigsten Ministern, zit. in Favier/Martin-Roland 1996, S. 479.
86 Vgl. Favier/Martin-Roland 1996, S. 507.
87 Vgl. Favier/Martin-Roland 1996, S. 503.
88 So Bianco, zit. in Favier/Martin-Roland 1996, S. 376; insgesamt S. 371–397.
89 Vgl. Favier/Martin-Roland 1996, S. 377.
90 Zit. in: Favier/Martin-Roland 1996, S. 378 f. Auch Bianco 2015, S. 259 ff.
91 Die Rede wird zitiert nach: https://www.vie-publique.fr/discours/127621-allocution-de-m-francois-mitterrand-president-de-la-republique-sur-la [letzter Zugriff: 20.10.2020].
92 Näher dazu Brüne 1995, S. 144 und S. 146 f.
93 So Bayart, zit. Brüne 1995, S. 145.
94 Einzelheiten in: Favier/Martin-Roland 1999, S. 470–490.

95 So der Leitartikel in *Le Monde* vom 27.3.2021; vgl. auch Michaela Wiegel in FAZ vom 28.3.2021: Frankreichs »erdrückende Verantwortung«.
96 Vgl. Bayart in: Cohen 1998, S. 269 ff.
97 Vgl. Favier/Martin-Roland 1996, S. 385.
98 Mitterrand 1953, S. 23.
99 So das Resümee von Bayart in: Cohen 1998, S. 261 und 286. Ähnlich Bianco 2015, S. 259.
100 Dazu Favier/Martin-Roland 1996, S. 80–89.
101 Dazu Favier/Martin-Roland 1999, S. 347 ff.
102 Näher dazu Favier/Martin-Roland 1966, Kap.: »L'argent, le Parti et la loi«, S. 307–333.
103 Eine SOFRES-Umfrage, zit. Favier/Martin-Roland 1999, S. 391.
104 Der Vertrag war am 7.2.1992 unterzeichnet worden und trat am 1.11.1993 in Kraft.
105 So Balladur 1995, S. 259, 262 und bes. S. 270 ff.
106 So Favier/Martin-Roland 1999, S. 575; insgesamt S. 574–584.
107 Die Liste der beim Essen im Rathaus Anwesenden in: Favier/Martin-Roland 1999, S. 612.
108 Vgl. Péan 1994. Dazu Favier/Martin-Roland 1999, S. 549–562 und Attali 2005, S. 395–415.
109 Das gesamte Interview in: https://www.vie-publique.fr/discours/129157-interview-de-m-francois-mitterrand-president-de-la-republique-franc [letzter Zugriff: 20.10.2020].
110 Vgl. Conan/Rousso 1994, S. 44 f.
111 So Benamou 2011, S. 234 ff.
112 So Alexandre 2016, S. 313.
113 Attali 2005, S. 399. Dazu auch Favier/Martin-Roland 1999, S. 555 ff.; Lacouture 1998 b, S. 707–713; Mitterrand/Wiesel 1995, S. 101–111 und Benamou 1997, S. 205–228 und 263–273.
114 Nach Aussage Biancos, zit. in: Favier/Martin-Roland 1999, S. 556.
115 So Jean d'Ormesson, der von Mitterrand zu einem Essen eingeladen worden war. Zit. bei Roussel 2015, 602.
116 Zit. in: Short 2013, S. 811 (ohne Quellenangabe). Ähnlich Attali 2005, S. 399.
117 Fernsehinterview am 12.9.1994 (vgl. Anm. 502).
118 Zit. in: Favier/Martin-Roland 1999, S. 620, insgesamt S. 611–631. Mitterrand habe ihnen öfter gesagt: »Das bleibt unter uns«.
119 Kurzer Bericht in Rousselet 2015, S. 703–705.
120 Zit. in: Schabert 2002, S. 82.
121 Lacouture 1998 b, S. 573.

Was bleibt?

1 Zit. nach *Die Zeit* vom 4.2.2016.
2 So der Titel von Garrigues 2012: »Les hommes providentiels«.
3 Zit. in: Benamou 2011, S. 281.
4 *Der Spiegel* im Nachruf auf François Mitterrand, 15.1.1996.
5 Sein Vertrauter Roland Dumas, langjähriger Außenminister, weiß nicht, »ob Mitterrand im Innersten ein Linker war«. Aber »er hat sich politisch wie ein Linker verhalten.« Dumas 2011, S. 98.
6 Zit. in: *Der Spiegel* vom 12.7.1993.
7 Interview mit dem Historiker François Bédarida vom 29.8.1995; Auszüge in: Le Monde (Hors série) o. J. [2016], S. 59–61.
8 Text in: Le Monde 1996 (Hors série), S. 56–58.
9 Text in: Le Monde 1996 (Hors série), S. 56–58.
10 Folgende Zitate nach: https://www.elysee.fr/francois-mitterrand/1995/01/17/discours-de-m-francois-mitterrand-president-de-la-republique-sur-le-programme-de-la-presidence-francaise-de-lunion-europeenne-notamment-en-matiere-delargissement-dunion-economique-et-monetaire-dorganisation-de-leurope-sociale-didentite-cultu (letzter Zugriff 20.10.2020)
11 Zit. in: Védrine 1996, S. 410.
12 So Daniel Vernet, in: Sauzay/Thadden (Hg.) 1998, S. 61.
13 *Der Spiegel* vom 15.1.1996.
14 Rousselet 2015, S. 101 und 438.
15 Brief vom 13.3.1942, zit. in: Péan 1994, S. 179.
16 Dieses und die folgenden Zitate aus: Altwegg 1998, Kap. 8: Der historische Roman des Dichterpräsidenten als Machtneurotiker, S. 136–154.
17 Vgl. den Titel eines Buches von A. Duhamel 1997.
18 Vgl. Lacouture/Rotman 2000, S. 10.
19 Zit. in: Short 2013, S. 734 f.
20 A. Duhamel 2012, S. 258; auch A. Duhamel 1997, S. 11–69.

Bibliographie

Quellen

Assemblée Nationale. Journal officiel, Paris.
Attali, Jacques 1995: Verbatim III, Paris.
Attali, Jacques 2005: C'était François Mitterrand, Paris.
Badinter, Robert 2011: Les épines et les roses, Paris.
Balladur, Edouard 1995: Deux ans à Matignon, Paris.
Barre, Raymond 2007: L'expérience du pouvoir, Paris.
Benamou, Georges-Marc 2011: »Jeune homme, vous ne savez pas de quoi vous parlez«, Paris.
Bianco, Jean-Louis 2015: Mes années avec Mitterrand, Paris.
Cot, Jean-Pierre 1984: A l'épreuve du pouvoir, Paris.
De Gaulle, Charles 2000: Mémoires. Edition Pléiade, Paris.
Dumas, Roland 1996: Le fil et la pelote, Paris.
Dumas, Roland 2011: Coups et blessures, Paris.
Fabius, Laurent 1995: Les blessures de la vérité, Paris.
Frankreich-Info Nr.89/1989 und Nr.8/1992.
Frenay, Henri 1974: La nuit finira. Memoires. 2 Bde., Paris (Taschenbuch).
Guigou, Elisabeth 2000: Une femme au coeur de l'Etat, Paris.
Huchon, Jean-Paul 1993: Jours tranquilles à Matignon, Paris.
Jospin, Lionel/Duhamel, Alain 2002: Le temps de répondre, Paris.
Jospin, Lionel 2010: Lionel raconte Jospin, Paris.
Joxe, Pierre 2006: Pourquoi Mitterrand?, Paris.
Journal Officiel.
Kimmel, Adolf/Jardin, Pierre (Hg.) 2002: Die deutsch-französischen Beziehungen seit 1963. Eine Dokumentation, Opladen.
Kohl, Helmut 1996: Ich wollte Deutschlands Einheit, Berlin.
Kohl, Helmut 2005: Erinnerungen 1982–1990, München.
Kohl, Helmut 2007: Erinnerungen 1990–1994, München.
Lacouture, Jean/Rotman, Patrick 2000, Mitterrand raconté par ... Le roman du pouvoir, Paris.

Le Monde 1981 a: Dossiers et documents. Les élections législatives de juin 1981, Paris.

Le Monde 1981 b: Dossiers et documents. L'élection présidentielle 26 avril– 10 mai 1981, Paris.

Maus, Didier 1998: Les grands textes de la pratique institutionnelle de la Ve République, Paris.

Mitterrand, Danielle 2007: Le livre de ma mémoire, Paris.

Mitterrand, François 1953: Aux frontières de l'Union française. Indochine-Tunisie, Paris.

Mitterrand, François 1957: Présence française et abandon, Paris.

Mitterrand, François 1964: Le Coup d'État permanent, Paris.

Mitterrand, François 1969: Ma part de vérité, Paris.

Mitterrand, François 1970: Un socialisme du possible, Paris.

Mitterrand, François 1975 La paille et le grain. Chronique, Paris.

Mitterrand, François 1977: Politique 1, Paris.

Mitterrand, François 1978: L'abeille et l'architecte, Paris.

Mitterrand, François 1980: Ici et maintenant, Paris.

Mitterrand, François 1981: Politique 2, Paris.

Mitterrand, François 1986: Réflexions sur la politique extérieure de la France, Paris.

Mitterrand, François 1988: Sur les institutions. Entretiens avec Olivier Duhamel, in: Pouvoirs Nr. 45, S. 131–139.

Mitterrand, François 1996 a: De l'Allemagne, de la France, Paris.

Mitterrand, François 1996 b: Mémoires interrompus, Paris.

Mitterrand, François 1996 c: Lettres à Anne (1962-1995), Paris.

Mitterrand, François/Wiesel, Elie 1995: Mémoire à deux voix, Paris.

Mitterrand, Robert 1988: Frère de quelqu'un, Paris.

Orsenna, Erik 1983: Grand Amour, Paris.

Peyrefitte, Alain 1999: C'était de Gaulle, Bd. 2, Paris.

Peyrefitte, Alain 2000: C'était de Gaulle. Bd. 3, Paris.

Pfister, Thierry 1986 b: La vie quotidienne à Matignon au temps de l'union de la gauche, Paris.

Pingeot, Anne 2018: Il savait que je gardais tout, Paris.

Priouret, Roger 1972: Face à face avec François Mitterrand, in: L'Expansion Nr. 54 (Juli/August 1972), S. 117–129.

Programme commun de gouvernement 1972, Paris.

Projet socialiste 1980. Pour la France des années 80, Paris.

Rocard, Michel 2001, Mémoire vivante. Entretien avec Judith Waintraub, Paris.

Rocard, Michel 2007: Si la gauche savait. Entretiens avec Georges-Marc Benamou, 2. Aufl., Paris.

Rocard, Michel 2010: »Si ça vous amuse«, Paris.

Rousselet, André 2015: A mi-parcours. Mémoires, Paris.

Schmidt, Helmut 1987: Menschen und Mächte, Berlin.

Schmidt, Helmut 1990: Die Deutschen und ihre Nachbarn, Berlin.
Teltschik, Horst 1993: 329 Tage, Berlin.
Védrine, Hubert 1996: Les mondes de François Mitterrand, Paris.
Wieviorka, Olivier 1994: Nous entrerons dans la carrière. De la résistance à l'exercise du pouvoir, Paris.

Literatur

Altwegg, Jürg 1998: Die langen Schatten von Vichy, München und Wien.
Alexandre, Philippe 2016: Notre dernier monarque, Paris.
Azéma, Jean-Pierre 2001: Pétainiste ou résistant?, in: L'Histoire Nr. 253 (April 2001), S. 44–47.
Bacqué, Raphaëlle 2008: L'enfer de Matignon, Paris.
Battut, Jean 2011: François Mitterrand le Nivernais, Paris.
Becker, Jean-Jacques 1998: Crises et alternances 1974–1995, Paris.
Benamou, Georges-Marc 1997: Le dernier Mitterrand, Paris.
Bergounioux, Alain/Grunberg, Gérard 2007: Les socialistes français et le pouvoir, Paris.
Becker, Johannes 1985: Das französische Experiment, Berlin.
Bozo, Frédéric 2005: Mitterrand. La fin de la guerre froide et l'unification allemande, Paris.
Brüne, Stefan 1995: Die französische Afrikapolitik, Baden-Baden.
Cayrol, Roland 1967: François Mitterrand, 1945–1967, Paris.
CEVIPOF (Hg.) 1970: L'élection présidentielle de 1965, Paris.
Chagnollaud, Dominique/Quermonne, Jean-Louis 2000: La Ve République. Bd. 4, Paris.
Chapsal, Jacques 1984: La vie politique sous la Ve République. 1940–1958, 2. Aufl., Paris.
Chapsal, Jacques 1987: La vie politique sous la Ve République. 2. 1974–1987, Paris.
Charmont, François 2002: François Mitterrand et la Nièvre, Paris.
Cohen, Samy (Hg.) 1998: Mitterrand et la sortie de la guerre froide, Paris.
Colombani, Jean-Marie/Portelli, Hugues 1995: Le double septennat de François Mitterrand, Paris.
Conan, Eric/Rousso, Henri 1994: Vichy, un passé qui ne passe pas, Paris.
Daniel, Jean 2016: Mitterrand, l'insaisissable, Paris.
Duhamel, Alain 1982: La République de M. Mitterrand, Paris.
Duhamel, Alain 1997: François Mitterrand. Portrait d'un artiste, Paris.
Duhamel, Alain 2012: Portraits souvenirs. 50 ans de vie politique, Paris.

Duhamel, Eric 1996: L'UDSR. Un Parti charnière, in: Pouvoirs Nr. 76, S. 81–96.
Duhamel, Eric 1998: François Mitterrand. L'unité d'un homme, Paris.
Duhamel, Olivier 1980: La Gauche et la Ve République, Paris.
Duhamel, Olivier 2008: Histoire des présidentielles, Paris.
Du Roy, Albert 2000: Domaine réservé, Paris.
Elgey, Georgette 1965: La République des illusions 1945–1951, Paris.
Engelkes, Heiko 1981: Mitterrand, Düsseldorf.
Fauvet, Jacques 1959: La IVe République, Paris.
Favier, Pierre 2011: 10 jours en mai, Paris.
Favier, Pierre/Martin-Roland, Michel 1990: La Décennie Mitterrand. Bd. 1: Les ruptures (198–1984), Paris.
Favier, Pierre/Martin-Roland, Michel 1991: La Décennie Mitterrand. Bd. 2: Les épreuves (1984–1988), Paris.
Favier, Pierre/Martin-Roland, Michel 1996: La Décennie Mitterrand. Bd. 3: Les défis (1988–1991), Paris.
Favier, Pierre/Martin-Roland, Michel 1999: La Décennie Mitterrand. Bd. 4: Les déchirements (1992–1995), Paris.
Garrigues, Jean 2012: Les hommes providentiels, Paris.
Giesbert, Franz-Olivier 2011: François Mitterrand. Une vie, Paris.
Gras, Solange/Gras, Christian 1991: Histoire de la Première République mitterrandienne, Paris.
Hoffmann, Stanley/Ross, George 1987: L'expérience Mitterrand, Paris.
Hoffmann, Stanley 1998: Affrontement bipolaire, in: Le Monde 27.3.1998.
July, Serge 1986: Les années Mitterrand, Paris.
Kimmel, Adolf 1983 a: Die Nationalversammlung in der V. französischen Republik, Köln.
Kimmel, Adolf 1983 b: Mitterrands Regiment: Wandlungen der französischen Präsidialpraxis nach der »Alternance«? in: Zeitschrift für Parlamentsfragen 14 (1983), S. 284–298
Lacouture, Jean 1998 a: François Mitterrand. Une Histoire de Français. Bd. 1: Le risques de l'escalade, Paris.
Lacouture, Jean 1998 b: François Mitterrand. Une Histoire de Français. Bd. 2: Les vertiges du sommet, Paris.
Lappenküper, Ulrich 2011: Mitterrand und Deutschland, München.
Lazar, Marc 2002: Le communisme, une passion française, Paris.
Lind, Christoph 1998: Die deutsch-französischen Gipfeltreffen der Ära Mitterrand, Baden-Baden.
Malye, François/Stora, Benjamin 2010: François Mitterrand et la guerre d'Algérie, Paris.
Le Monde 1981: Dossieers et documents. L'élection présidentielle 26 avril–10 mai 1981, Paris.
Le Monde (Hors-série) 2016: François Mitterrand. Le pouvoir et la séduction, Paris.
Nay, Catherine 1984: Le Noir et le Rouge, Paris.

Nay, Catherine 1988: Les sept Mitterrand. Ou les métamorphoses d'un septennat, Paris.
Peyrefitte, Alain 2002: Le mal français, Paris.
Péan, Pierre 1994: Une jeunesse française. François Mitterrand, Paris.
POUVOIRS No. 20 1982: La gauche au pouvoir, Paris.
Roussel, Eric 2015: François Mitterrand, Paris.
Sauzay, Brigitte/Von Thadden, Rudolf 1998: Mitterrand und die Deutschen, Göttingen.
Schabert, Tilo 2002: Wie Weltgeschichte gemacht wird. Frankreich und die deutsche Einheit, Stuttgart.
Schneider, Robert 2012: L'enfance des chefs de la Ve République, Paris.
Short, Philip 2013: François Mitterrand. Portrait d'un ambigu, Paris (A Study in Ambiguity, London).
SOFRES 1984: Opinion publique 1984, Paris.
SOFRES 1985: Opinion publique 1985, Paris.
Soutou, Georges-Henri 2018: La guerre froide de la France, Paris.
Vaïsse, Maurice 2009: La puissance ou l'influence?, Paris.
Védrine, Hubert 2019: Décès de Pierre Péan, in: https://www.mitterrand.org/deces-de-pierre-pean.html [letzter Zugriff 27.09.2021].
Viannsson-Ponté, Pierre 1970: Histoire de la République Gaullienne. Bd. 1. Le temps des orphelins. Été 1962–avril 1969, Paris.
Viannsson-Ponté, Pierre 1971: Histoire de la République Gaullienne. Bd. 2. Le temps des orphelins. Été 1962–avril 1969, Paris.
Williams, Philip 1971: La vie politique sous la IVe République, Paris (Crisis and compromise. Politics in the Fourth Republic, New York.1964).
Winock, Michel 2016: François Mitterrand, Paris.

Personenregister

A

Adenauer, Konrad 178, 182
Arafat, Jassir 123, 175
Attali, Jacques 91, 110, 114, 173
Auroux, Jean 109

B

Badinter, Robert 172
Balladur, Edouard 166, 168–170
Barrachin, Edmond 43
Barre, Raymond 105, 107
Barrès, Maurice 11
Ben Bella, Ahmed 57, 58
Benamou, Georges-Marc 120, 176
Bérégovoy, Pierre 149
Bernis, Kardinal de 184
Bianco, Jean-Louis 134, 175
Blum, Léon 78, 91
Bokassa, Diktator 87
Bourguiba, Habib 54
Bousquet, René 146, 173
Brandt, Willy 82, 87, 90, 118–121, 172, 178
Briand, Aristide 12
Bush, George 113, 151, 155, 163, 175

C

Cailliau, Michel 34–36
Casanova, Laurent 48
Chaban-Delmas, Jacques 84, 95, 97, 133
Chandernagor, André 110, 116
Chardonne, Jacques 11
Chevènement, Jean-Pierre 86, 164, 165
Cheysson, Claude 110
Chirac, Jacques 88, 90, 93, 132–137, 139, 140, 142, 169, 170, 174, 175, 180, 183
Churchill, Winston 178
Clemenceau, Georges 12
Colbert, Jean-Baptiste 104
Cot, Jean-Pierre 110, 126, 127
Cresson, Edith 148, 149, 167

D

Darnand, Joseph 29
Dayan, Georges 10, 28
Déat, Marcel 29
Dechartre, Philippe 33
Defferre, Gaston 65, 76, 119
Delage, Jean 26
Delors, Jacques 106–108, 116, 117, 148, 149, 159, 160
Dingels, Hans-Eberhard 119
Doriot, Jacques 29
Duhamel, Alain 185
Dumas, Roland 93, 110, 117, 123, 124, 129, 136, 157, 162

213

E

Elkbach, Jean-Pierre 171, 173
Emmanuelli, Henri 172
Engelkes, Heiko 7
Engels, Friedrich 13
Eyadéma, Gnassingbé 165

F

Fabius, Roland 94, 101, 102, 128, 129, 146, 148, 153, 167, 168, 170, 172
Fajon, Etienne 80
Faure, Maurice 110
Favier, Pierre 176
Ferry, Jules 54
Foccart, Jacques 137
Frenay, Henri 34, 36, 37, 40
Frisch, Max 9

G

Gaulle, Charles de 7, 25, 31–37, 39, 40, 42, 43, 52, 58, 60–63, 65–71, 74–76, 86, 91–93, 95, 96, 104, 111, 114, 133, 135–137, 142, 145, 148, 172, 178, 179, 181, 182, 184
Genscher, Hans Dietrich 117, 159
Giesbert, Franz-Olivier 7, 36
Giraud, Henri 32
Giscard d'Estaing, Valéry 83–89, 96, 107, 117, 118, 120, 130, 172
Gorbatschow, Michaïl Sergejewitsch 115, 151, 154, 157, 158
Gouze, Danielle 38
Siehe Mitterrand, Danielle
Guigou, Elisabeth 136, 155

H

Habyarimana, Juvenal 166
Haussmann, Baron 183

Hernu, Charles 112, 129
Herriot, Edouard 12, 43
Hersant, Robert 136
Hitler, Adolf 17
Ho Chi Minh 51
Hoffmann, Stanley 111, 128
Hollande, François 7, 175
Honecker, Erich 153, 155
Houphouët-Boigny, Félix 53
Hussein, Saddam 163, 164

J

Jaruzelski, Wojciech 129
Jaurès, Jean 78, 91
Jospin, Lionel 103, 111, 128, 147, 171, 172, 174
Joxe, Pierre 91
Jünger, Ernst 14
Juppé, Alain 166

K

Kempen, Thomas von 18
Klarsfeld, Serge 173
Kohl, Helmut 31, 114, 116, 117, 120–122, 137, 142, 153–159, 161, 175, 182
Kreisky, Bruno 82

L

Lacouture, Jean 32, 48, 79, 176
Laniel, Joseph 48, 55
Laval, Pierre 29, 33
Le Pen, Jean-Marie 142, 172
Lecanuet, Jean 69
Léotard, François 166
Ludwig XIV. 93, 104
Lustiger, Kardinal 176

M

Machiavelli, Nicolò 185

Macron, Emmanuel 166
Mann, Thomas 14
Marchais, Georges 80, 82, 84, 87, 92
Marie, André 79
Martin-Roland, Michel 176
Marx, Karl 13, 77
Masson, André 33
Mauduit, Antoine 31
Mauriac, François 11, 14, 151
Mauroy, Pierre 91, 101–103, 107, 146, 148, 172, 180
Maurras, Charles 15
Mayer, Daniel 87
Mendès France, Pierre 47, 49–51, 54, 56, 57, 63–66, 110
Mermaz, Louis 103
Mitterrand, Danielle 138, 147, 180
  Siehe Gouze, Danielle
Mitterrand, Gilbert 94
Mitterrand, Jean-Christoph 94
Mitterrand, Jean-Christophe 127
Mitterrand, Robert 18, 189
Mollet, Guy 49, 50, 57, 58, 63, 65, 71, 76, 98, 180
Moulin, Jean 90
Mussolini, Benito 17

N

Napoleon I. 75
Napoleon III. 75
Nay, Catherine 7
Nixon, Richard 133
Nucci, Christian 127

P

Palme, Olof 82
Pascal, Blaise 18
Pasqua, Charles 169
Péan, Pierre 25, 30, 69, 87, 171
Pelat, Roger-Patrice 23, 33, 38, 167
Pesquet, Robert 63

Pétain, Philippe 25–27, 29–32, 37, 40, 61, 69, 87, 172, 178
Pingeot, Anne 94, 138, 176
Pingeot, Mazarine 94, 149, 176
Pinot, Maurice 33
Pleven, René 44, 47, 48, 50, 51, 54
Poincaré, Raymond 12
Pompidou, Georges 71, 75, 76, 82, 96, 137, 172
Poperen, Jean 103

Q

Queuille, Henri 43, 48, 50, 54
Quilès, Paul 103, 114

R

Ramadier, Paul 48
Reagan, Ronald 113
Retz, Kardinal de 184
Robespierre, Maximilien 103
Rocard, Michel 82, 85, 91, 106, 108, 110, 141, 143–148, 165, 170, 185
Rocque, François de la 15, 43
Rousselet, André 176, 183

S

Saint-Simon, Herzog von 93
Sartre, Jean-Paul 67
Savary, Alain 76, 91, 99, 100
Schiller, Friedrich 185
Schmidt, Helmut 113, 118, 120, 151
Schoelcher, Victor 90, 125
Schuman, Robert 47, 48
Schumann, Maurice 34
Séguéla, Jacques 87
Séguin, Philippe 139
Simon, Pierre-Henri 57
Stalin, Josef 30

T

Tapie, Bernard 167, 170
Thatcher, Margaret 121, 156

V

Valentin, François 27

Valls, Emmanuel 172
Védrine, Hubert 110, 155, 168, 171

W

Waldeck-Rochet, Emile 80
Wiesel, Elie 120, 139, 176

Abbildungsverzeichnis

Abb. 1: Foto, *L'Ouest-Éclair, journal républicain du matin*, Nr. 13609, 9. Februar 1934, gemeinfrei
Abb. 2: Foto
Abb. 3: Foto von Heinrich Hoffmann, 24. Oktober 1940, Bundesarchiv Bild 183-H25217, CC BY SA 3.0
Abb. 4: Foto von Christophe Marcheux, CC SA 3.0 Unported
Abb. 5: Foto von picture-alliance / dpa | epa AFP, Mediennr. 2374555
Abb. 6: Foto von picture-alliance / dpa | Tass, Mediennr. 1005720
Abb. 7: Foto von Lothar Schaack, Bundesarchiv B 145 Bild-F076604-0021
Abb. 8: Foto von Michael Evans, Ronald Reagan Presidential Library, Photograph C04717-35, Public Domain
Abb. 9: Foto von Ot, CC BY SA 4.0 International
Abb. 10: Foto von Rainer Mittelstädt, Bundesarchiv Bild 183-1988-0108-059, CC BY SA 3.0
Abb. 11: Foto von Lt. Stacey Wyzkowski, Public Domain (PD-US-Gov-Military)
Abb. 12: Foto von Thesupermat, CC BY SA 4.0 International
Abb. 13: Foto von JLPC, CC BY SA 3.0